打造流程型组织

流程管理体系建设实操方法

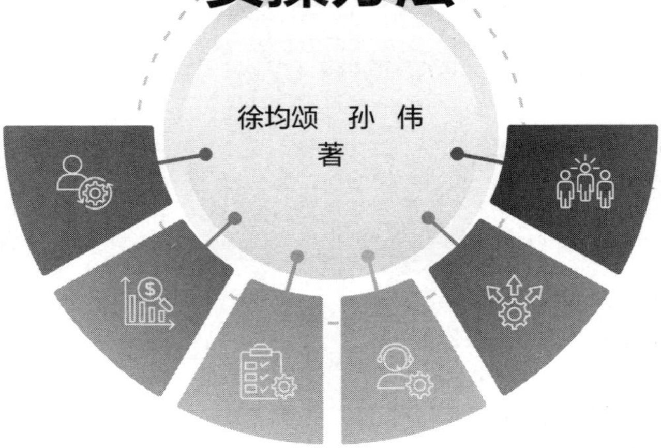

徐均颂　孙　伟
著

電子工業出版社
Publishing House of Electronics Industry
北京·BEIJING

图书在版编目（CIP）数据

打造流程型组织：流程管理体系建设实操方法 / 徐均颂，孙伟著．—北京：电子工业出版社，2024.6

ISBN 978-7-121-47795-9

Ⅰ．①打… Ⅱ．①徐… ②孙… Ⅲ．①企业管理—业务流程 Ⅳ．①F272

中国国家版本馆 CIP 数据核字（2024）第 088759 号

责任编辑：张　毅
印　　刷：三河市鑫金马印装有限公司
装　　订：三河市鑫金马印装有限公司
出版发行：电子工业出版社
　　　　　北京市海淀区万寿路 173 信箱　　　　邮编：100036
开　　本：720×1000　　1/16　　印张：17.5　　字数：240 千字
版　　次：2024 年 6 月第 1 版
印　　次：2025 年 4 月第 3 次印刷
定　　价：88.00 元

凡所购买电子工业出版社图书有缺损问题，请向购买书店调换。若书店售缺，请与本社发行部联系，联系及邮购电话：（010）88254888，88258888。

质量投诉请发邮件至 zlts@phei.com.cn，盗版侵权举报请发邮件至 dbqq@phei.com.cn。

本书咨询联系方式：（010）68161512，meidipub@phei.com.cn。

推荐序

流程型组织，从理论到现实

经济野蛮增长已经成为过去式，各行各业的领先企业不再仅仅追求简单、纯粹的规模，更注重有价值、可持续的增长。在竞争成为常态的环境下，降本增效是企业家们不得不面对的重大课题，如何向管理要效益也成为企业家们每天思考的问题。

思考、学习、研讨、对标，经过与团队反复沟通，我们决定学习华为公司从职能型组织向流程型组织转型，在 VUCA[Volatility（易变性），Uncertainty（不确定性），Complexity（复杂性），Ambiguity（模糊性）]时代（又称“乌卡时代”）用规则的确定性应对结果的不确定性。然而，知易行难，流程型组织如何从理论变成现实，依然充满不确定性。

为什么要向流程型组织转型？流程型组织和传统组织有什么不同？转型会给员工带来哪些影响？如何提升员工的流程管理能力？如何确保职能型组织顺利地向流程型组织过渡？在数字化转型浪潮下，流程如何与 IT 结合？各种疑问、困惑，甚至尖锐、棘手的难题，在本书作者的培训、引导下都被一一化解。团队有共识，转型更坚定，变革也初显成效。

本书是作者基于自己在华为公司推动流程变革的实践，结合多年为大、中、小型企业流程型组织变革转型辅导的经验总结而成的，侧重于理论的实践而非仅仅坐而论道。全书共六章，以作者基于实践总结的流程型组织转型“3+2 模型”为蓝图，从流程管理战略、文化与赋能、流程能力、流程建设、流程治理五个维度系统地阐述了流程管理体系建设的基础知识、工具、技能和注意事项，最后还提供了流程型组织变革的路径，完成了流程型组织变革的闭环。

本书不仅注重逻辑的严谨性，还注重内容的充实性。本书引用了古今中外大量典故、案例，内容更加充实，使读者更易于阅读、理解。图文并茂是本书的另外一个显著特点，全书共 60 多张图表，分布在各个章节的知识要点及操作难点处，可谓“急人之所需，用心良苦”。通过图文结合形式展示，一方面易于读者阅读理解，另一方面基于实操需要的考虑为读者提供了一个通用的模板，能够起到“拿来即用”的作用，和作者“为读者提供一个操作指南”的目标保持高度一致。

本书还就一些理论难点、实践痛点进行了开拓性创新，比如流程管理人员能力等级划分、流程绩效管理、质量运营管理等。基于实践需要进行开拓创新而非人云亦云，这一点尤其可贵。

华为公司创始人任正非先生有言“未来企业间的竞争是管理的竞争”“企业管理的目标是流程型组织建设”，本人深以为然。流程型组织建设不仅是方法、工具的导入和实践，更是企业的一种战略。如果我们的企业家朋友、管理者可以更加积极思考并投身到流程型组织转型中，夯实企业发展的基础，提升核心竞争力，那么在新时代高质量发展的道路上一定会走得更稳、更远。至于如何进行流程型组织转型，本书作者已经做了系统阐述，方法、思路与实践案例都值得阅读和借鉴。

谢瀚逸

闪魔数码科技公司创始人兼总经理

前言

从最初接触流程管理知识到专门从事流程管理工作，一晃十多年过去了。在这十多年里，流程管理在神州大地上从星星之火发展到燎原之势，我们也有幸参与了一些堪称经典案例的流程变革项目，从最初做流程变革时的战战兢兢、如履薄冰发展到后来的胸有成竹、应对自如，可谓“精诚所至，金石为开”。

为何编写本书

我在华为公司从事流程变革管理期间，经常听人提到：“未来的竞争是管理的竞争。企业管理的目标是建设流程化组织。”这是华为公司的金科玉律，数十年如一日地践行着。

那么，什么是流程化组织（流程型组织）呢？华为公司给出了一个相对通俗的定义：

> 从长远来看，华为组织改革的方向是由功能型的组织结构转化为流程型的组织结构，并由IT支持这个组织的运作。基于流程来分配权力、资源和责任的组织，就是流程化组织。

目标是明确的，但怎么建设流程化组织，华为公司却讳莫如深。目前市场上很多讲流程管理、流程变革的书籍也是在“隔靴搔痒”。我们在做培训、咨询项目的时候，就经常有朋友吐槽：“捧着书反复揣摩，似乎懂了，一旦回到实际工作环境中就犯迷糊了。真心希望能有一个操作指南，一步步带着我们建成流程型组织。”这是客户的心声，是不少企业管理人员的心声，也是我们决定编写本书的初衷。

我们希望以我们在华为公司推动流程变革的实践经验为基础，结合在中小型企业中做流程管理负责人推动流程型组织建设的经验，以及在培训、咨询项目过程中遇到的各种问题、场景，真实呈现解决问题的过程与思路，为读者提供一个"操作指南"，使读者在遇到实际问题的时候产生似曾相识的感觉，处理起来更加得心应手。

本书主要内容

本书共六章，第一章至第五章由徐均颂执笔，第六章由孙伟执笔，其中第一章到第五章的内容概览如图 0-1 所示。

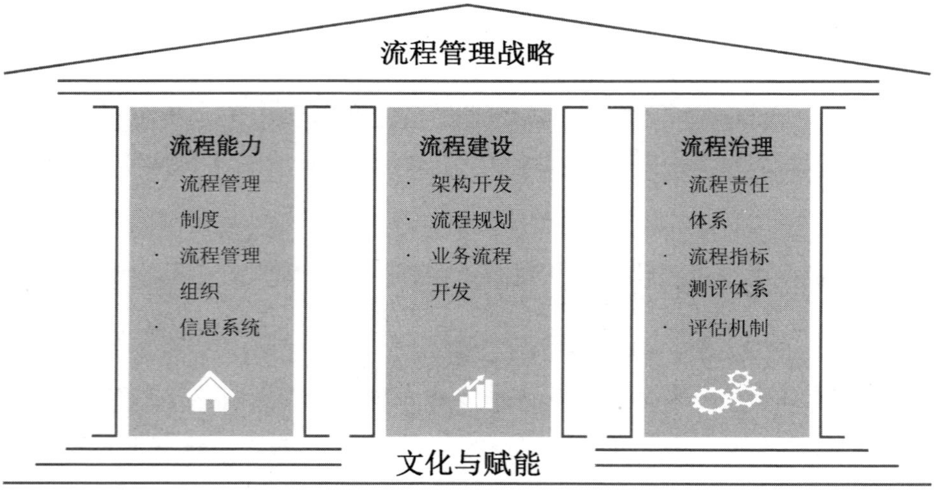

图 0-1　第一章到第五章的内容概览

第一章，流程管理战略。本章回答了流程是什么，为什么要做流程，为什么要打造流程型组织，流程在企业管理体系中的定位及能给企业带来哪些现实的好处等问题。

第二章，流程变革，文化先行。事实上，很多流程变革到最后不了了之，问题并非出在流程设计本身，而是往往出在更深的文化层面。任正非先生常讲的一句古语是“蓬生麻中，不扶而直；白沙在涅，与之俱黑”，我想，这是对文化力量最好的诠释。

第三章，流程能力构建。本章阐述了流程型组织建设需要具备的基本能力，包括流程管理组织（如实体组织与虚拟组织等）、流程管理制度和相关的信息系统。基础不牢，地动山摇，对于流程管理体系来说，这尤其重要。有了统一的流程管理基础，流程型组织建设起来才有保障。

第四章，基于架构驱动的流程建设。流程建设不是想到什么就建什么，而是要有总体的规划。基于架构驱动的流程建设是目前共识度比较高的一种，即先搭建好流程架构（L1 ~ L3），从顶层设计开始，逐级分解到具体的业务活动中，有条不紊地展开。

第五章，流程高效运转的保障机制。流程管理，三分建设七分运营。流程设计很难一次到位，在执行过程中会不断出现新的问题，这需要有高效运转的保障机制（如好的运营方法、工具），推动流程不断迭代升级，实现组织能力螺旋式上升。

第六章，流程型组织变革之路。最后回归业务本质，基于不同的业务场景设计不同的变革路径。对于广大流程建设者来说，如何立足所在企业的流程管理基础制定合适的流程型组织变革路径，仍面临着不小的挑战。在第六章，我们将分享一些常见的场景，为读者提供一些解题思路。

我们在编写本书的时候尽量使用贴近实践的视角来做说明，包括在华为公司推动流程变革的实践经验、在中小型企业中的实践经验，以及在培训、咨询项目过程中的经验，目的是更贴近读者的业务场景。然而，不同企业所处的生命周期阶段不同，其发展历程、文化背景、管理现状、公司资源、员工结构等也不同，流程变革的节奏必然各不相同，这决定了我们在实际推动流程型组织建设的时候要灵活选择方法、工具，因地制宜，适配环境，不能生搬硬套。我们诚挚希望本书提供的方法、工具和案例对读者有所启发，帮助读者提升流程管理水平。

本书读者对象

企业管理人员，包括首席执行官/执行主管（Chief Executive Officer，CEO）、首席运营总监（Chief Operating Officer，COO）、流程负责人（Process Owner，PO）、流程管理员（Process Controller，PC）、业务主管、运营管理人员等。

流程与 IT 管理从业者，包括流程管理专家、流程质量运营专家、架构师、IT 产品经理、首席信息官（Chief Information Officer，CIO）等。

内控与审计从业者，包括内控专家、审计专家等。

致谢

在本书撰写过程中，我们参考了诸多流程管理领域的文章和书籍，同时引用了部分素材，尤其是华为公司前领导、同事分享的与华为流程管理相关的内容，在此表示衷心感谢。我们为本书的撰写投入了大量的时间和精力，在此特别感谢家人、同事、合作伙伴和朋友们给予的理解与支持。

由于水平有限，本书可能有遗漏或不完善之处，恳请广大读者不吝指正。

展望未来，我们期望围绕卓越运营体系（Operation Excellence System，OES）框架，完善从战略规划到落地执行、变革及运营管理的相关内容，适时出版战略规划、战略运营、绩效管理和具体的业务领域流程（2B、2C）等相关内容的书籍，以飨读者。

徐均颂

2024 年 3 月于深圳

目　录

第一章 流程管理战略

流程管理的理念从 20 世纪 90 年代中期引进我国，但起初并没有引起太多重视。在 1998 年前后，华为、海尔等公司率先推动流程变革，并产生了不俗的成效，为人们打开了一扇全新的门。但是这门里是什么，深究的人少，看热闹的人多。

尽管流程变革使率先尝试的公司的竞争力更强了，但是关于是否要推行流程管理的讨论、探索并没有因此停止或减少。有人认为流程管理没有必要，也有人认为流程管理至关重要；有人认为流程会让组织僵化，有人认为流程会让工作输出更稳定、可靠；有人认为直接上信息系统就好了，有人坚持先走流程后上 IT 系统……在数字化转型蔚然成风的今天，还要不要进行流程管理仍然存在不少分歧。

讨论、探索、分歧的背后是对流程管理理解得不够深入、全面，是对流程能给组织带来哪些积极影响没有信心。流程管理可以解决什么问题？为什么要进行流程型组织转型？如何进行流程管理体系建设？数字化浪潮下是否还需要流程？等等。关于这些问题，我们做了深入的研讨与实践，将和大家一起分享。

第一节　重新聚焦流程管理

企业管理相关的概念层出不穷，往往是乘风而起，轰轰烈烈一段时间后随风消逝，各领风骚数年。即使是阿里巴巴，“中台”的概念从 2015 年提出到 2023 年淡出，也不过是数年时间罢了。

企业如何经营得更好、更久？底层的东西是什么？这对企业经营者来说是个永恒的命题。任正非先生强调“为客户服务是华为存在的唯一理由”，我十分认同。大道至简，围绕着客户服务，谁做得更快、更好，谁就能笑到最后。如何持续、稳定地为客户提供服务？靠人，人会流动；靠资源，你有人家也有，可能比你还多。靠什么呢？靠的是持续为客户创造价值、交付价值的机制，即流程。

流程管理的概念引进国内也有几十年了，不时髦，也不起眼，甚至常常被忽视。改善客户体验、提高效率、降低风险等战略性目标（口号）不绝于耳，支撑这些目标落地执行的流程却鲜有人问津，说起来多少有点讽刺，但这绝非个例。

一、流程与战略执行

2017 年，Brightline Initiative 携手经济学人智库（Economist Intelligence Unit，EIU）对 500 名企业高管进行了调查。研究表明，只有十分之一的企业高管完成了他们的战略目标。在这次调查中，53%的企业高管承认，糟糕的战略执行能力使其处于竞争劣势；59%的企业高管表示，他们的组织“总是致力于缩小战略制定、战略实施和日常的战略执行之间的差距。”与之形成鲜明对比的是，90%的企业高管认为他们制定了正确的战略。

需要说明的是，经济学人智库并非“野鸡机构”，它是经济学人集团旗下的经济分析智囊机构，在全球几十个主要城市设有常驻机构，主要为全球商业与各国政府决策者提供预测分析与咨询服务。应该说，这个调查数据的可信度还是比较高的。宏大的战略如何落地执行成为众多企业家、高层管理者的共同心病。

事实上，在过往的工作经历中，我们目睹了许多不同行业、不同规模（大、中、小型）的企业战略执行，对此深有体会。制定宏大愿景与战略目标的企业非常多，但是最后真正达成所愿的企业则少之又少，战略制定错误的原因不能说没有，不过肯定不是主因，执行不到位才是罪魁祸首。

无独有偶，拉里·博西迪、拉姆·查兰与查尔斯·伯克在合著的《执行：如何完成任务的学问》一书中也表达了类似的观点：执行是关键。同时，他们还提到了执行的三大流程：人员选育流程、战略制定流程、运营实施流程。战略落地的重心在流程上，这里将这些抽象为一个简单的模型，如图 1-1 所示。

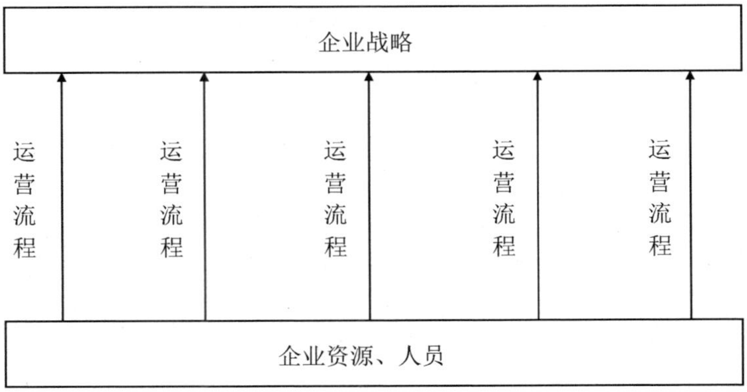

图 1-1 执行示意图

企业制定战略的时候，执行战略制定流程。执行战略需要投入相应的人才，这时通过人员选育流程来完成人才供应。具体实施的时候则执行运营实施流程，包括企业的研、产、销流程等。对于企业来说，资源、人员等在某个时间段是恒定的，流程成为这个运营系统里的关键变量，是决定执行结果好坏的关键因子，这也是我们强调要重新聚焦流程管理的主要原因。

二、流程与组织能力

关于流程与组织能力，素有“创新之父”之称的克莱顿·克里斯坦森教授在他的大作《创新者的窘境》一书中有比较精辟的论述。

机构的能力往往受到三类因素的影响：资源、流程、价值观。资源包括人员、设备、技术、产品设计、品牌、信息、现金及与供应商、分销商和客户的关系等。与“流程”和“价值观”相比，资源更易于在不同机构间实现转移。将机构资源转化为增值产品和服务的过程是由该机构的流程及价值观决定的。在员工将资源投入转化为产品或更大价值的服务过程中，机构也随之创造了价值。在实现这些转化的过程中，人们采取的互动、协调、沟通和决策的模式就是流程。流程不仅包括制造过程，还包括实现产品开发、采购、市场研究、预算、规划、员工发展和补偿，以及资源分配的过程。不同流程的差异不仅在于目的性，还在于其可预见性。有些是“正式的”，有些是“非正式”的。流程的定义或演变实际上都是为了解决特定的任务。企业的价值观就是在确定决策优先级时遵循的标准。事实上，良好管理的一个关键衡量标准就在于，是否在机构内部普及了这种清晰、统一的价值观。

这是克里斯坦森的论断，即他著名的“资源—流程—价值观”（Resource-Procedure-Value，RPV）框架，至今仍有广泛的借鉴、指导意义。

关于流程与流程管理的更多概念和内涵，本书第三章会做详细说明，在此暂不展开。

三、流程变革的实践

路易斯·郭士纳，这位“让大象起舞的人”，在 IBM 推动了研发流程变革，扶大厦之将倾，该流程变革最终成为经典案例，也呈现了流程的实际价值。

20 世纪 90 年代初，曾经不可一世的“蓝色巨人”IBM 遇到空前的亏损，几乎分崩离析，可以毫不夸张地说“IBM 的一只脚已经迈进了坟墓”。1993 年，郭士纳成为 IBM 的董事长兼 CEO，开始大刀阔斧地改造这头步履蹒跚的“大象”。他重新调整了 IBM 的战略方向，强调以客户为导向的文化，更关键的是，他改造了公司的运作流程。改造后的流程之一就是经典的 IPD（Integrated Product Development，集成产品开发）。凭借正确的战略调整与出色的流程运营，郭士纳快速地将一只脚已经迈进坟墓的 IBM 唤醒。经过 5 年励精图治，1997 年，IBM 的销售额达 750 亿美元，股票市值增长了 4 倍，重返巅峰。郭士纳终于发出最强音：“谁说大象不能跳舞？”

可以说，郭士纳领导的 IBM 流程变革是继迈克尔·哈默之后流程的再次闪耀，是以实践成功而非理论可行的方式吸引了众人的目光。不过流程管理真正进入国内大众的视野，则是多年之后的事情了。

1997 年，华为公司创始人任正非带领公司高管去美国考察，向管理领先的企业取经，期间访问了休斯、朗讯、惠普、IBM 等知名企业。1998 年，华为公司请 IBM 做流程 IT 规划咨询项目。1999 年，华为与 IBM 合作启动 IPD 流程变革，并以此为契机，后面陆续推动 ISC（Integrated Supply Chain，集成供应链）、IFS（Integrated Financial Service，集成财经服务）、LTC（Leads to

Cash，线索到回款）、ITR（Issue to Resolution，问题到解决）等流程变革，流程型组织建设成为华为人的长远目标之一。经过 20 多年的流程建设，华为公司也终于凤凰涅槃，令世人为之侧目。可以说，流程（包含管理体系手册、流程说明文件、制度/标准/规范、指导书/指南、模板、清单等，在第三章第三节、第四节两个小节中有详细说明）在华为公司的发展历程中起到了不可替代的作用。华为公司凭借一己之力，使流程与流程型组织成为中国企业管理界的一组热词，经久不衰。

我们强调重新聚焦流程管理，不仅仅是因为流程变革帮助 IBM、华为等公司实现了质的蜕变，更多是因为我们对目前大部分国内企业的管理水平的担忧。宏大的愿景与目标，薄弱的管理基础或混乱的管理现状，两者之间的对比形成强烈反差实在令人不安，而这也无异于将万丈高楼建在沙滩上，一个海浪就可以将其掀翻，最终消失于无形。流程对于夯实企业的管理基础而言是大有帮助的，通过推动流程建设，对标行业最佳实践，导入领先企业的先进方法、工具，可以在短期内快速提升企业的管理水平。

经济社会发展日益多元，同时，VUCA 特征明显。面对不确定性，我们如何应对呢？用规则的确定性来应对结果的不确定性。如果企业已经建立了一套流程管理体系，同时这套流程管理体系不断迭代升级、与时俱进，那么企业就拥有了规则的相对稳定性，就可以更从容地面对市场变化，有备无患。

很多企业在某个时间段高歌猛进，一时间风光无限。但是不久之后又偃旗息鼓，奄奄一息。为什么会出现这种情况？类似这种走着走着走偏了、掉队了的情况，本质上是企业丢掉了服务客户的初心或失去了服务客户的能力，究其根源往往是企业没有建立起以客户为中心的流程型组织的缘故。建设从客户中来、到客户中去的流程型组织，组织中所有人的工作方向都朝向客户需求，组织就不会走偏、迷航。围绕着客户需求进行组织建设，冗余的业务、人员会被裁掉，组织才能高效、低成本、快速响应客户需求，它的市场竞争力才会不断提高。

经济社会在进步，有关管理的新词也层出不穷，但是万变不离其宗，商业的本质没有变，为客户服务的本质没有变，通过流程端到端打通客户与组织边界的诉求就没有变，我们重新聚焦流程管理的初衷也就不能变，即通过流程夯实企业管理基础，持续稳定地为客户创造价值、交付价值。

第二节 为什么要进行流程变革

最近十多年，流程变革成为热词，根源之一是华为公司通过流程变革取得了成功，学习华为管理模式成为当下企业管理的潮流。但仔细观察，真正转型成功的企业并不多，甚至可以说是寥寥无几。何以至此？我们认为，知其然不知其所以然是关键。如果没有搞清楚我们为什么要进行流程变革，不清楚我们推动流程变革要解决什么问题，那么，做得再多也不过是“东施效颦”而已。

一、传统组织的困境

尽管关于流程的定义、论断早已有之且已经广泛流传，但在大多数企业里，流程管理的状况并不是太乐观，有些企业的流程管理甚至可以说是相当糟糕的。很多企业的流程与制度、流程与 IT、流程与 ISO 体系等关系理不顺，更有甚者将流程与电子流简单地画上等号，导致内部管理出现很多问题，效率低下且客户体验不好就不足为奇了。

事实上，在传统组织里（即以职能分工和纵向管控为主的组织，又称“纵向控制型组织”），基于专业分工构建的体系，在专业纵深、规模效应与资源共享上有巨大的优势，但也存在一些天然缺陷，通过组织视图可以清晰地看出来，如图 1-2 所示。

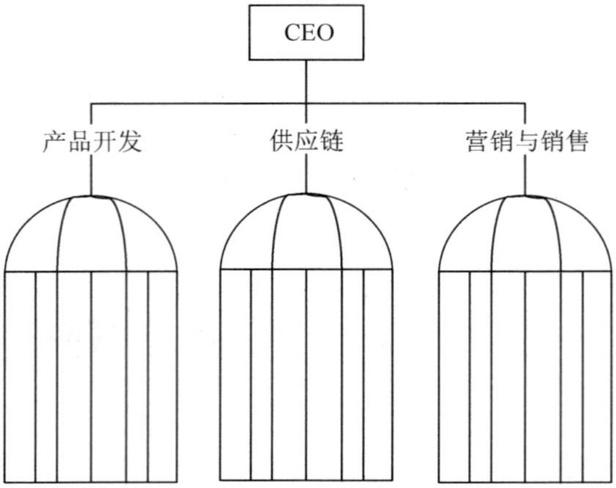

图 1-2　传统组织的“金钟罩”现象

在图 1-2 中，我们可以发现视图里没有客户，不同组织之间没有衔接，都只对上级（如 CEO）负责，整个组织系统是封闭的、自我割裂的和高度集权的。

二、封闭的系统

在整个组织视图中，我们看不到任何有关客户的信息，组织与关键的外部利益相关者脱节。同时，组织与外部企业、个人（消费者）进行价值交换的产品或服务的创造、交付的过程也没有办法体现出来。实际上，这个组织是一个相对封闭的系统，跟外界接触的窗口往往只有某个或某几个特定的点，到最后对客户负责的人往往变成了企业的最高决策者——CEO 或总经理，CEO 或总经理往往会成为企业最忙的人，反而成为企业发展的瓶颈。最高决策者开始抱怨企业的中高层管理者不担责，中高层管理者也抱怨最高决策者不放权，矛盾与冲突在所难免，组织的内耗就自然而然地发生了。

封闭系统的一个弊端是反应迟钝。封闭系统对外部环境变化的感知能力比较弱，决策往往基于经验，甚至想当然。同时，对客户端需求变化的感知比较迟钝，没有面向客户端管理的流程，就不能基于客户需求变化做出敏捷的决策与行动。在资源垄断型行业，这或许并不致命；但是在充分竞争的市场，一步慢步步慢，市场淘汰的机制从不撒谎，反应迟钝很容易使企业付出惨重代价。

封闭系统的另外一个弊端是组织学习的问题。由于长期对外部信息不敏感，导致组织内部对新知识、新技术的学习和更新很不积极，自满是组织最明显的特征之一。在短期内，这并不足以影响企业的发展，但时间长了弊端就会显露出来，而“温水煮青蛙”的结果是组织里的人已经很难再跨越认知的鸿沟。不可否认，我们都在赚认知范围内的钱，吃认知范围外的亏，这一点尤其值得警醒。

三、自我割裂的系统

传统的组织基于专业分工形成不同职能部门，随着专业分工的不断精细化，“隔行如隔山”的现象变得越来越突出，最后甚至会形成“职能竖井”，即大家遇到问题的时候都是纵向思考的。专业纵深是好事，但也带来了负面的影响，即容易出现钻牛角尖的情形，不同职能之间难以彼此理解，往往有“鸡同鸭讲”的感觉，大家都很累而且很无奈，沟通协调起来很困难，因为大家都站在各自专业的立场考虑问题，各持己见。这种组织体系天然存在“空白地带”或“断点”，这些无人管理的地带就成为阻碍组织发展的天然屏障。

组织割裂的另外一个负面影响就是组织资源分配的问题。在传统的组织里，经常会出现资源竞争（争夺）的问题，因为每个部门各自的立场不同，在利益驱动下，资源当然是多多益善了，大家都知道有了充足的资源才更容易成事，有了充足的资源职能部门的负责人在组织中的话语权自然就更大。所以，组织的最高决策者，不论是董事长、CEO 还是总经理，往往成为大家“围猎的对象”，大家都希望能够为自己负责的部门争取更多资源，在这种情况下，部门与部门之间是竞争的关系，至于企业战略、客户需求，并非大家考虑的首要因素。资源竞争往往会导致资源错配的问题出现，例如：

某线下零售公司最新的战略方向是重点发展电商业务（线上渠道），公司战略定下来了，准备开干。线下部门负责人和电商部门负责人都去找总经理要人、要钱，线下部门（零售）盘子大，决策者往往碍于情面满足线下部门的需求，但公司的资源总额在某个时间点是固定的，公司战略规划重点发展的电商业务所需的资源就会被线下零售业务蚕食掉。没有投入往往就没有产出，在这种资源配置下，公司战略规划重点发展的电商业务往往会发展缓慢甚至出现停顿或倒退。这就导致公司会慢慢地出现一种声音，即电商不适合“我们”，“我们”没有电商的基因，还是继续发展现有渠道算了。资源的错配往往导致公司业务发展方向的错位，走了不该走的路，或者未走上该走的路。

这些摩擦是否可以通过内部机制来协调？应该说，通过各种委员会（虚拟组织）及各种沟通机制，可以缓解这种紧张、剧烈的摩擦，但很难避免或根除。同时，从管理的成本、效率与效果来看，这些举措都不是很好的选择，治标不治本。

四、高度集权的系统

高度集权的系统的好处是控制力强，下属听话，好使唤；坏处是组织的运行主要依靠领导者个人的权力或影响力，员工忠于上司多过忠于企业，由此会产生诸多负面的影响。

在传统的组织里，员工在企业内部的职级调整、职位晋升、轮岗调动、绩效评估、加薪等都取决于他的顶头上司，上司可谓“一言定生死”。在这种权力体系下，员工只会对他的上级负责，毕竟“县官不如现管”，这是人性，是利益使然。基层员工对班组长负责，班组长对主管、经理负责，经理对总监负责，总监对总经理负责，总经理对董事会负责。层层向上负责可能使组织氛围变得森严，可能产生官僚风气。在权力高度集中的情形下，大家对上级唯命是从，“眼睛盯着领导，屁股对着客户”的现象比较常见，权力寻租与腐败的滋生也在所难免。

在高度集权的组织内部，人员的流动也变得困难起来，一方面是部分专业岗位有天然的知识、经验、技能等门槛。另一方面是存在情感的因素，习惯了对上级负责，离开原有体系在大部分人眼里就变成了“背叛”，这对于以“人情”为维系纽带的生活环境来说还是有很大的惯性的，虽然大家的观念在转变，变得更加开放与宽容，但是这些障碍并未根除，也无法根除。跨部门轮岗困难反过来又会让员工更依赖原有的组织层级，直线晋升成为员工唯一的通道，上级主管牢牢控制着权力，办公室政治盛行，权力集中得到了加强。高度集权的组织运作模式使得组织容易变得僵化，对外界环境的变化不敏感。在VUCA时代，这种僵化导致的反应迟钝很多时候是致命的，尤其是对高科技、快消品、电商等快速变化的行业来说。

高度集权的组织还会带来一个严重的问题，就是高层管理者被困在琐碎的事情中，无法抽身去思考更重要的战略发展、投资等重大事项。通常情况下，一家企业的日常工作可以分为例行工作和例外工作两类，如图1-3所示。

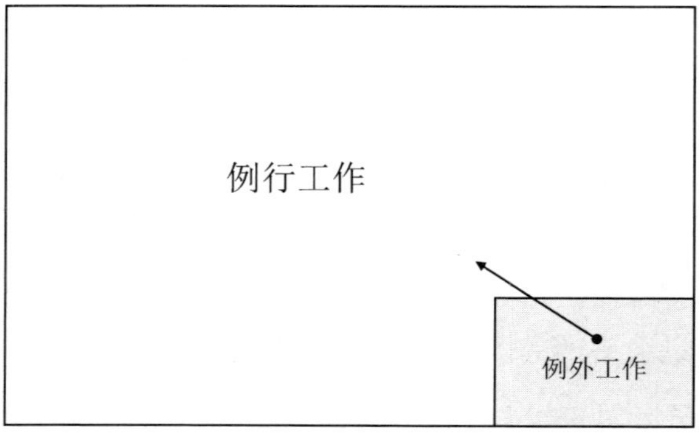

图 1-3　例行工作与例外工作

一个理想的状态是，员工负责处理例行工作，高层管理者负责处理例外工作，例行工作与例外工作的比例应该为 8:2 或 9:1，甚至更高；高层管理者的另外一个职责是不断将例外工作例行化。但是在高度集权的组织中，由于组织的惯性，往往是大事小事都要由领导批准，一张审批单需要由十几位领导签字的现象也时有发生，对于普通员工来说这就是一种煎熬，他们大部分时间在跑腿或等待。对于高层管理者来说，又何尝不是呢？鸡毛蒜皮的事都要去管，眉毛胡子一把抓，但不处理这些事情好像又无法体现高层管理者的价值。所以往往会出现一种情况，即员工可以处理的例行工作很少，所有的工作都积压着等高层管理者决策，高层管理者成为瓶颈。最后的结果是高层管理者在做中基层管理者的事情，中基层管理者插手普通员工的工作，普通员工开始思考企业战略，为企业的发展前途担忧。看似咄咄怪事，现实中却又见怪不怪。

在这种组织运作模式下，外部的利益相关者凡事都得去找领导解决，对他们来说体验并不好，对企业内部来说则加剧了分工的不均衡。

五、传统组织的出路

传统组织（纵向控制型组织）的优势大家都清楚：专业化、规模化、资源共享以兼顾效率与成本。同时，传统组织的劣势也很明显：封闭导致客户体验差，自我割裂导致资源错配，高度集权导致组织僵化与反应迟钝等。这些劣势在企业规模不大的时候并不突出，企业规模越大，受这些劣势的制约就越明显，也正是这些劣势使得最近几年“变革”成为中国企业界的热词。

既然变革是传统组织必然的选择，那么，如何变革呢？有没有一种组织运作方式既能兼容传统组织的优势又能克服或规避传统组织的劣势呢？华为公司的流程变革实践提供了另外一种可能，我们接下来详细阐述。

第三节　流程变革的目标是流程型组织建设

“企业变革的目标是流程型组织建设。”这是华为创始人任正非在不同的场合都极力推广的管理主张，在华为编写的书籍《为客户服务是华为存在的唯一理由》中仍旗帜鲜明地坚持这个主张。

事实证明，华为公司的变革目标是正确的，流程变革的实践是成功的。在通信设备领域，曾经的“巨大中华”（巨龙、大唐、中兴、华为），排在末位的华为公司后来者居上；而在终端市场（以手机、平板等智能终端为代表产品），曾经的“中华酷联”（中兴、华为、酷派、联想），也只有华为公司在激烈的竞争中胜出了，并且手机业务还一度登上全球市场份额第一的宝座。2019 年之后，受“缺芯”影响，华为终端手机业务受到重创，2023 年开始又强势回归。

那么，什么是流程型组织？流程型组织转型的意义是什么？流程型组织与传统组织（纵向控制型组织）又有什么差别？下面我们逐一说明。

一、什么是流程型组织

在上一节中，我们已经阐述了传统组织的劣势：封闭、自我割裂和高度集权。如何应对这些弊端呢？迈克尔·哈默提出了流程型组织的理念，即用流程来贯通各个职能部门，从客户需求到客户满意，端到端拉通；同时，通过流程打开组织的边界，如图 1-4 所示。

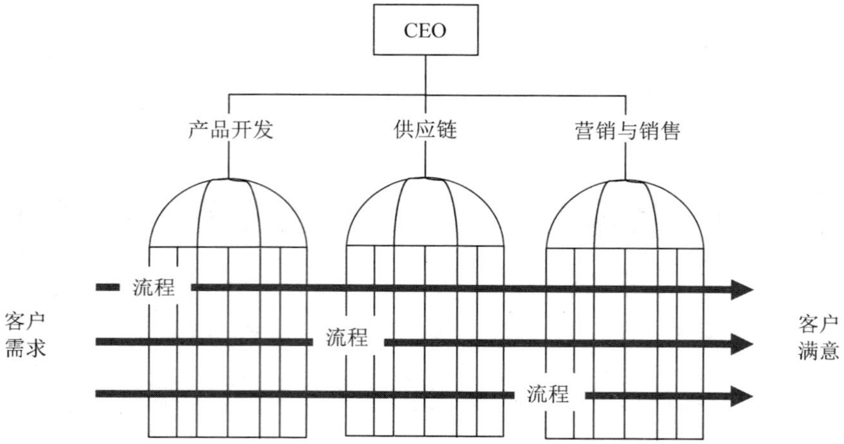

图 1-4　流程打开组织边界示意图

在图 1-4 中，我们不难发现，流程从客户需求出发贯通客户交付全过程直到客户满意，实现了端到端（End to End，E2E）拉通，弥补了传统组织在客户视角上的缺失，打开了组织的边界。值得注意的是，横向的流程拉通并非否定或打破纵向的专业分工，而是将这些专业分工有机地贯穿起来，围绕着客户需求展开工作，最终交付客户满意的产品或服务。用一句流行的话来说，就是："从客户中来，到客户中去。"通过流程来缝合专业分工的裂痕（职能竖井），组织由"人治"转变为"法治"。

关于流程型组织的定义，不同学者的定义不同，在组织设计理论里其也称"横向型组织"，与以职能分工为导向的纵向控制型组织对应。总的来说，以客户为导向，以流程为管理主线是其显著特征。为了便于员工理解，在华为公司内部，任正非对此做了简单的定义：“基于流程来分配权力、资源和责任的组织就是流程型组织。”尽管展现的形式不同，但核心的理念是一致的，即依靠管理机制而非人来运营公司。

流程型组织的理念颠覆了传统的纵向控制的组织形态理论。20 世纪五六十年代，社会心理学家奥尔波特对帕森斯的结构-功能主义理论缺陷提出了挑战：企业作为一种社会系统，和其他系统一样，组织的基本构件不应该是实体（如职能单位），而应该是活动或事件（Happening or events）。这被认为是流程型组织理念的源泉，也正是源于奥尔波特的这一思想，迈克尔·哈默提出了业务流程再造（Business Process Reengineering，BPR）概念，推动了轰轰烈烈的企业再造运动，并提出了流程型组织的理念。

1993 年，迈克尔·哈默与詹姆斯·钱皮在《公司再造：企业革命的宣言》一书中指出打破传统的职能型组织（Function-Organization），建立全新的流程型组织（Process-Oriented-Organization），从而实现企业经营在成本、质量、服务和速度等方面的根本性的改善。哈默与钱皮提出了一个全新的思路，从纵向控制的职能管理模式向横向的流程管理模式转变。这就是流程型组织的由来。通过组织视图，可以快速理解传统组织与流程型组织的区别点，如图 1-5 所示。

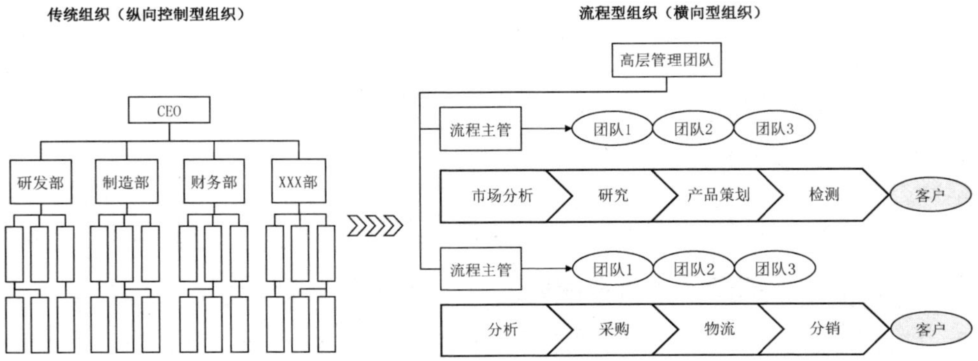

图 1-5 传统组织与流程型组织图

流程型组织通过流程形成一个个面向客户（包括内部客户、外部客户）的流程组织，以客户为中心、为客户服务，并且不再仅停留在口号上。

二、流程型组织转型的意义

流程变革的本质是对管理改善的投资，流程型组织转型的意义需要用投资的眼光来评价。

在开始阐述流程变革的目标的时候提过，华为公司始终坚持流程型组织的流程变革目标。那么问题来了，为什么华为公司坚持不懈地推动流程变革转型？这要从华为公司的发展历程说起。

在 20 世纪 90 年代后期，华为公司在经历了高速发展后遇到了瓶颈，产品的研发周期长、质量差、成本高，研发一款产品成不成功完全取决于产品经理，跟开盲盒一样，不到最后一刻谁都不知道结果是什么。为了解决这些问题，1997 年，任正非带领高管团队在美国考察并与 IBM 合作推动流程变革，后来的故事就众所周知了，第一节也有简要的阐述，在此不做赘述。

从 1998 年的规划到 1999 年的 IPD、ISC 及后来的 MTL（Market to Lead，市场到线索）、LTC、ITR 等流程变革，再到 2012 年华为终端公司启动从 2B 向 2C 转型形成的集成产品营销和销售（Integrated Product Marketing&Sales，IPMS），都遵循了统一的流程变革管理机制，而流程变革的效果从华为公司的业绩表现中可以看出来，如图 1-6 所示。

从 1998 年的 89 亿元到 2012 年的 2202 亿元，再到 2020 年巅峰期的 8913 亿元（2020 年年底剥离荣耀品牌后，2021 年营收大幅降低），呈现约 100 倍的高速增长。更难得的是，华为公司不仅业绩好，核心竞争力在同行中也是翘楚。

除了业绩的快速增长，流程型组织建设还为华为公司构建了完善的管理体系，而这是公司实现持续快速增长的基石。未来的竞争归根结底是管理的竞争，资金、技术、人才等都可以快速引进，唯有管理不是引进就万事大吉的。资金、技术、人才等只有通过管理整合才能形成合力，而推动这一切发生的主要因素是机制和流程。应该说，流程变革让华为公司由小变大由弱变强，实现了跨越式的发展，这也是华为公司坚持不懈推动流程型组织建设的原因所在。

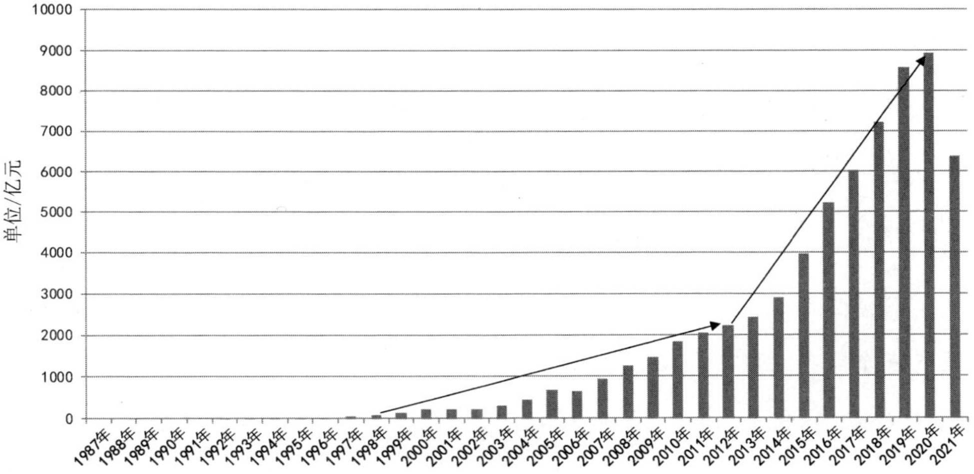

图 1-6　华为公司历年营业收入

回到流程型组织转型的意义上来，华为公司是否是个例？流程型组织转型的普适性如何？事实上，流程是基础的管理方法、工具，并非某个公司的专属。

理想汽车创始人李想在 2023 年 6 月 13 日发布了一则个人微博，里面透露了 2022 年到 2023 年公司发生的一些事及后来的变化。

2022 年三季度，问界 M7 的发布和操盘（问界是重庆赛力斯汽车，与华为公司合作，华为深度参与操盘）直接把理想 ONE 打残了，我们从来没有遇到过这么强的对手，很长一段时间我们毫无还手之力。HW 的超强能力直接让理想 ONE 的销售崩盘、提前停产，一个季度（2022 年第三季度）就亏损了十几亿元，团队都被打残了，我根本睡不着觉，我们能力实在太差，面对人家很基础的出招就崩溃了，更造成大量奋斗在一线的产品专家离职（很高兴很多同事今年又回来了，我一直觉得很对不起团队）。

不过，我认为所有人都可以作证，我们没有在任何层面抱怨过 HW，我们首先承认自己是一群笨蛋，我们是如假包换的小菜鸟，理想 ONE 的销量好只是运气，不是实力。

很快，我们就在 2022 年 9 月底的雁栖湖战略会上达成一个重要的共识，全面学习 HW，学习最先进的企业……学！学！学！

那么，学习有没有成效呢？看看数据。

数据显示，2023 年上半年以来，理想汽车月交付量屡创新高。5 月份，理想汽车交付 28277 辆新车，同比增长 145.97%；而在 1～5 月份，已累计交付 106542 辆新车，同比增长 124.87%。2023 年第一季度财报数据也十分亮眼，营业收入高达 187.9 亿元，同比增长 96.5%，创历史新高，净利润 9.3 亿元，而 2022 年第一季度则是亏损 1090 万元。如此优秀的成绩，让“蔚小理”中的蔚来和小鹏黯然失色。

事实胜于雄辩。不到一年时间，学习的成果就反映到业绩表现上来了。这充分说明了流程的价值，也证实了其普适性。

三、流程型组织与传统组织的区别

最后，再来看下流程型组织与传统组织（纵向控制型组织）的差别。流程型组织与传统组织的区别主要体现在设计导向、资源分配、组织设计原则几个方面，如图 1-7 示。

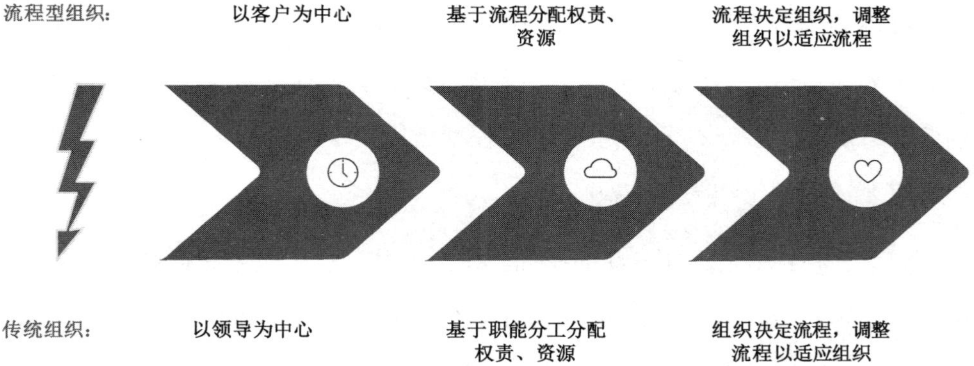

图 1-7 流程型组织与传统组织的区别

（1）设计导向。几乎所有的企业都在强调以客户为中心，但是有些企业在做组织设计的时候则恰恰相反。在传统组织里，员工对上级领导负责，以客户为中心成为口号，实际上是以领导为中心，因为客户无法影响员工但领导可以“一言定生死”。在流程型组织里，采用的是以从客户需求到客户满意为导向的运作模式，强调的是横向协同，端到端拉通，客户满意度会直接影响员工的考核、评估结果。简单地说，传统组织会让员工“眼睛盯着领导，屁股对着客户”。流程型组织则反之，正如任正非所说的“眼睛盯着客户，屁股对着领导”。需要说明的是，这里说的客户不局限于外部客户，也包括企业的内部客户。比如，采购部门给销售部门采买成品，销售部门就是采购部门的客户；人力资源部门给各个业务部门招聘人才，各个业务部门就是人力资源部门的客户。

（2）资源分配。传统组织依据职能分工进行权责利分配，换句话说就是资源靠“抢”，不同部门之间互相争夺资源，产生诸多矛盾与纷争。流程型组织基于流程来分配资源，根据要完成的流程（事）而配置合适的资源，进行合理的授权。

（3）组织设计原则。在传统的观念里，先设定组织再调整流程以适配组织，往往会出现组织频繁调整而流程没有及时刷新的情况，最后很多工作就没有人做了；同时，还会出现换了一个负责人可能就换一套班子、换一种做法的情况，可谓“一朝天子一朝臣”。流程型组织则不同，它基于流程来设置组织，需要适当的组织人员来执行。

总之，流程型组织注重横向协同，对事负责；传统组织强调纵向指挥、控制，对人负责。流程型组织不依赖某个特定的人，依靠流程体系来维持组织运作，传统组织则反之。这也是最近几年流程变革越来越热的一个重要的原因，人容易流动，但流程管理体系则相对稳定、可靠。

变革，对于任何一家企业来说都是一个艰苦的过程，流程型组织转型也是如此。确定了流程变革的目标，也只是开始，如何迈向目标并达成所愿是我们接下来要解读的。

第四节　流程如何让组织实现卓越运营

前面我们已经阐述了流程变革的必要性及流程变革的目标，需要进一步做出说明的是流程在整个运营体系中的位置，以及我们如何通过流程管理达成经营目标。任何一种管理方法、工具都不是孤立地存在的，理解了其在体系中的位置和作用才能更好地利用它们实现目标。

一、卓越运营的价值

说到运营，可能大家的第一反应是精益，精益求精以至卓越是每一位管理者梦寐以求的事。但愿望是美好的，现实往往是“按下葫芦浮起瓢”，一个地方被精益了，可能会导致另外一个地方不精益，问题总是此起彼伏。为什么会出现这样的情况呢？其中一个关键点是缺乏了解全局的视角。如何破这个局呢？我们需要在组织内做一个整体的贯通，卓越运营体系（Operation Excellence System，OES）提供了一个范例，让全局最优成为可能。

卓越运营提倡的不是某个点上的最优，而是整个运营系统的最优。有一个实例能很好说明这个优势。

苏联研制生产的米格-25歼击机以其优越的性能广受世界各国青睐，然而众多飞机制造专家却惊奇地发现：米格-25歼击机使用的许多零部件与美国歼击机相比要落后得多，而其整体作战性能却达到甚至超过了美国等其他国家同期生产的歼击机。原因是，米格公司在设计时从整体考虑，对各零部件进行了更加协调的组合设计，使该机在升降、速度、应激反应等多个方面反超美制歼击机而成为当时的世界一流。

这就是著名的“米格-25”效应，企业的运营管理上同理，苹果公司在两任风格、理念迥异的领导人带领下取得的成就可以佐证这一点。在史蒂夫·乔布斯时代，极致的创新引领苹果公司走向一个巅峰，苹果公司成为创新的代名词。乔布斯逝世后，蒂姆·库克的路线则是构建卓越运营体系。在库克时代，对于苹果公司的创新，业界唏嘘声一片，但这不影响库克取得的成就，库克主政苹果公司 12 年，带领苹果走向另外一个更高的境界，苹果公司市值从 3000 多亿美元发展到巅峰时期的 3 万多亿美元，这是卓越运营的一个极佳案例。卓越运营就是这样，不寻求某个点特别突出，而是构建从战略规划到执行落地的一套体系，寻求的是整体最优，如图 1-8 所示。

卓越运营体系从战略规划（Strategy Plan，SP）开始，经过战略解码，最后形成年度经营计划（Annual Business Plan，ABP），包括重点工作及考核指标等。日常的运营则通过流程管理来承载，将质量要求融入流程中。同时，通过数字化平台及时监控各个流程的执行情况（流程绩效指标），及时识别运营瓶颈问题，推动业务流程改进，实现管理螺旋式上升。

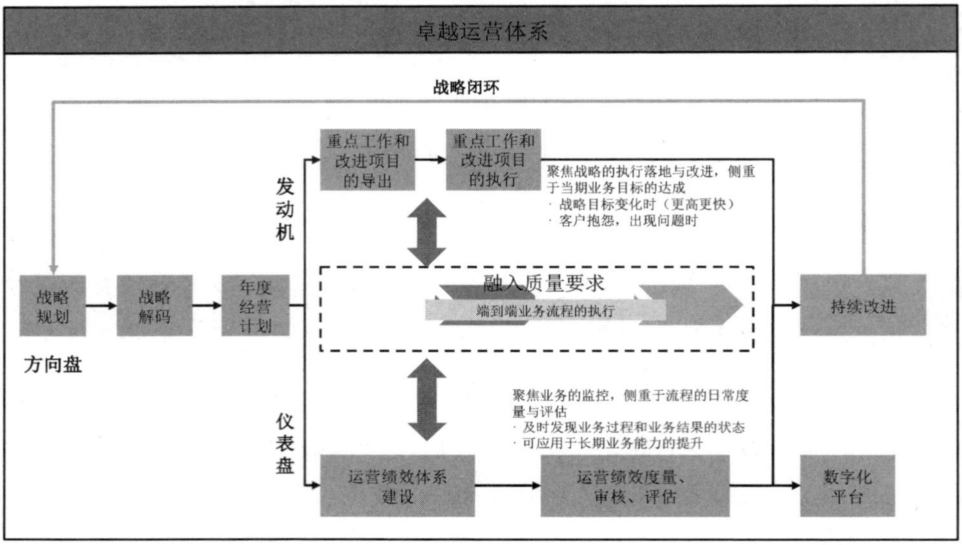

图 1-8　卓越运营体系

二、如何理解卓越运营体系

首先看战略。战略无处不在，无时不在。大可用于国家，小可用于个人。对于组织来说，战略也是绕不开的一个话题。在卓越运营体系（OES）中，战略是方向盘，确保做正确的事。

战略一词最早是军事方面的概念，系统的战略思想可以追溯到春秋时期（2500 多年前）的《孙子兵法》。在西方，“strategy”源于希腊语“strategos”，意为军事将领、地方行政长官，后来演变成军事术语，指军事将领指挥军队作战的谋略。现代的企业战略管理思想出现在 20 世纪 60 年代的美国，经过几十年的实践，已经形成了很多流派。不管如何变化，战略定方向的职能没有变。在卓越运营体系中，从战略规划（确定 3 ~ 5 年发展方向）开始，经过战略解码，最后形成年度经营计划（12 个月发展计划），包括重点工作及考核指标等，它起到了方向盘的作用，其重要性无可替代。

而重点工作和改进项目的导出与执行是驱动组织实现跨越式发展的发动机，与战略进行强绑定，它的关键作用也比较容易理解。这好比一辆汽车，如果没有了关键的动力系统，那么它跟一堆废铁也就没有什么区别了。不管是重点工作还是变革项目，都要由具体的管理机制来推动，一家企业是走向平庸还是迈向卓越，往往与这个强相关。

运营绩效体系建设则是仪表盘，是整个卓越运营体系健康度的直观反映，企业可以提前预警，及时发现问题、规避问题、解决问题。跟我们开车一样，速度是多少、快了还是慢了、还剩多少油（或电）等，这些信息都需要及时、准确地在仪表盘上展现出来。一旦出现故障，我们可以通过仪表盘快速定位问题，并层层剖析问题的根源，快速解决。

这几年轰轰烈烈地推进着数字化转型，比 20 世纪 90 年代的信息化升级要凶猛得多。遥想当年，联想集团创始人柳传志面对信息化浪潮的时候很无奈地说了一句“不上 ERP（Enterprise Resource Planning，企业资源计划）是等死，上了 ERP 是找死”，现在的数字化转型升级比当年有过之而无不及，在提升运营效率、防控风险及提升客户体验上，数字化有着无可替代的作用。

流程无所在又无所不在。变革项目解决例外工作，流程支撑例行工作（运营）。

三、流程管理在卓越运营体系中的作用

在整个卓越运营体系中，最没有存在感的是流程管理。事实上，在我们观

察的众多企业中，流程管理的作用是整个企业运营过程中被严重低估的模块，也是导致众多具有雄心壮志的企业做了一个个高大上的战略却无法落地实施的主要因素之一。前面我们提到，日常运营的工作可以分为例行工作和例外工作两类，例行工作通过流程可以得到高效的执行；例外工作则需要通过管理者梳理清楚、建立规则，最后例行化，通过流程来管理。从这个视角来看，管理者的职责就是建立流程，监督流程执行落地，推动流程不断迭代优化。

在卓越运营体系中，中间的模块是端到端（End to End）业务流程的执行，它是整个卓越运营体系的主体，大部分运营工作在这里得到有效执行。企业战略的制定、变革项目的管理、数字化转型等，都需要由具体的流程来确保执行。企业的战略要求、质量标准等都融入流程中，运营绩效指标也通过流程来提取，数字化平台所需的数据也来自各个流程的执行，企业的能力都构筑在流程上。

流程是卓越运营体系的经络，也是流程型组织的基石，卓越运营体系需要流程支撑实现。那么，对于大多数企业来说，在基础不那么好的情况下，如何快速构筑企业的流程管理体系并转型为流程型组织呢？基于行业最佳实践，我们总结了流程型组织建设"3+2 模型"，抛砖引玉，希望能给大家带来一点启发。

第五节　流程型组织建设"3+2 模型"

在推动流程型组织建设时，经常会出现顾此失彼甚至茫然不知所措的情形，如何避免这些情况呢？我们需要由一个全景图提供索引，为流程型组织建设有序进行指明方向。

一、流程型组织建设全景图

在华为公司通过流程变革取得成功之后，流程变革成为管理实践的一个热词。在过去，应该说很多国内企业做过这类尝试，虽说或多或少取得了一定的成绩，但与华为式的成功（即成为流程管理集大成者并实现跨越式发展）相比，还有相当大的距离。更有甚者，折腾了几年的流程型组织建设，最后发现效率反而降低了，真是“为了流程而流程”。究其根源，得其形而不得其神是关键，如何快速、有效地构建流程管理体系成为一个老大难的问题。作为华为公司流程变革的亲历者，以及中小型企业全面流程体系建设的推动者，我们基于华为公司最佳实践经验并结合中小型企业的普遍特性总结了一套流程型组织建设全景图，如图 1-9 所示。

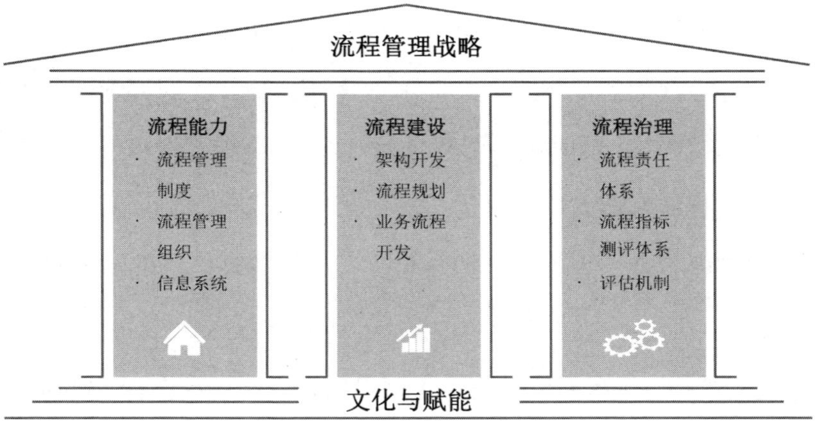

图 1-9 流程型组织建设全景图

流程型组织建设全景图由五个部分组成，包括流程管理战略、流程能力、流程建设、流程治理、文化与赋能。其中，流程管理战略是牵引力，文化与赋能为基础，主体是中间的三根顶梁柱，这就是流程型组织建设“3+2 模型”。“3+2 模型”是流程型组织建设实践的结构化呈现，为企业推进流程型组织转型提供了指引，使得流程型组织建设从概念（Why 和 What）走向实践（How to do）。

二、“3+2 模型”概述

（1）流程管理战略。所谓战略，是指一个企业未来发展的方向路径和目标的描述，是有限资源下的取舍。战略是方向性的、全局的，是基于未来的，执行是完成任务的学问。回到流程管理上来，流程管理战略是组织对流程的定位，即确定流程在组织中的地位，它承接了企业战略中关于流程部分职能的定位。在传统组织中，最原始的状态下，流程得不到正式的承认，处于可有可无的状态；随着组织成熟度的提高，流程得到承认，但局限于某些业务领域或职能部门；组织成熟到某个阶段的时候，流程逐渐在管理体系中占据主导地位，流程型组织的雏形逐渐显现。流程管理战略决定了流程管理的资源投入，决定了后面流程建设的方式、节奏等，是整个流程管理体系建设的源头，清晰的流程管理战略有助于企业流程管理体系的有序建设。流程管理的重要性、必要性等已经在前面做了阐述，在此不做赘述，企业的高层管理者可以根据组织成熟度进行评估，适时做出调整。总的来说，流程型组织是组织发展的未来，是流程管理战略的方向与目标，企业每年做战略规划滚动的时候都应该将其作为职能战略的一部分进行例行审视，确保流程建设能支撑企业的发展需求。

（2）流程能力。流程能力是指流程型组织建设必备的条件，包括流程管理制度、流程管理组织、信息系统。流程管理制度俗称“流程管理技术标准”，包括流程的定义、管理规范、流程设计、绩效指标设计等。流程管理组织是指在公司内部管理流程的正式的及非正式的部门、委员会等。信息系统是指管理流程的系统，通常包括承载流程文件存储、设计、分析等功能的系统。这些要素相互作用，共同构成了流程能力。

（3）流程建设。流程建设是指业务流程的开发，包括不同层级的流程开发。通常，首先要做的是架构开发，即（L1 ~ L3 层级）业务流程架构搭建，有了高阶的流程架构才能关联到承接流程的组织，推进流程规划的制定，基于架构驱动具体的业务流程开发（L4 ~ L6 层级）。流程建设是流程型组织建设的主体部分，把这部分工作做好是实现流程型组织转型的先决条件。

（4）流程治理。流程建设之后，还必须建立相应的保障机制，包括流程责任体系、流程指标测评体系、评估机制。流程责任体系通常通过不同组织的职责来承载，包括流程负责人（Process Owner，PO）、流程管理部门、兼职流程管理员（Process Controller，PC）的职责分工等，通过明确分工来界定管理责任。流程指标测评体系则是指在建立流程架构和具体流程文件的时候同步建立流程绩效指标，自上而下层层分解，自下而上层层支撑，在治理阶段则通过流程绩效指标的达成情况来判断流程的效果，及时发现异常并驱动内部改善。在不断建设流程的过程中，需要清楚企业流程管理水平，识别短板以利于指导未来的流程型组织建设，这需要使用专业的评估工具，包括流程管理成熟度评估、半年度控制评估（Semi Annual Control Assessment，SACA）等。各种方法、工具共同作用，确保流程管理体系正常运转并持续优化提升。

（5）文化与赋能。流程建设需要有好的文化土壤，俗话说“一方水土养一方人”，如果没有良好的文化土壤，流程管理的种子很难在企业内生根、发芽。赋能是指流程技能的提升，对于企业大部分员工来说，这是一个新鲜事物，必须有良好的培训赋能机制帮助大家来认识、理解、掌握流程技能，并在企业内灵活应用。

流程型组织转型到最后要落实到具体的组织上，进行组织结构的设计与调整，这部分属于人力资源领域组织发展模块承接的内容，所以没有放到流程型组织建设“3+2”模型中。流程型组织建设完成后组织的设计与匹配关系会在第六章进行说明，届时会提供一些方法指引，实现闭环。

流程型组织建设是一个复杂的、漫长的建设过程，涉及企业的方方面面。

通常，企业一开始的时候只是做简单的流程梳理、标准化管理等，条件成熟了才会进行全面的流程型组织转型。可以这样说，流程梳理、流程管理体系建设是流程型组织变革的初始阶段，流程型组织是流程梳理、流程管理体系建设的终极目标。

从第二章开始，我们将会围绕流程型组织建设“3+2 模型”陆续展开，包括第二章的“流程变革，文化先行”，第三章的“流程能力构建”，第四章的“基于架构驱动的流程建设”，第五章的“流程高效运转的保障机制”，第六章的“流程型组织变革之路”，流程管理战略在本章已做解读，下文不再赘述。

第六节　数字化转型下的流程管理

“都要数字化了，后面还需要流程管理吗？”“数字化转型是否需要做流程建设？”这是不少流程管理工作者的担忧，也是不少中高层管理者的困惑。这一层关系如果理不清楚，流程建设的工作就举步维艰。我们在做流程管理战略规划的时候必须达成共识。

一、数字化转型浪潮

最近几年，数字化转型浪潮席卷全球，企业无论大小，不谈数字化转型则似乎显得档次不够。事实上，数字化转型的浪潮并非突如其来，它在变成现象级管理实践之前经过了漫长的探索期。

对于数字原生企业来说，比如 BAT（百度、阿里巴巴、腾讯）这些互联网大厂，数字化转型的挑战与阻力相对来说要小一些，因为数据对它们来说是与生俱来的。但是对于非数字原生企业，尤其是传统的制造类企业来说，数字化转型的挑战是比较大的，绝非信息化换个马甲那么简单粗暴，而是涉及方方面面的改变。数字化转型不再仅仅是企业层面的事情，而是已经上升到国家战略层面，2023 年中共中央、国务院印发的《数字中国建设整体布局规划》将数字作为新的生产要素，与之前的生产要素（如石油、土地、煤电等）并列。在数字化转型浪潮之下，如何在数字化环境下更好地生存成为众多企业不得不面对的必答题。

我们在服务企业客户的时候，经常有企业家朋友满怀困惑地问道："我们都已经在搞数字化升级了，还需要搞流程吗？""会不会重复建设了？""又是数字化转型，又是流程型组织建设，到底要怎么做呢？"诸如此类的困惑、疑问不绝于耳。一方面不得不做，另一方面又不知道怎么做，这是普遍的困境。究其根源，在于大家没有理清楚流程管理与数字化转型的关系，我想有必要在这里做一些阐述帮助大家释疑。

二、美的集团的数字化转型实践

说起非数字原生企业的数字化转型，在国内就绕不过美的、华为两家集团（公司），它们在数字化转型上做了比较多的探索，也取得了令人瞩目的成就。

在很多消费者印象里，美的集团可能还是一家卖家电产品的品牌商、制造商。但是，如果你到美的集团的生产工厂参观，肯定会被它的智能工厂的数字化程度震撼。如今的美的集团已经是一家数字化、智能化驱动的科技集团，拥有数字驱动的全价值链柔性化智能制造能力，以家电为主要业务的智能家居板块只是其五大事业群之一。这一切源于 2012 年的数字化转型。

美的集团的数字化转型始于 2012 年的 632 项目。632 项目以"统一流程、统一主数据、统一 IT 系统”为工作目标，是其数字化转型的第一个阶段。后面持续不断地投入、升级，发展到今天，其数字化转型历程大致可以分为五个阶段，如图 1-10 所示。

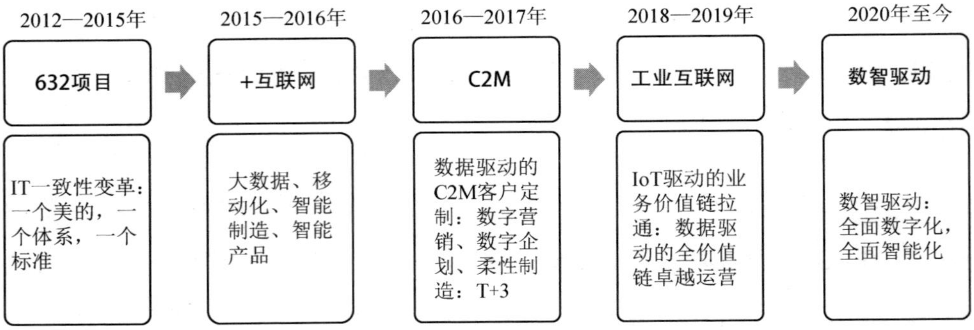

图 1-10　美的集团数字化转型历程

美的集团在 2012 年进行数字化转型的时候刚刚迈过 1000 亿元营业收入大关，到 2022 年，其营业收入超过了 3457 亿元，实现了跨越式的增长。美的集团数字化转型第一个阶段的关键目标是“一个美的，一个体系，一个标准”，实际是先建好流程管理体系，将业务标准化、信息化后再逐步推进信息化、智能化建设。它的一个基本假设是数字化转型流程先行，只有做好了流程，才能更好地实现数字化。事实证明，这个假设是成立的。

三、华为公司的数字化转型实践

华为公司正式提出数字化转型是在 2016 年，并在 2017 年年初将公司愿景调整为“把数字世界带入每个人、每个家庭、每个组织，构建万物互联的智能世界”。如果仅仅从启动时间上看是比美的集团晚很多，但是实际上，早在 1998 年，华为公司已经请 IBM 做了流程 IT 规划，开始启动流程变革并同步做信息化建设。IPD、MTL、LTC、ITR 等流程成为行业最佳实践，在国内有众多的追随者。

华为公司在2016年提出数字化转型的时候，已经基本完成了流程管理体系和信息化建设，夸张一点地说："公司没有流程覆盖不到的地方。"在华为公司，你买一台笔记本电脑，下一个物料采购订单，接收一个客户订单或消费者投诉，做一个业务的战略规划……你干任何一件事情都有相匹配的流程，都有IT系统来支撑。正是由于有良好的流程管理基础，华为公司的数字化转型之路可以后发先至，势如破竹。

目前，华为公司通过数字化、智能化改造煤矿、钢铁等行业，效果显著。以湖南华菱湘钢生产车间改造为例，一些以前是人工作业高危型的操作，通过改造，工人远离了危险地带，同时实现了25%的效率提升。华为公司内部的数字化转型工作还在持续进行中，用华为公司CIO陶景文的话来说："数字化转型是一个持续优化的过程，只有起点，没有终点。"

华为公司基于自己在数字化转型方面的实践经验，总结出了数字化转型管理框架，如图1-11所示。

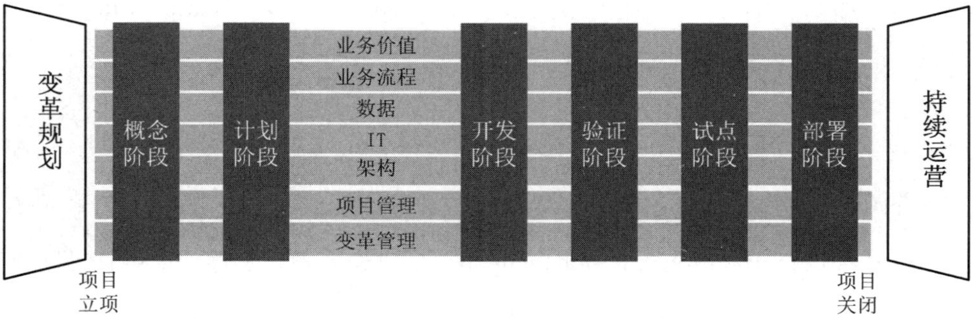

图1-11 华为公司数字化转型管理框架

这个数字化转型管理框架要从横向和纵向两个维度看。横向是数字化转型涉及的各个管理要素，包括业务价值、业务流程、数据、IT、架构、项目管理、变革管理；纵向是数字化转型的几个阶段，包括变革规划、概念阶段、计划阶段、开发阶段、验证阶段、试点阶段、部署阶段、持续运营。横向的管理要素有七个，纵向则分为八个阶段，所以该管理框架又有“七横八纵”管理框架的别称。业务流程是整个数字化转型方案中的关键一环，与数据、IT、架构共同构成了数字化转型的解决方案。

四、数字化转型流程先行

回到最开始的疑问与困惑：“数字化转型是否需要做流程建设？”答案已经很清楚了：数字化转型流程先行。一家企业可以先梳理好流程再考虑去做信息化、数字化，但不能先去做信息化、数字化再去做流程梳理，逻辑顺序不能搞反了。流程建设是数字化转型的一部分，是数字化转型的基础。必须认清一个事实，信息系统是用来承载流程的，信息系统的运作本质上就是流程的运作，只是流程“穿了个新马甲换了个地方跑”而已。

我们与某公司创始人沟通的时候，他说了一句十分通俗的话：“如果流程是垃圾，那么固化到 IT 系统上它还是垃圾。”即业内常讲的“Garbage in garbage out”，道理很简单，做起来却不简单。

在我们服务的企业客户中，也确实存在不少企业是“逆向”而行的。看到大家都在上 ERP、SRM（Supplier Relationship Management，供应商关系管理）、CRM（Customer Relationship Management，客户关系管理）等，觉得自己总不能落后了吧？必须上。然后买买买，匆匆忙忙上了一堆系统，最后发现线上是一套线下是一套，两套系统都在跑，系统反倒成了摆设，非但没有提高效率，还给业务部门额外增加了系统维护的工作，真是花钱买罪受。

在条件允许的情况下，一个比较理想的状态是把流程建设纳入数字化转型的第一阶段来做，同步规划和推动信息化、智能化建设，减少对业务的干扰。不论是流程建设还是数字化转型，最终目的都是帮助业务更好地成功，否则就没有意义了。

流程是数字化转型的基础，数字化承载业务流程，从这个意义上看，数字化转型与流程型组织建设也是相辅相成的。

第七节　流程变革案例

尽管每次在做流程管理咨询、培训的时候，我们都会不断地强调流程管理的重要性，但总有部分合作伙伴将信将疑。事实胜于雄辩，这里提供一些流程变革案例来做佐证。

案例一：无印良品（MUJI）的流程变革

（一）流程变革背景

MUJI 成立于 1989 年，前身是日本西友百货旗下的自有品牌，1980 年就存在了。1989—1999 年，MUJI 经历了十年的高歌猛进，此后遭遇重大发展危机，一年之内市值从 1999 年最高点时的 4900 亿日元跌至 2000 年的 700 多亿日元，一时间为很多人唱衰。2001 年，松井忠三临危受命出任 MUJI 社长，开始推动变革。

松井忠三出任社长后，首先对 MUJI 的经营管理进行了全面诊断，将诊断出来的问题划分为以下七大模块，从不同维度为公司做“手术”。

（1）改革经营流程。

（2）激活现存店铺的营业能力。

（3）谋求合理的店铺租金。

（4）人事与教育。

（5）一元化顾客管理。

（6）重建欧洲业务。

（7）品牌经营。

（二）流程变革实施

在七大模块问题中，放在首要位置的是改革经营流程。松井忠三社长指出，MUJI 的变革有两个关键词："进化"与"执行"。

"进化"是指要不断打造新的机制、体制，形成新的模式。更重要的是"执行"，有了新的机制、模式，还必须有人去做，也就是一定要落地。

松井忠三社长说的机制、体制即我们日常所说的流程（包括管理体系手册、流程说明文件、制度/规范/标准、指导书/指南、模板、检查清单）。MUJI 在这方面花了大力气，下了苦功夫，它的机制包括两个部分：MUJIGRAM、业务规范书。MUJIGRAM 主要是门店的经营指南，业务规范书则是本部其他职能部门运作的指南。经过一年多的流程梳理，MUJI 的流程管理体系初步建成，包括 2000 多页的 MUJIGRAM 和 6000 多页的业务规范书。

松井忠三社长秉持"缺乏'标准'便无从'改善'"的原则推动作业规范化，改变 MUJI 之前一直依赖的"经验主义"。同时，为了防止流程僵化，在 MUJI 内部还建立起持续改进的流程，例如，MUJIGRAM 每个月必须修改 20 页左右（也就是 1%）的内容，一年下来就会修改 12%的内容，使其永不过时，形成良性的闭环管理机制。

需要注意的是，罗马不是一天建成的，一家公司的流程管理体系也是一样。正如松井忠三社长所说的："仅用一两个月紧急制作出来的机制、指南没有一点儿用处，只有在不断改善、不断忍辱负重地尝试后，用很长一段时间使其踏上正轨，才能让机制、指南真正派上用场。"

（三）流程变革的成效

松井忠三社长大力推动的机制创建与执行，给 MUJI 带来了哪些好处呢？举一个简单的例子便可以说明。

当时 MUJI 每开 10 家店大概只有 2 家店能够完成销售计划，最主要的原因是店铺选址错误。大家重新梳理开店标准，梳理出了对门店销售有影响的二三十个因素，比如所在商圈零售店的销售额、人口、收入指数等，形成 S、A、B、C、D 五个级别，C 级要复核，D 级绝对不可以开店，以此建立新的门店营收模型。最终，MUJI 开店的成功率从原来的 20%提升到了 90%。

这些经营流程改革的措施最终反映到了公司的业绩表现上。MUJI 在 2001 年开始启动变革，到 2004 年已经恢复"造血功能"，并表现出了强劲的增长趋势，即使在 2008 年全球金融危机的时候，依然保持较高的增长速度，表现优异。

案例二：华为终端公司从 2B 向 2C 流程变革

（一）流程变革背景

在中国，说起流程变革就不能不提华为公司，华为公司是中国企业界流程变革的先行者、引领者。从经典的集成产品开发（IPD）开始，到后面的 ISC、MTL、LTC、ITR 等流程，成为流程领域最佳实践的代名词，被众多 2B

业务模式的企业奉为圭臬。在 2B 业务模式的流程管理上，华为保持着“一直被模仿从未被超越”的传说。但 2B 业务模式下被证明有效的流程体系在 2C 场景下是否行之有效呢？我们来回顾华为终端公司从 2B 向 2C 流程变革的历程。

华为终端公司[即华为 Consumer BG（消费者 BG）]在 2004 年成立，2005 年取得生产资质，起步并不算早。那时正是群雄争霸的时代，诺基亚、三星、摩托罗拉、索爱等激烈竞争，你方唱罢我方登场，好不热闹。国产品牌也纷纷跟进，站在风口上的是发源于宁波的波导手机，它的广告语“波导手机，手机中的战斗机”虽然过去近 20 年，仍然让人印象深刻；越来越多知名或不知名的公司冲进这个市场，比如金立、OPPO、中兴、联想、魅族，等等。

凭借在信息与通信技术（Information and Communication Technology，ICT）领域深厚的技术积累，华为终端公司在竞争激烈的手机市场站稳脚跟，并快速占据了一席之地，“中华酷联”的竞争格局也在慢慢形成。但是在华为，手机等终端（消费者）业务始终不被认为是公司的主航道业务，它存在的意义是满足通信设备业务需要，在向运营商出售基站（通信设备）的时候做捆绑销售，自身并没有建立终端渠道、零售、服务体系，也就是采取比较简单的方式直接将终端卖给运营商，本质上是 2B2C 的业务。2008 年前后，华为公司一度产生了卖掉手机业务的计划，因为金融危机及内部蓝军的反对声音，该计划搁置了。

2007 年，苹果公司的触控屏手机横空出世，此时正是诺基亚手机一家独大的时代，但市场竞争的格局及竞争的焦点已经产生了变化的苗头。2009 年，vivo 成立，2010 年，小米成立，这些未来的竞争势力也正在积极积攒能量。2010 年前后是国内手机行业一个比较关键的关口，一个关键因素是运营商对手机厂商的补贴政策发生剧变，依赖定牌生产生存的“中华酷联”不得不面对一个现实：不变革是等死，变革可能是找死。2B 与 2C 的业务模式差异很大，从 2B 业务模式迈向 2C 业务模式很艰难，业界也鲜有成功的案例可模仿。

（二）流程变革实施

2011 年，华为公司在三亚会议上重新定位终端业务，提出 “面向高端、面向开放市场、面向消费者”的三个核心战略，决定从 2B 业务模式向 2C 业务模式转型。在 2B 的业务模式下，IPD、MTL、LTC、ITR 已经被业内视为金科玉律，而且在市场上确实是屡战屡胜，当时华为公司不少员工也认为用这一套成熟的方法做适当的适配即可，不会涉及业务流程的重大变革。于是，主导这块业务的余承东从原来的运营商 BG[Carrier Network BG，主要卖通信设备（通信基站）给运营商的事业部]调来一批业务流程专家开始做流程变革。做了一年左右，发现不是那么回事，很多项目无疾而终。而 2012 年是华为终端公司 2C 转型的元年，在这一年，余承东砍掉了大部分定牌生产手机项目，华为终端公司的销售额大幅下降，处在崩盘边缘。在公司内部，质疑流程变革、让余承东下课的声音不绝于耳。

2B 业务流程的适配与改良行不通，应该何去何从？当时华为终端公司高层管理者做了一个果敢的决策，即从外部公司（如苹果、三星、戴尔等）大批量引进做 2C 业务的专家，这与华为的人才任用传统大相径庭（华为习惯从培养管培生做起，慢慢将其培养为公司的业务骨干和中高层管理者）。在这些有深厚 2C 业务背景的专家的帮助下，华为公司形成了面向 2C 业务模式的新的流程管理体系。2013 年，面向 2C 业务模式的产品 GTM（Go to Market，走向市场）操盘方法开始试点，当时操盘的 P6 手机取得了华为终端公司直接面向消费者零售的首个小成功，单机型突破 400 万台，相较 P1 手机 100 万台的销量已经有了长足的进步。2014 年，随着产品 GTM 操盘的流程越来越完善，华为 Mate7 手机的操盘成为一个经典，华为 Mate7 手机的销量突破 700 万台。

华为 Mate7 手机自此成为对华为终端公司具有里程碑意义的一款手机。甚至出现了黄牛抢机加价数百元甚至一千多元购买的现象，而这种现象以往是苹果手机才有的。

这个时期，产品 GTM 操盘方法与原来的 2B 业务流程相比较已经运作得不错，但上下游的协同还是有些问题，如何更好地实现产品从规划到退市操盘端到端集成拉通依然是一个严峻的问题。基于这些问题，华为终端公司启动了 GTM 流程的升级改造，经过三年左右的时间，面向 2C 场景的 GTM 流程——集成产品营销和销售（IPMS）诞生了，并在 2016 年进入实用阶段。华为 Mate9 手机是运用 IPMS 操盘的首款手机，销量突破了 1000 万台，创造了当时国产高端手机销量纪录。此后，IPMS 成为华为终端公司运作的神器，在 2019 年，华为 Mate30 手机的销量突破了 2000 万台。可以说，IPMS 是华为终端公司从 2B 向 2C 转型的结晶，是华为终端公司流程变革的最佳实践之一。

IPMS 目前已经被小米、OPPO、vivo 等公司引进，跨行业的公司（如理想汽车等）也在导入 IPMS，IPMS 正在成为一个流行的行业标杆流程。

（三）流程变革成效

从 2012 年开始转型到 2013 年 GTM 开始正式试点操盘，再到 2016 年 IPMS 进入实用阶段，华为终端公司从 2B 向 2C 的流程变革看似风平浪静，实际艰辛烦琐。当然，有付出才有回报，从 2012 年单款手机 100 万台的销量发展到 2019 年单款手机突破 2000 万台的销量，华为终端公司的 2C 变革取得了突破性的成果。反映到具体的营业收入上也是非常突出的，如图 1-12 所示。

华为终端公司 2019 年的营业收入达到了 2012 年的营业收入的近 10 倍，在体量庞大、竞争激烈的市场环境下着实不易。需要说明的是，2B 向 2C 转型，除了前面提到的 GTM、IPMS，华为终端公司还涉及了营销服务等具体的功能领域流程变革，整个变革过程延续了多年，而且至今仍在不断优化、完善。

变革无小事，复杂的问题也没有简单的解决方法，流程变革是难而正确的事。华为终端公司的流程变革是华为公司在新的商业模式下比肩 IPD 流程变革的管理实践，为其他企业的流程变革做了很好的示范。

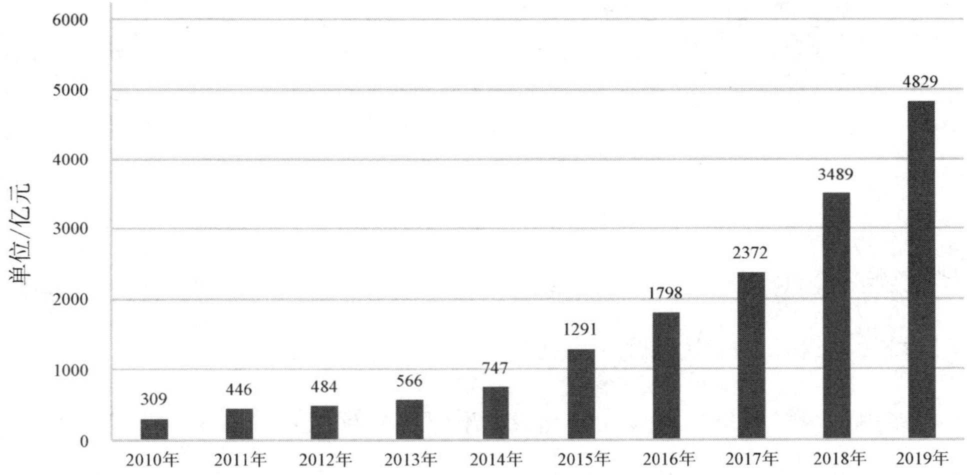

图 1-12 华为终端公司的营业收入

第二章

流程变革，文化先行

流程管理战略确定了流程的定位和变革方向，流程型组织建设是目标，这个目标牵引着流程变革持续地进行。

流程型组织转型的目标能否达成，不仅仅受流程设计、开发工作的影响，还受其所处的环境的影响。这好比一颗品质优良的种子，如果随手丢在岩石上、荒漠中或其他贫瘠的土壤里，无论如何施肥、灌溉，都可以预见它是无法丰收的。好的土壤，对于种子的发芽、成长、开花、结果是至关重要的。对于流程变革而言，好的土壤就是企业文化。俗话说“好鞍配好马”，好种子也需要配好的土壤，只有把企业文化改造好，流程变革才有可能全面、深入。华为公司中有一个热词叫“松土”，在推动业务流程变革之前，通常先进行“变革松土”，作为变革准备度评估的一部分，道理是一样的。

企业文化对于流程型组织转型来说是至关重要的，那么问题来了，什么是企业文化？企业文化对流程变革有什么影响？我们需要什么样的流程文化？下面我们逐一进行说明。

第一节 什么是企业文化

在流程型组织建设“3+2 模型”中，流程管理战略是首位的，即企业首先要明确流程型组织转型的方向、目标，基于这个目标进行资源的配置，这在第一章已经有所阐述。文化与赋能则放在底层，是否意味着文化与赋能是最后才需要建设的呢？其实不然，“流程变革，文化先行”是经过长期实践得来的宝贵经验。为什么是这样的呢？我们先来认识什么是企业文化。

一、企业文化的通俗理解

提到企业文化，很多小伙伴马上联想到公司的核心价值观，“企业文化=核心价值观”是不少人直观的印象。事实上，核心价值观只是企业文化的一部分。什么是企业文化？我们先来看一个经典的对话，这是电视剧《亮剑》中的一段对话，这段对话的背景是李云龙的独立团团部被山本特工队偷袭，政委赵刚负伤，村里的三百多名老百姓被屠杀，士兵死伤惨重。李云龙聚集武装力量组织反击，攻打日军据点平安县城。攻下平安县城后，李云龙带着魏和尚去医院看望政委赵刚，两人展开了一段对话。

赵刚：“说实在的老李，我应该向你学习，培养自己能干大事的性格。我发现，一支部队也是有气质有性格的，而这种气质和性格与首任军事主官有关，他的性格强悍这支部队就强悍，就嗷嗷叫，这支部队就有了灵魂，从此以后，这支部队不管换了多少茬人，它的灵魂仍在。”

李云龙：“有道理，兵熊熊一个，将熊熊一窝，要说魂，只要我在，独立团的兵就嗷嗷叫，遇到敌人就敢拼命，要说哪一天我牺牲了，独立团的战士也照样嗷嗷叫，我就不相信，他们从此就变成棉花包。为什么呢？因为我的魂还在。”

赵刚：“是啊，山本一木不懂这个道理，他以为凭他几十号特种兵就能打垮独立团，他以为端掉独立团团部这独立团就不存在了，可事实上他还没来得及逃回太原就被独立团追上干掉了，你李云龙是有仇就报的性格，那独立团当然也是如此，君子报仇十年不晚这句话不适合独立团，独立团是有仇就报，马上就报，你给我一刀我反手就是一剑，公平合理，绝不欠债。”

李云龙：“还是那句话，一个剑客高手和咱对阵，就是明知是个死也要亮剑，倒在对手的剑下不丢脸，要是不敢亮剑那才叫丢脸。”

赵刚：“亮剑，亮出的是气势，是胆略，是男子汉的精神。”

李云龙：“说得好啊，老赵。”

李云龙跟赵刚的对话，翻译成企业管理的语言，应用到企业管理上就是“一个企业的文化就是一个企业的性格、气质，是企业的灵魂”。

在《亮剑》大结局，李云龙在毕业论文演讲的时候再一次强调了这个意思，他提到“军队的优良传统是培养英雄的土壤，英雄是以集体的形式出现的，原因是都受到同样的优良传统的影响，养成了同样的性格和气质”，这些都是文化的体现，只是置身的环境不同，军队有军队的文化，企业有企业的文化，仅此而已。

二、企业文化的定义

回到最开始的问题，什么是企业文化？在学术界、企业实践界都有不同的理解与定义，其中最具代表性的是被誉为“企业文化理论之父”的埃德加・H.沙因的观点。埃德加・H.沙因认为：

组织的价值观、共享的信念和整体规范等都是组织文化的一种反映而并不是组织文化的本质，组织文化的本质是在一个团体内，所有成员都共同认同和拥有更深层次的基本假设，都认为这些基本假设是理所应当的，并对团队内的成员起着无意识的和潜移默化的影响与作用，价值观不是组织文化的核心，只是组织文化的表现形式之一。企业文化是那些被认为是理所当然的基本假设所构成的范式。这些假设是某个群体在探索解决对外部环境的适应和对内部整合问题的过程发现、创造和形成的。新员工在认识、思考和感受问题时会渐渐受到这一范式的影响。

潜移默化的影响形成集体的性格和气质。文化对于企业来说，就像空气对于人，没有特别的感知又不可或缺。

简单地说，企业文化让组织的人拥有公共的基本假设，这个基本假设促使大家基于共同的价值观去看待世界。企业文化还划分为不同的层级，比如：人工环境、价值观念、深层假设；物质文化、行为文化、制度文化、精神文化等。不同的层级划分体现了不同的文化理念，如图 2-1 所示。

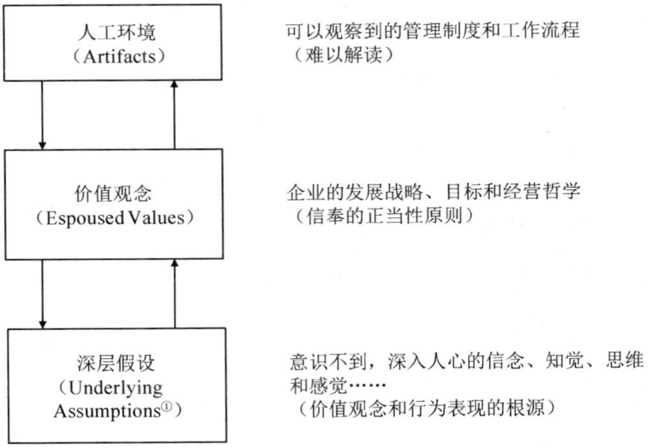

图 2-1 埃德加 · H.沙因企业文化的三个层次

① Underlying Assumptions，译为“深层假设”，引用于埃德加 •H. 沙因《企业文化生存与变革指南》，又译为“基本假设”。

除了埃德加·H.沙因，国内外很多学者也对企业文化下过定义，形成了不同的学派。

J.C.斯本德认为："企业文化是组织成员共有的信念体系。"

T.E.迪尔、A.A.肯尼迪认为："企业文化是我们在这里的做事方式。"

T.J.彼得斯、R.H.沃特曼认为："企业文化是由一些象征性的方法（如故事、虚构人物、传说、口号、逸事等）传达的一些主导的核心价值观。"

国内学者郭纪金认为："企业文化是企业在实现企业目标的过程中形成和建立起来的，是由企业内部全体成员共同认可和遵循的价值观念、道德标准、企业哲学、行为规范、经营理念、规章制度等的总和。"

不同的定义使得企业文化的类型（如亲情型、活力型、层级型、市场型等）、层次划分方法（如两分法、三分法、四分法等）也不尽相同，比较一致的是不同的定义对企业文化的重要程度的肯定。企业文化是企业的灵魂。

三、企业文化的发展历程

企业文化是最近几十年发展起来的学科，最早可以回溯到1970年，美国波士顿大学教授S.M.戴维斯在《比较管理——组织文化的展望》中提出"组织文化"概念；1971年，彼得·F.德鲁克在《管理学》中提出"管理文化"概念。此时可以认为是企业文化的萌芽阶段。其后，越来越多管理学者投入到相关领域的研究，其中日裔美籍管理学家威廉·大内是杰出的代表。

威廉·大内从1973年开始转向研究日本企业管理，背景是当时大量日本企业在美国本土进行并购，日本品牌汽车在美国十分流行，威廉·大内旨在研究为什么日本企业会超越美国企业。经过调查和比较日美两国管理的经验，威廉·大内于1981年出版了《Z理论——美国企业界怎样迎接日本的挑战》一书，提出了Z理论（又称“日本式管理理论”），并最早提出“企业文化”概念，其研究的内容为人与企业、人与工作的关系，不少人认为这本书是企业文化的起源。同年，理查德·T.帕斯卡尔和安东尼·G.阿索斯编写《日本企业管理艺术》，特伦斯·E.迪尔和艾伦·A.肯尼迪编写《企业文化——企业生存的习俗和礼仪》。这些理论研究促进了管理实践的兴起，通常认为这个时期是企业文化的兴起阶段。

虽然威廉·大内早在1981年就提出了企业文化的概念，但是企业文化真正成为一个学科还是10年之后的事情。1992年，埃德加·H.沙因在《组织文化与领导力》中提出了“文化本质”的概念，对文化的构成因素进行了分析，并对文化的形成、文化的变化过程提出了独到的见解。可以说，这是首次系统地定义了企业文化的本质及模型，因此也被认为是企业文化发展到成熟阶段的标志。也正因为这样，埃德加·H.沙因被誉为“企业文化理论之父”，被奉为企业文化研究领域的权威。

尽管系统的企业文化理论从产生到发展成熟不过几十年时间，但是企业文化对企业经营的影响是有目共睹的，在启动流程型组织变革的时候必须搞清楚潜在的影响，趋利避害，提前做好文化的“松土”工作。

第二节　企业文化如何影响流程型组织变革

俗话说：“凡事预则立，不预则废。”对于流程型组织变革而言也是如此。在推动流程型组织变革之前，必须评估企业文化对流程型组织变革的影响。

一、企业文化对流程型组织变革的影响

企业文化对流程型组织变革有什么影响？我们先来看一则小故事。

实验人员将五只猴子关在一个笼子里。笼子的上头挂着一串香蕉。不过，这串香蕉挂在一个事先装好的自动喷水装置上。一旦有猴子去拿香蕉，该装置就会马上向笼子喷水，使得五只猴子的身体都变湿。

开始，有一只猴子想去拿香蕉，结果喷水装置向笼子喷水，猴子们都被淋湿了。另外几只猴子也先后去尝试，结局都是一致的，以猴子们都被淋湿告终。久而久之，猴子们默认了一个事实：不能去拿香蕉，否则所有猴子都会被水淋湿。

后来，换出笼子里的一只猴子，放进一只新猴子甲。猴子甲一看到香蕉就本能地想要去拿，结果它被另外四只猴子揍了一顿。因为那四只猴子知道，猴子甲去拿香蕉，一定会连累大家被水淋湿，于是使用武力制止了猴子甲的行为。猴子甲反复尝试几次都被另外四只猴子暴揍，最终放弃了拿香蕉的想法。过了一段时间，换出笼子里的另一只猴子，换进去一只新猴子乙。猴子乙进入笼子之后，重复了猴子甲的历程，尝试去拿香蕉然后被暴揍，再尝试去拿香蕉又会被暴揍，最终也放弃了拿香蕉的想法。

陆续地换走笼子里最初的五只猴子。这个时候，将自动喷水装置拿掉，猴子们也不敢去拿香蕉了，它们其实并不知道为什么不可以拿香蕉，只知道拿香蕉就一定会被揍一顿。

在一家企业待得久了，人的思维模式、行为习惯就会慢慢成为企业文化的一部分，不自觉地受到企业文化的束缚。这个时候，外力想要改变原有的运行轨迹，就会上演“猴子甲”“猴子乙”的故事，在遭受打击之后放弃改变的想法，“入侵者”往往被现有的企业文化同化。在推动流程变革时，组织里的

“老猴子”存在根深蒂固的观念与行为习惯，他们可能成为流程变革的巨大阻力，必须有更加强大的外力来改变他们才有可能实现阶段性突破。

曾有机构做了一个调研，统计了关于变革项目失败的原因，其中排在第一位的是“员工抵制”，这个结果既让人感到意外和震惊，又让人觉得合情合理。所谓变革就必然涉及人的调整，工作模式与行为习惯、岗位职权、利益等都面临着重新洗牌，变革被抵制是人性使然。对于高层管理者来说，作为既得利益者，变革是在革自己的命，所以他们的抵制一般是很积极的，对他们的行为习惯、思维模式的改变也是企业文化改造值得重视的一项工作。

二、企业文化改造需要持续进行

需要注意的是，打破僵局并不意味着就可以“鸣金收兵”了，要知道即使一时之间通过外力强迫人们改变他们的行为习惯，但是如果不从根源上解决观念问题，也很容易回到老路上来。有句俗话讲得好“你让猫拉车，车就会被拉到床底下”，说的就是这个道理。

某公司进行流程型组织变革，通过一年多时间流程架构建设、流程梳理及信息化建设，一切就绪，试点顺利通过后进入正式运营阶段。公司的董事长（创始人）总觉得缺了点什么，以前每天找他签字的人多到要排队，董事长也很享受这个过程。现在流程梳理好后，通过流程角色权力清单、角色与岗位、岗位与个人匹配后进行合理的授权，因事授权。而且信息化建设使大部分业务线上化了，需要线下找领导签字的情况变得极少，找董事长签字的情况则更少，毕竟企业重大事项就那么点，大部分还是运营类的例行工作，下面的经理、总监、副总监基本能够处理好，只有极少数重大事项需要总经理、董事长参与决策。正常运行了大概三个月，董事长终于坐不住了，实在是不放心，开始时不时地要求下面的人拿纸质文件给他签字确认，慢慢地，流程就被董事长破坏了，公司逐渐回到了老路上。更糟糕的是，原来拿纸质文件给领导签字，只是跑一趟，现在既要走系统流程（线上），还要线下找各位领导签字，相当于工作量翻倍。轰轰烈烈的流程变革最终归零了，十分可惜。

这是一个典型的被公司内部人员的行为习惯毁掉的流程型组织变革项目，我们也可以发现，如果不改变大家的文化观念，变革很容易回到老路上，而且越是高级的领导，他们坚持旧有的文化观念对变革的破坏性越强。由此可见，对企业文化的改造从来就没有一蹴而就的，需要建立持续刷新的机制，在流程变革过程中持续灌输变革的文化观念，通过机制确保不会出现反反复复的情况。

三、华为公司如何通过改造文化赢得变革

在华为公司，如果是某个领域的业务流程变革，首先要做的是变革“松土”。如果是公司级的流程变革，高层管理者就会走到各个区域、代表处跟员工开座谈会，或者通过文章（如讲话、总裁办电子邮件等）的形式传输公司的理念，将流程变革的思想推送给员工学习。呈现的形式不同，目的是一致的，就是改变大家的文化观念及文化观念背后的深层假设，为后面的变革“松土”。经过几轮“松土”后，后面的变革自然水到渠成。这也是华为公司的业务流程变革会持续取得成功的重要原因。

变革“松土”是软的手段，是长期浸染式改造企业文化。在业务流程变革的某些关键时刻，仅仅靠软的手段无法快速调整过来，这个时候华为公司会采取强制性的措施，短时间内进行压迫式推进，但这是特殊情况下的临时性手段。这在导入 IBM 的集成产品开发（IPD）流程的时候体现得比较明显，“先僵化、后优化、再固化”“要敢于撤换不能适应的干部，不换脑袋就换人”等，这些措施都是压迫性的、过渡性的，到了平稳期的业务流程变革，又会回

归到“和风细雨”的浸染模式。

在华为公司，软的手段是常态，硬的手段是特殊时期的特殊选项，软硬结合的模式让华为公司在流程型组织变革的道路上屡战屡胜，该模式本身也演变成华为公司企业文化的一部分，这种企业文化形成之后，非但不会阻碍公司持续发展，还会促进公司不断变革提升，形成良性循环。如今，在华为公司，不谈变革反倒显得不合时宜了，这就是企业文化的正向促进作用的具体体现。让组织有惯性也是企业文化的价值体现之一，当然，这也要求我们首先要改造好我们的企业文化，播下良性的种子才能开出良性的花、结出良性的果。

管理大师彼得·F.德鲁克有言：“文化能把战略当早餐吃掉。”对于流程型组织变革来说也是如此。只有把企业文化的土壤改造好，流程型组织变革才有可能取得成功。

第三节 对领导负责还是对流程负责

在推动流程型组织转型的过程中，员工可能会产生疑问：“我该对谁负责呢？”“对流程负责吧，绩效是领导评估的，以后还要不要混了？对领导负责吧，那跟传统组织又有什么区别呢？”管理者也可能会产生疑问：“都说要对流程负责，那要我们这些管理者来干啥呢？那么多下属要管，都对流程负责了，还怎么带队伍呢？太难了！”

一、对流程负责的本质是对客户负责

类似的疑问或争议有很多，这在推动流程型组织转型方面是比较常见的

情形，也是比较难解决的问题，归根结底也是文化观念的问题，是没有从根源上理解“我们管理员工是为了什么”的问题，这些文化观念或者说是认知影响了我们行为的改变。如果我们意识到管理员工是为了更好地服务客户（包括内外部客户），那么就能理解不仅仅是员工，包括管理者都是对流程负责的，都是为了实现流程目标而存在的。

这里面涉及一个问题，就是跨领域的问题。很多流程需要不同的职能领域共同完成，如果仅仅是对自己的领导负责，那么流程就会成为摆设，也就无法起到横向贯通的作用。

在流程型组织里，管理者的责任是建立并维持流程管理体系的运行，持续优化流程，并指导员工按流程完成工作，达成组织的目标。

二、打破本位主义思想

关于“对领导负责还是对流程负责”的问题，背后有一层更深层次的意思没有表明，很多身居高位的管理者在想：“古人都说‘刑不上大夫、法不施于尊者’，这些流程是为约束员工而制定的，至于我们，可以随意一点，要灵活而不是那么死板、僵硬。”这是比较典型的本位主义思想，也是流程型组织转型过程中比较难解决的问题，因为这往往涉及公司的创始人、董事长、总经理等核心高管，现实中很多流程就是被他们打乱的。那么应该怎样定义核心高管与流程的关系？我们先来看则小故事——三国时期曹操割发代首。

《曹瞒传》记载：常出军，行经麦中，令“士卒无败麦，犯者死”。骑士皆下马，付麦以相持，于是太祖马腾入麦中，敕主簿议罪；主簿对以春秋之义，罚不加于尊。太祖曰：“制法而自犯之，何以帅下？然孤为军帅，不可自杀，请自刑。”因援剑割发以置地。

用白话文表述如下：

三国时期，曹操发兵宛城时规定：“将士们不得践踏麦田，违背者处死。”这样，骑马的士卒都下马，仔细地扶麦而过。

曹操正在骑马，忽然，他的马受到惊吓一下子蹿入麦田，踏坏了一片庄稼。

曹操立即叫来随行的主簿，要求治自己践踏麦田的罪行。官员引用春秋时期的典故说：“‘法不加于尊’，怎么能给丞相治罪呢？”

曹操说：“我制定的法则自己都不遵守，怎么能统领成千上万的士兵呢？可是我身为统帅，不能够自杀，请让我自行处罚。”随即抽出腰间的佩剑割断自己的头发。

一代枭雄曹操“割发代首”的典故向我们揭示了依法治军、从严治军的重要性，为我们树立了“尊者”面对规则时应当如何处理的典范。立法者应该带头遵守法纪，所谓“王子犯法与庶民同罪”，对于流程来说亦然。管理者是流程管理的负责人，也应该是遵守流程的带头人。

三、管理者要以身作则

以流程变革著称的华为公司也有类似的故事。

一次，任正非路过研发实验室，看到一名工程师正在玩游戏，在稍做停留后，任正非问道：“这个电脑玩游戏，你觉得卡不卡？”没想到工程师抬头看了一眼任正非后说：“任总，这里是公司研发重地，请您离开。” 任正非听到这话先是愣了一下，之后离开了研发实验室。后来，为了避免其他非相关人员进入研发实验室，华为就在研发实验室门口挂了个标识牌“研发重地，非请勿入”。

这则小故事在网络上存在不同的版本，也有不同的解读，但核心的点还是讲规则、守规则，对管理者而言尤其如此。一般情况下，领导看到员工打游戏，可能会纠错，甚至可能会骂人，但任正非值得称颂的地方在于听到工程师的提醒后及时离开，并没有认为员工是在冒犯自己。公司有规定，研发重地非请勿入，那么作为公司创始人的任正非就应该带头遵守这个规定，也正是任正非的这个理念，使流程变革在华为落地生根，结出累累硕果。

类似的故事还有很多，比如列宁与卫兵的故事、朱元璋巡夜被值班警卫搜身的故事、柳传志因开会迟到被罚站的故事等。这些不同层面的领导者、管理者之所以成功，正是因为他们能严于律己，不会让自己的身份凌驾于公司规定之上。身教重于言传，管理者如果能率先垂范，有利于形成一个尊重流程的文化氛围，有利于流程型组织建设。

《论语·子路》：“子曰：其身正，不令而行；其身不正，虽令不从。”管理者应该以身作则，真正以流程为做事的准则，这样才能让其他员工心悦诚服，使流程变革产生效果。

第四节　流程管理的刚与柔

前面我们在“对领导负责还是对流程负责”一节中强调了以流程为做事的准则，大家都遵守流程，按流程推动工作向前走。这是否意味着僵化地去执行流程呢？这涉及流程管理的一些判断原则问题。

一、流程执行的问题

在流程管理实际操作中，经常会遇到一些障碍，比如有些员工吐槽“这些流程有问题，无法执行”“流程太死板了，而业务又灵活多变，这样的流程影响效率”等。这些琐碎的日常其实就是我们运营管理的日常，也是流程型组织变革推动者、流程管理者必须面对的日常。

我们必须承认一点，在任何时候，企业的管理都不可能尽善尽美，流程变革也是如此，在某一时刻总有一些不尽如人意的地方，我们必须在不完美中寻找适配当时业务场景的最优解。怎么解这个难题呢？这涉及流程管理的刚与柔，是流程管理原则的问题，也是文化理念的问题。在这方面，联想集团给我们做了很好的示范。

二、联想集团“做事三准则”

联想集团有一个“做事三准则”，可以很好地解这个难题，具体内容如下。

（1）如果有规定，坚决按规定办。

（2）如果规定有不合理之处，先按规定办并及时提出修改建议。

（3）如果没有规定，在请示的同时按照联想文化的价值标准制定或建议制定相应的规定。

首先来解读第一条准则。推动流程型组织变革的一个核心的诉求是解决从“人治”到“法治”转变的问题，避免企业过度依赖某个或某些特定的人。在企业中，流程就是企业管理内部的“法律”，对于企业来说，所谓的“法治”就是按流程来推动业务运营。“有法可依，有法必依，执法必严，违法必究”

的原则对于企业管理来说仍然有参考价值。“科学立法、严格执法”也依然是金科玉律，是铁的原则。

在现实中，熟人、上级等各种关系都会影响到流程执行的程度。

工业园区规定任何人入园拜访都需要预约、登记，通常情况下负责门禁的保安能做到来一个登记一个，但是如果遇到老乡、前同事、领导等带着一波人来，一般就是打个招呼，不会太认真地做登记。一句“咱们谁跟谁啊？”是常见的拉近关系的话，这种情况也比较普遍，但往往就是这个“关系”让很多不该发生的事情发生了，公司的流程成了某些执行者谋求利益的工具，大家不以违反规定为耻反而觉得“有面子”，甚至给一些不合规的事情披上合规的外衣。如果有名耿直的保安硬要做登记，则该保安往往会被认为是异类或不会做事。这是一个社会文化问题，有着比较复杂的成因，所以一个“如果有规定，坚决按规定办”的准则看似简单，其实能够严格遵守的人还真不多，这也是联想集团会将该准则定为一个文化价值观并不断强化它的原因，这更多体现了流程“刚性”的一面。

其次来解读第二条准则。这个准则从某种意义上讲依然是维持“有法必依”的原则。不论合理与否，先执行原有的规定，同时也从另外一方面对不足之处进行补救，及时提出修改建议。这也对流程设计者、管理者提出了要求，必须“科学立法”，即在设计流程的时候必须有系统的方法论，用科学的方法识别不同的业务场景，依据场景进行流程设计，避免出现“一人生病全家吃药”的情况。同时，流程设计好了之后不能“三十年都不变”，需要进行例行的刷新，比如，以半年、一年等的频率审视流程，与业务运作相悖的流程需要及时进行更新。在实际的企业管理中，经常会出现“僵尸流程”的情况，即制定一个流程文件之后，人们平时也不去关注它，做事情各凭本事，能完成就行，等到出问题的时候才匆匆忙忙去找流程文件，却发现流程与实际业务早已经是“两张皮”了，流程根本无法指导业务的运营，一个关键原因就是缺乏及时改进、刷新流程的管理机制。有关这方面的例子经常见于报纸或网络。

福建泉州谢女士的爷爷今年89岁，平日里省吃俭用，加上多年的农村养老金，积攒了一些钱，这些钱分别存在几家银行。这段时间，老人病重，他清醒时向子女们交代了存款的事情。子女们凭借存折、存单和老人身份证等，准备到银行去取款。2020年12月10日，谢女士家人到洛阳镇区一家银行取款。“3张存单、1张存折，有10万元左右。”谢女士说，爷爷的这些存折、存单都是免密的。到了银行，工作人员说要人脸识别，按规定老人得亲自来办理。家人称，老人病危卧床，无法前来。工作人员答复：“不行，抬也得抬过来。”……

类似这种规定还有很多，这种不近人情的规定其实是在做流程设计的时候没有识别好场景。比如上述要人脸识别的规定就应该考虑到行动不便的老人的需求问题，可以远程视频确认或提供有偿的上门服务等，这样既方便了客户，也解决了矛盾，还可以避免很多纠纷，很好地诠释了流程“柔性”的一面。

最后来解读第三条准则。业务是动态的，存在很多不确定的场景，所以虽然我们强调“科学立法”，用好的方法去设计流程，但是仍无法保证能完全穷尽。对于新的业务场景，如果没有完善的流程支撑，可以要求业务止步不前先建设流程吗？这显然是很难做到的，市场机会转瞬即逝，错失先机后面就很难弥补了。更重要的是，新的业务场景往往没有成熟的运作模式，需要我们去探索、验证，这需要比较长的时间周期才能完成，但是对于业务负责人来说往往等不起。所以，面对这种流程没有覆盖的业务场景，华为公司的经验同联想集团的经验有相似之处，即先拟定一个粗略的、临时的解决办法，请示上级领导，得到批准后马上执行；同时，同步设计新的、符合业务实际需求的流程，短期、长期工作两不耽误。从这里也可以看出企业文化不是可有可无的东西，企业文化蕴含着我们看待事物的视角，体现在我们处理问题的原则上，落实到我们的流程里并最终体现在员工做事的行为规范上。

三、流程管理的不变与变

在流程型组织变革过程中，不少人存在“祖宗成法不可变”的观念，一方面是有路径依赖，另一方面是怕流程变革对自己带来负面的影响，尤其是管理者容易滋生本位思想。长期不变的流程容易僵化，这会影响到流程执行的效率、效果。我们需要明确一点，我们建设流程的目的是什么？是为了更好地满足客户需求。那么，如果有方法、工具能更好地为客户创造价值、交付价值，提升客户满意度，为什么不采用呢？

当然，变不是无目的的变，不是没有规矩的变。在流程管理的过程中，我们必须明确流程变革的流程及约束条件，避免为了改变而改变。脱离了业务实际需求的流程变革只会使业务受挫，正如任正非先生所说的“改革不要犯急躁病，否则改错的损失比不改更大”。

关于流程管理的不变与变（原则性与灵活性），总的来说，有明确规定的业务场景，尤其是成熟的业务场景，流程执行要体现原则性。没有明确规定的业务场景，尤其是新培育、孵化的业务场景，流程执行要体现灵活性，不能僵化处理。同时，在流程设计上需要考虑更多的业务场景，要有兜底的处理手段，要有突发情况的应急预案等，要考虑人性，要有韧性，体现更多柔性的一面。刚柔并举，流程才更有温度，运作起来也更有高度。

第五节 需要什么样的流程文化：流程四问

前面的章节讲解了很多关于企业文化及其影响的内容，对于一家以打造流程型组织为目标的企业来说，应该营造什么样的企业文化来推动流程型组织转型仍是一个重要的课题。换句话来说，要让流程型组织的种子在企业生根发芽，就要有适合流程型组织的文化土壤，就要有相应的流程文化。

一、什么是流程文化

所谓流程文化是指我们看待流程的视角（或基本假设）及行为习惯。对于正在向流程型组织转型的企业来说，一个尊重甚至敬畏流程的文化氛围是至关重要的。

事实上，在日常的管理中，不论是基层的主管，还是中高层的经理、总监、副总经理、总经理和董事长，都不可避免地形成了个人的管理风格、行为习惯。在领导力很重要的今天，使用流程规范甚至约束管理者尤其是高层管理者的管理风格和行为习惯似乎有些不够流行。一个事实是，很多所谓的个人管理风格往往也并不是那么靠谱。例如，指令式管理往往会变得简单粗暴，授权式管理往往会变得放任自流，团队式管理往往会变成打鸡血，教练式管理也容易沦为大事小事亲力亲为。

A 公司的采购经理小王遇到一个工作问题，与负责 PMC（Production Material Control，生产与物料控制）的小赵总是协同不好。小赵经常提一些临时性物料采购需求，要么交期特别紧张，要么数量非常少，让负责采购的小王疲于奔命。供应商已经很抗拒接A公司的订单了，有关A公司订单的生产计划往往比较靠后（优先级低），但是满足不了PMC需求的话又会被小赵投诉。小王跟小赵及其上司沟通过好几轮都没有改善这个问题，可怜的小王已经快抑郁了，决定找自己的上司采购总监陈总来推动解决。如果陈总是指令式管理的领导风格，他会说："小王，你这样，下次再有这种采购需求，直接拒绝就好。"如果陈总是团队式管理的领导风格，他会说："小王，这个事情嘛，你要跟他们搞好关系，他们是上游部门，有自己的难处，我们尽量克服，尽量满足他们的需求。"这样的话，小王依然会处于两难之中：尽量去满足需求吧，供应商不答应；不满足需求吧，小赵会继续投诉。领导的个人管理风格成为推动工作向前走的障碍。

类似这种内部跨部门之间工作协同不畅，互相推诿、互相甩锅、公说公有理婆说婆有理的情形不在少数。而在部门内部管理方面，员工们可能会在各个流程节点犯下错误而不能及时发现和更正。

B公司的销售员小李最近摊上了大事，在给客户的投标文件中把单价的小数点标错了，原来30多万元的金额变成了3万多元。客户已经确认B公司中标了，现在催着B公司按投标文件交货。小李没有办法，只能向上级张总求助。然后，小李同学在经历了一阵狂风暴雨般的批评后，灰头土脸地从张总办公室出来了。这次，张总出面跟客户协商解决。过了半年，类似的错误再次发生，这次不是小李的错，是与小李协作的产品开发部门将产品的规格弄错了，然后，张总又不得不出面跟客户协商解决……

类似的错误，不断有人犯；在同一个地方，同一块石子绊倒了很多的英雄好汉……同样的故事，在不同的企业不断上演。

为什么会这样？有没有其他更好的解决方式？关于这个问题，华为公司有着很好的实践，就是“流程四问”。

二、流程四问

华为公司在 20 世纪 90 年代曾经不断重复着 B 公司的类似事故，在 1998 年开始推动流程型组织变革后，华为公司逐渐形成了新的工作方式，即围绕流程展开提问，总结为四个问题，以此指导流程问题的解决，简称“流程四问”，如图 2-2 所示。

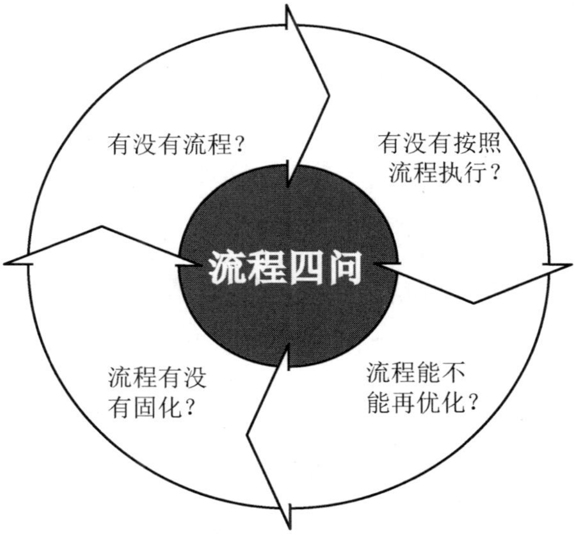

图 2-2　流程四问

在华为公司，每当运营异常时，业务负责人优先思考的问题是：这件事情有没有流程？员工有没有按照流程执行？流程能不能再优化？流程有没有固化？通过解答这四个问题来形成共识，促进问题的长期解决。

管理者首先要解答第一个问题：有没有流程？我们在讲流程管理的不变与变时提到过一个观点，即首先要“有法可依”。有没有流程就是要解决流程有无的问题，如果没有流程，那么让流程负责人去建设这个流程，同时也要搞清楚当初为什么没有建设这个流程。在实际管理过程中，确实会出现这样或那样的业务场景，在设计流程的时候无法穷尽，在新的业务场景清晰之后再增加流程。管理者往往是流程负责人，对流程建设负有第一责任，如果因为流程缺失导致经营出现异常，应该问责的不是负责执行流程的员工而应该是管理者。管理者没有履行好自己的责任，却去问责员工，属于本末倒置，于事无补。如果确认经营异常的业务场景原本是有流程覆盖的，那么管理者就要解答第二个问题：有没有按照流程执行？

在实际的业务运行过程中，不少企业会制定一大堆流程，但是经营异常情况依然不断发生。这个需要分不同场景来看待，首先要看员工有没有严格按照流程执行，即员工是否遵循了“执法必严”或“严格执法”的原则。如果答案是否定的，那么还需要分析具体是什么原因导致的，是员工主观上不去执行流程，还是存在客观上的原因。如果是员工主观上不去执行流程，那么企业需要根据人力资源流程规定给予员工必要的惩戒。如果是存在客观上的原因，那么企业需要具体分析、排查这些障碍，确保员工能正常执行流程。

我们在推动流程型组织变革的过程中，发现不少企业的流程文件与实际业务不相符，即出现了“两张皮”现象，实际上当初没有根据业务需求来设计流程，导致流程看上去很美，实际上却根本无法落地。这本身不是流程执行者的过错，流程设计缺陷的责任应该由流程负责人来承担。如果员工严格按照流程执行，但是依然出现经营异常的问题，就不是员工的过错了，此时，管理者需要解答第三个问题：流程能不能再优化？

在设计流程的时候我们有一个原则是“科学立法”，即在设计流程的时候不仅要有科学的方法、工具，还要对标业界最佳实践，其他企业“踩过的坑”就没有必要再去踩了。但是业务是动态变化的，原有的流程是当时的最优解，随着时间的推移，业务和流程都会出现变化，如果不及时刷新、优化，就会出现即使严格按照流程执行也会出现经营异常的情况。出现这样的情况时，流程负责人需要主动发起业务流程优化，确保新流程是当下的最优解。

流程设计得再好，与业务的一致性再高，执行过程中依然会出现一些异常。一方面是可能会出现绕过某个流程的情况，例如：采购需求管理流程规定需求申请单的需求量需要用固定的公式来测算，需求提出人为了省事可能会绕过这个测算环节，仅凭经验估一个数量（可能会与实际的需求有较大的偏差）。另一方面是时效的问题，负责某业务的负责人可能在出差、请假等，流程的处理时效难以保证。所以，在华为公司，如果流程被确认是当下的最优解，管理者还会同步考虑流程的信息化问题，即解决“流程四问”中的最后一个问题：流程有没有固化？流程通过信息化手段固化后，既能提升工作效率，也能有效防范业务风险。

华为公司“流程四问”的实践对营造尊重流程、敬畏流程的氛围起到了积极的作用，使得公司从员工、主管、经理、部长到总裁都在使用共同的管理语言、工具沟通，提升了公司整体运营的效率与效果，具有很高的借鉴价值。

需要说明的是，每家企业的文化都会有不同的地方。流程文化需要根植于企业的业务现实与企业文化，成为企业文化的重要组成部分，同时要服务于企业整体的经营战略，这样才能相得益彰、行稳致远。

第六节　如何进行流程文化建设

华为公司“流程四问”的实践是流程文化建设的典范，但仅有“流程四问”还远远不够，流程文化不像设备、物料等实物那样买来即可安装和使用，它还需要人们理解流程文化建设背后的逻辑或形成的机理。流程文化作为企业文化的一个重要组成部分，其营造或建设的方法与通用的企业文化基本一致。

每家企业的流程文化不尽相同，但流程文化的建设过程却有相似之处，我们结合多年的流程型组织转型实践经验将流程文化建设分为四个方面，包括：共识与强化、摒弃本位主义思想、改变心智模式、关键事件处理。

一、共识与强化

共识与强化，共识又是首要的。营造流程文化，共识是基础，目的是通过统一理念实现力出一孔、利出一处。团队协作讲究志同道合，反面则是道不同不相为谋。如何达成共识呢？我们可以参考 IBM、阿里巴巴等知名企业的实践。

2002 年 10 月，萨缪尔·帕米沙诺（彭明盛）从已经功成名就的郭士纳手中接过 CEO 帅印，开启了 IBM 的另一段征程。可以说，这个时候的 IBM 已经完全摆脱了 20 世纪 90 年代初期每况愈下的境地，不但走出了困境，而且回到了巅峰期的状态，不断开创新的局面。对于新掌舵人彭明盛来说，最大的挑战是如何继续率领公司自我革新，他采取的措施是自下而上重塑 IBM 的企业文化。

2003 年 7 月，在彭明盛的主导下，IBM 进行了一次 72 小时的试验——在对公司管理体系进行了 6 个月自上而下的审查之后，IBM 通过公司内部网络围绕企业文化展开了连续 3 天的大讨论。数千名员工参加了这一活动，针对 IBM 作为 IT 业巨头的本质及公司精神等问题各抒己见。在这次大讨论中，出现了一些不和谐的声音，比如负面观点、评论，甚至还有纯粹的冷嘲热讽。其间，有些高层管理者表达了担忧，要求终止这场企业文化大讨论。彭明盛没有同意终止大讨论，在经历了一番宣泄后，一些有建设性的观点逐渐涌现，大家的焦点聚焦到什么值得、什么需要改变上来。

大讨论结束后，参与这项活动的工程师仔细研究、分析了所有的讨论、反馈，提取了关键主题。最后，彭明盛参与的一个工作小组根据大家的讨论提出了新的价值观。在经过漫长的沟通、宣贯后，2003 年 11 月，彭明盛向所有员工宣布了新的价值观：成就客户、创新为要、诚信责任。有了新的价值观，如果没有采取实际行动，那么价值观就会变成贴在墙上的标语、口号，深知这一点的彭明盛立即采取了一些措施，通过一些关键变革事件来巩固、强化这个新的价值观。这一次企业文化大讨论为 IBM 后面的稳健发展奠定了良好的基础。彭明盛在卸任前（2011 年年底）做了一个简短的回顾：

过去十年，IBM 的年均收益增长率达到了 21%，至 2010 年时每股收益为 11.52 美元，而今年（2011 年）很可能再度实现两位数的百分比增长率。尽管（公司）在任期内经历了两次经济衰退，而最近这次衰退还在影响着（公司）经济，但 IBM 的财务指标却表现得更好。公司的毛利润增加，利润率上升，如果你在 2002 年彭明盛出任 CEO 时买入 IBM 股票，那么到现在你的投资价值已经翻倍，投资回报相当于标准普尔 500 指数表现的 3 倍……

正如彭明盛在卸任时回顾的，IBM 在其任期内取得了不俗的业绩，原因是多方面的，而 2003 年那一场企业文化大讨论是一个不可或缺的关键里程碑。此后几年间，IBM 实现了从硬件到服务的华丽转身。

相比于 IBM 在 2003 年推进的企业文化重塑，阿里巴巴的文化变革更新鲜（2019 年），时间更近一些，也同样可圈可点。

成立于 1999 年的阿里巴巴，从一开始就很注重企业文化的建设，可以说它是一家愿景驱动型的企业，创始人马云曾说："价值观、使命、目标是任何一家企业都必须有的东西，如果没有这三样东西，就走不长、走不远、长不大。”2001 年年初，加入阿里巴巴不久的首席运营官（COO）关明生与创始人团队共创了 1.0 版本的文化价值观，共九条，又称“独孤九剑”；2005 年，阿里巴巴又组织了 300 人团队的大讨论，做了一次升级，“独孤九剑”由九条简化成六条，又称“六脉神剑”，这是 2.0 版本；2.0 版本引领了阿里巴巴 14 年的持续高速发展。阿里巴巴在营造企业文化氛围、践行文化价值观上可谓不遗余力，比如 2011 年的“春晖事变”，2016 年的“刷月饼事件”，都成为轰动一时的新闻，对促进企业文化的发展起到了积极作用。2.0 版本的文化价值观延续到 2019 年，马云交班给职业经理人张勇后，阿里巴巴做了第三次文化价值观的重塑。

阿里巴巴 3.0 版的文化价值观的诞生历时 14 个月，在此期间，阿里巴巴举行了 5 轮合伙人专题会议，累计 467 名组织部成员参与了海内外 9 场讨论。除此之外，阿里巴巴还在全球各事业群中进行员工调研，收集了多达 2000 条的建议、反馈。一个字、一个标点符号地审核，经过 20 多稿修订，最终 3.0 版本的文化价值观在 2019 年 9 月正式发布。3.0 版本的文化价值观也是六条，又称“新六脉神剑”。

无论是 IBM 还是阿里巴巴，在推动文化变革的时候都进行了广泛的讨论，这是一个文化价值观解冻的过程，是一个共创的过程，也是一个共识的过程。除了共识，还有一个关键点是强化，即通过各种方式表达对文化价值观的捍卫意志。高层管理者持续不断地以身作则践行文化价值观，以实际行动为企业文化站台是最强烈的强化方式。通常，领导在哪里员工的关注点就在哪里。华为消费者 BG（CBG）曾有一个比较响亮的口号“以行践言”，说得好不如做得好。就流程文化而言，作为高层管理者，需要在各种场合不断强调流程的重要性、必要性、紧迫性，强调做好流程的好处和做不好流程的坏处。在华为公司，任正非的讲话中，流程就是一个高频词，并且任正非以身作则捍卫公司流程，前面章节中其巡视实验室而被请出去就是很好的案例。

总的来说，就是不断通过文化熏陶规范员工的行为，改变员工的习惯，让员工形成条件反射，最终尊重流程、敬畏流程的流程文化也就自然而然形成了。

二、摒弃本位主义思想

摒弃本位主义思想说得好听一点是站在更高的视角看待自己的工作职权及利益，说得通俗一点是要“革自己的命”。变革最难的是要“革自己的命”，对于管理者（既得利益者）来说尤其如此。如何破解这个难题呢？在这一方面，联想集团、华为公司都曾做过很好的实践。

时间回到1999年，当时的联想集团已经成为国内PC的龙头企业，但脱胎于中国科学院的联想带有比较浓厚的行政色彩，当时在公司内叫“总”的人已经很多了，创立十几年的公司已经有了暮气沉沉的氛围。为了营造“亲情文化”与“创业文化”，联想专门发了一个文件，规定了从杨元庆开始到其他员工的称谓，比如杨元庆叫“元庆”，杜建华叫“老杜”等。为了推动这个规定落地执行，有一天杨元庆带着总经理室成员，在5500（当时计算所的办公楼，因为有5500个平方，所以简称5500）门口挂着“叫我元庆”的牌子和员工打招呼，不叫一声元庆不让进门。一开始，大家都觉得难为情，因为长期以来，大家都习惯管杨元庆叫“杨总”，但这个“无总称谓”的文件规定不能叫“杨总”要叫“元庆”了，加上公司高层管理者亲自来抓这件事情，帮助大家改变习惯。慢慢地，直呼其名的习惯慢慢形成了，原来有些管理者想着我是“XXX总”，有一种高高在上的感觉，改称呼后，他们端着的高姿态就慢慢消失了。叫“元庆”比叫“杨总”亲切，沟通起来也顺畅多了。

无独有偶，华为公司在2016年前后为了深化终端的流程文化，强调2C

转型的敏捷性、灵活性，同时强调面向消费者沟通的扁平化、亲和力等，也推行了一次去“总”的文化活动。当时在公司内部，华为公司各个层级的管理者也在不断强调直呼其名，有些领导还专门起了英文名，同时做了很多易拉宝摆放在比较显眼的地方。经过几个月的强调、熏陶，大部分带“总”的称呼消失了，只有极少数人保留了带“总”的称呼，比如余承东，大家还是习惯叫他“余总”。

一个小小的称谓的改变可以改变一家企业的文化氛围。无论是联想集团还是华为公司，通过这些活动推进文化变革，都有利于后来持久而长足的发展。在整个的推进过程中，领导者以身作则是成功的关键，只有勇于自我革新的个人、企业才能拥有更加广阔的发展空间。

三、改变心智模式

对于流程文化建设而言，改变心智模式的重点是改变行为而非仅仅思想。前面我们提到，推动流程文化建设首先要做的是“共识与强化”，但是在实际操作中往往会出现一种情况，即大家讨论来讨论去，共识是有了，思想观念从表面上看也是一致的，但是一回到日常工作中，大家平时该怎么做还是怎么做，没有实质性的改变。俗话说得好，世界上最难的两件事情，一是把自己的思想装进别人的脑袋里，二是把别人的钱装进自己的口袋里。所以，思想的共识与强化是必须要做的，但也要认识到这在短期内很难实现，之后还要往前走一步，制定具体的流程规范大家的行为。思想是内化的，很难去评判，行为是有形的，相对来说比较容易识别、评估。

需要强调的是，人的行为有惯性，在前期推动流程变革的时候需要有较强的外力干预，监督、稽查尽管可能令人不愉快，但是短期内还是有必要的，也是最容易出成效的手段之一。在这个过程中，领导者的率先垂范作用依然是不可替代的，村看村、户看户、群众看干部，树立先进模范，激励后进者，多个措施组合推动会有更好的效果。

四、关键事件处理

俗话讲："沧海横流方显英雄本色。"说的是越是在形势严峻的情况下越能显示个人的价值。无独有偶，华为公司在评价员工的时候也有一个"关键事件记录"考核，通过关键事件来评判员工的劳动态度。同时，员工也会通过关键事件处理来反向观察、评价公司。关键事件分为两个方面，即正面的和负面的。

从正面的关键事件来说，树立典型是推动变革的关键手段之一。通常，在推动流程文化建设的过程中，正面的关键事件需要在比较有成绩或突出贡献的领域里选，最好具有普适性，易于大家理解，具有典型意义。例如，支撑类的员工服务类流程、招聘类流程、IT 服务响应类流程等，每个员工都可能涉及。在主价值流方面，选择销售、客户服务等大家易于理解的业务场景，更有说服力。具体操作的时候呈现以下不同：改变前和改变后，对比差别点；指标的改变，员工感受的改变；横向对比、纵向对比等。没有对比就没有伤害，通过对比才知道优劣势所在。企业需要在员工能接触到的各个点对正面的关键事件进行宣传，确保人尽皆知。

光有正面的宣传还不够，必要的时候企业可以抓一些负面的典型进行惩戒，以儆效尤。有些高层管理者可能会有"家丑不外扬"的想法，对于负面的事件，以低调处理为主，多少有些息事宁人的意思。事实上，员工既需要正面关键事件的激励，也需要负面关键事件的警醒，尤其是典型关键员工的案例。俗话说"杀鸡儆猴"，对这些典型关键员工的处理往往会影响大家对企业的看法，在这方面联想集团的做法有借鉴意义。

20世纪90年代初期，联想集团每次开会总有人迟到，为此柳传志十分恼火，便规定“开会如果有人迟到就罚站一分钟！”这一举措效果十分显著，上午10点开会，时间还不到，参会人员就基本到齐了。谁知刚准备开会，门开了，还是有人迟到了，不凑巧的是这名迟到的员工曾经是柳传志的上级，还多次关照过柳传志，可以说对柳传志有提携之恩。对于这样的突发状况，柳传志也皱起了眉头，如果就这样算了，那么刚出的规定就成了摆设，但让曾经有恩于自己的老上级罚站确实很对不住老人家。权衡利弊得失之后，柳传志摒弃私情让老上级在会议室门口站了一分钟。这个事情对其他参会人起到了很大的震慑作用，也很快在集团内部传开，大家暗自掂量了一下自己应该没有柳传志的老上级有分量，开会都不再迟到了。柳传志自身也因为不同的原因前后三次迟到，都很自觉地罚站，以身作则。柳传志便是通过负面关键事件的警醒，规范了大家的行为，促进了企业文化氛围的形成。

不论是正面关键事件还是负面关键事件，企业都可以通过不同的渠道进行传播，但要有正式的渠道，尽量避免出现小道消息。例如，华为内部有心声社区、华为人报、管理优化报，招商银行内部有蛋壳平台，腾讯内部有论坛、乐问，等等。在企业规模不大的时候，可能无法搭建类似华为、腾讯等大企业的内部论坛、社区，没关系，企业内部的邮件、即时通信工具（如企业微信、钉钉等）、宣传栏、信息公告栏等，都可以作为信息传递、沟通的渠道。

流程变革没有一蹴而就的办法，流程文化建设更是如此，需要慢工出细活。通过共识与强化、摒弃本位主义思想、改变心智模式、关键事件处理等组合拳，企业可以逐渐培养出有利于流程生根发芽的土壤。有了合适的土壤、环境，又何愁流程的种子不能长成参天大树呢？

第三章

流程能力构建

流程管理战略确定了流程型组织转型的目标，流程文化“松土”也让大家有意愿去转型。那么，有目标有意愿是否就会万事大吉呢？现实的情况往往是“心比天高，命比纸薄”，为什么？没有达成目标的能力，一切都是枉然。

美国冷战史学家约翰·刘易斯·加迪斯在其著作《论大战略》中以大战略（Grand Strategy）指代战略，将其定义为“将无限远大的抱负与必然有限的能力手段有效匹配的思维办法”。如果追求的目标超出能力，则组织迟早要降级目标以适应能力；伴随能力的提升，组织也会阶段性调高或更新目标。现实与理想之间总有差距，只有在可操作可实现的范围内立足现实追求理想的做法才能称为“大战略”。

“大战略”中关于抱负（目标）与能力的关系描述不仅仅适用于国家，也适用于企业和个人，对于流程型组织转型来说亦然。

前面两章介绍了流程型组织建设“3+2 模型”中的“2”，后面三章重点解读模型中的“3”。“3”指的是支撑流程型组织稳定运行的三个支柱，其中首要的是流程能力，流程能力是流程建设、流程治理的基础。可以说，没有流程能力，一切都将是空想。流程能力包括：流程管理制度、流程管理组织、信息系统。其中流程管理制度是基础，包括流程相关概念的定义、流程设计原则与方法、流程全生命周期管理等。规则、方法、工具、组织、人员和技能，这些是支撑流程型组织转型不可或缺的要素。

第一节 什么是流程管理

在日常的培训、咨询工作中，时不时会有一些关于流程概念的争论，大家往往各执己见，都难以说服对方。对于公司来说这种现象既正常又不正常，正常是因为无论是学界还是企业界，还没有绝对的定义，人们自然会有各自的理解；不正常的是，一家公司内部应该有清晰的定义并形成共识，否则就会陷入无休止的争论中。

流程能力是什么？流程是什么？流程管理又是什么？这些是基础的概念，是首先要明确下来的。

一、流程能力的定义

所谓能力，是指完成一项目标或者任务所体现出来的综合素质。对于流程管理而言，流程能力就是流程管理的综合能力，是指建设、管理流程的各种要素组合，包括流程管理制度、流程管理组织、信息系统等。

关于流程能力，不同的人有不同的观点。有人认为，它就是几份文件、几个人、两三个信息系统的事，没有什么难度，买买买，一切搞定。也有人认为，流程能力虽然不是与生俱来的，但是很难培养，它是组织的惯性使然。应该如何看待它呢？我们认为：流程能力是动态的，公司在不同的流程建设阶段需要具备不同的能力，正如约翰·刘易斯·加迪斯在《论大战略》中描述的一样，它需要与战略目标匹配；流程能力不是单纯靠"买买买"就可以解决的，买可以解一时之困，不能解长远之忧；流程能力建设虽然很难，但并不是不能做，只要有合适的方法和充足的资源投入，一切都有可能。

首先，流程能力的建设需要从理念上达到共识，使员工有共同的管理规范可以遵守，即建立流程管理制度。其次，需要有管理流程的组织和人，这不仅仅是成立流程管理部门的事情，还需要培养其他流程负责人（Process Owner，PO）、流程执行人等的流程知识与技能，有组织、有人、有意愿、有能力，再从个人的能力到组织的能力，这是一个漫长的赋能过程。最后是信息系统，流程多了的情况下单靠纸张、手工操作，效率显然不高，需要有支撑工具，这不是简单地买几个信息系统就能解决的事情，而是需要信息系统嵌入公司具体的业务活动中。只有信息系统成为业务的一部分，才有可能真正促进公司的流程能力建设。

流程能力具体要素的定义、内涵等会在下面的章节中展开说明。我们先来了解什么是流程。

二、流程的定义

关于流程（Business Process），从不同的视角看有不同的理解。有人认为流程就是操作步骤，有人认为流程就是流程图、流程说明文件，有人认为流程就是审批流程，有人认为流程就是 ISO 体系……这些都难言对错，只能说仁者见仁智者见智。在流程的定义上，目前比较常用的是迈克尔·哈默的定义和 ISO 9000 的定义。当然，每家企业会根据自身文化、经营理念进行调整，如华为公司的价值观里强调"成就客户"，在定义流程的时候就突出了"客户价值实现”，体现了管理的一致性，也体现了管理文化的一脉相承。常见的流程定义示例如下。

迈克尔·哈默：业务流程是把一个或多个输入转化为对顾客有价值的输出的活动。

ISO 9000：业务流程是一组将输入转化为输出的相互关联或相互作用的活动。

H.T.达文波特：业务流程是一系列结构化的可测量的活动集合，并为特定的市场或特定的顾客产生特定的输出。

A.L.斯切尔：业务流程是在特定时间产生特定输出的一系列客户、供应商关系。

H.J.约翰逊：业务流程是把输入转化为输出的一系列相关活动的结合，它增加输出的价值并创造出对接受者而言更有效的输出。

A.W.谢尔：业务流程是公司（组织）以产出产品和服务为目标的一系列连贯的、有序的活动的组合，业务流程的输出结果是内部或外部的“客户”所需的，并为“客户”接受的产品或服务。

牛津英语词典：（流程是）一个或一系列有规律的行动，这些行动以确定的方式发生或执行，导致特定结果的出现。

综上所述，流程的定义包含几个方面：流程包含一系列的活动；流程具有目的性；流程有输入、输出，它是将输入转化为输出的过程，不同的流程要求的转化能力不同。基于这几点，我们可以认为流程是一系列将输入转化为特定输出的增值活动，它的本质是组织创造价值的机制。

对于流程的理解，这里可以加以深化、拓展。从更加宏观的视角看，企业

（或公司等组织）要做什么事情，受其是否拥有或可组合配置的相应资源的约束。如果拥有或者可组合配置相应资源，那么在所配置资源的平台上，企业做事情的方法就表现为企业的流程。换句话说，战略决定企业业务的取舍，决定资源的配置，即做什么（What）、为什么做（Why）；而流程则决定如何正确地执行战略（How），如图 3-1 所示。

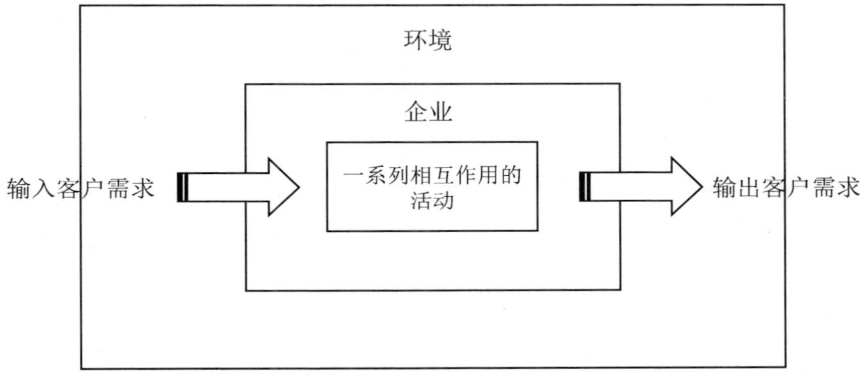

图 3-1 流程概念示意图

从目的与方向的视角来看，流程是为了满足客户需求和实现企业自身目标。从企业的逻辑思维模式（商业模式、企业内部运作管理的逻辑关系）指导和现有的资源能力的视角来看，流程是提供产品或服务等的一系列活动和过程。

由此可见，企业运行于流程之中，企业所有的经营管理及业务活动通过各种流程表现出来，这些流程最终输出的是企业交付给客户的服务、产品或解决方案。例如，IPD 输出的是客户满意的产品，ITR 输出的是客户满意的服务。因此，流程成为几乎所有的绩效提升项目关注的焦点。需要说明的是，这里所指的流程不仅包括已经成型的流程文件（显性），也包括企业约定俗成的工作行为（隐性），甚至包括直接固化到信息系统的流程。一个好的流程至少应该满足以下几个因素的协调流动：工作任务的流动、时间的流动、责任的流动、相关资源的流动、目标和绩效指标的流动、数据的流动等。同时，企业要求的质量管控、风险管控也应同步构筑在流程中。关于这一点，华为公司高管徐直军在《谈业务、流程、IT、质量、运营的关系》一文中有精辟的阐述，在此不再赘述。

在企业内部，统一的流程定义是推行流程化管理的前提，它可以统一沟通语言，是讨论与达成共识的基础，接下来探讨流程管理的定义。

三、什么是流程管理

流程管理，顾名思义，就是对流程的管理。不同的组织、个人定义的流程有差别，因此流程管理的定义也会因人而异。总的来说，流程管理可以归为四大类：跨职能论、过程论、技术论、方法论。

（1）跨职能论。跨职能论强调的是通过实施流程管理，组织可以被看成一系列跨部门连接的职能流程。在流程管理的结构下，流程负责人/所有者、小组和工作执行者对问题进行思考和执行，他们设计自己的工作、检查产出和重新设计工作系统以改善流程，从而满足客户需求、缩短工作周期、降低成本和提高产出的连贯性等。

值得一提的是流程负责人的概念。所谓流程负责人是指对全流程负责的人（可以是一个人，也可以是一个工作小组），负责流程从“生”到“死”的全过程，包括流程架构确定、流程设计、流程执行监控（运营监控）、流程生命周期管理等。传统的科层制管理下有很多不好解决的难题，可以通过流程管理打破原有的部门边界和职能边界来解决。流程管理强调客户导向，将不同部门完成的工作作为一个整体交给流程负责人统筹，端到端（E2E）完成交付。

（2）过程论。通俗地说，过程论强调将流程等同于过程。从流程定义的角度来看，与《现代汉语词典》对“流程”的定义相似：水流的路程；工艺流程的简称。它强调的是按照“流”的连续性，过程中的相关要素能够按照既定的程序化方式进行流动。持有这种观点的代表有 H.J.哈灵顿等。哈灵顿认为流程管理可以分为五个阶段，如图 3-2 所示。

图 3-2 哈灵顿流程管理阶段划分

国内的一些学者有类似的观点，只是在划分阶段上有少许差别，他们将流程管理划分为四个阶段，如图 3-3 所示。

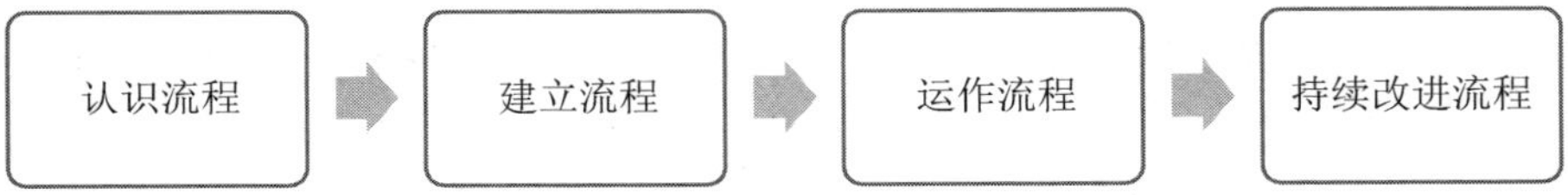

图 3-3 流程管理四阶段划分

过程论的支持者们普遍认为“流程管理就是一种管理体系，从流程的层面切入，关注流程是否增值，形成一套体系”，这个体系包括图 3-2 或图 3-3 的几个阶段（划分阶段数不相同只是颗粒度不同的问题，划分逻辑基本一致），并在此基础上开始一个“再认识流程”的循环，遵循 PDCA 循环[PDCA，即 Plan（计划）、Do（执行）、Check（检查）、Act（处理）]。

（3）技术论。技术论是从流程系统化、自动化的视角来看流程管理的。例如，B.普契内利认为流程管理是人、系统应用、技术和流程活动相互作用的整合。它强调的是端到端的业务流程集成，以支撑业务的实现。也有一些咨询顾问（如 IBM 等）提出：业务流程管理是理解、系统化、自动化及改进组织业务运作方式的一门艺术，它强调的是工作流程与企业应用集成的结合。

（4）方法论。方法论是认可度比较高的一种观点，国内学者黄艾舟、梅绍祖是其中的代表者。黄艾舟、梅绍祖在其合著的《超越 BPR——流程管理的管理思想研究》及《流程管理原理及卓越流程建模方法研究》中指出：流程管理是一种以规范化构造端到端的卓越运营流程为中心，以持续提高组织业务绩效为目的的系统方法。与 BPR 相似，这里定义了几个关键词，即规范化、流程、持续和系统。

尽管不同学者的角度不同，对流程管理的定义会有差别，但是我们仍能从中寻到一些共同的点，如连续性、畅通、端到端拉通（集成）等。总的来说，流程管理是一种系统化方法，它按照“流”的连续性、畅通性对各个活动进行有机组合管理，端到端拉通（集成）。同时，流程管理是以持续提高组织绩效为目的的，它以规范化、结构化的方式构造卓越的业务流程，其中包含了技术和工具的运用。

第二节　流程管理发展的历程

在阐明流程及流程管理的定义后，现在是时候回顾流程管理发展的历程了。英国前首相温斯顿·丘吉尔曾说：The farther backward you can look, the farther forward you are likely to see。意为：你能看到多远的过去，就能看到多远的未来。事实上也的确如此，了解流程管理发展的历程，有助于我们看清流程管理未来的发展趋势。

关于流程管理的前世今生，目前还没有绝对的说法，一般认为流程管理始于有“科学管理之父”之称的弗雷德里克·温斯洛·泰勒，大致可以分为萌芽阶段、成长阶段、成熟阶段及广泛应用阶段四个阶段（注：也有学者将萌芽阶段和成长阶段归为一个阶段），如图 3-4 所示。

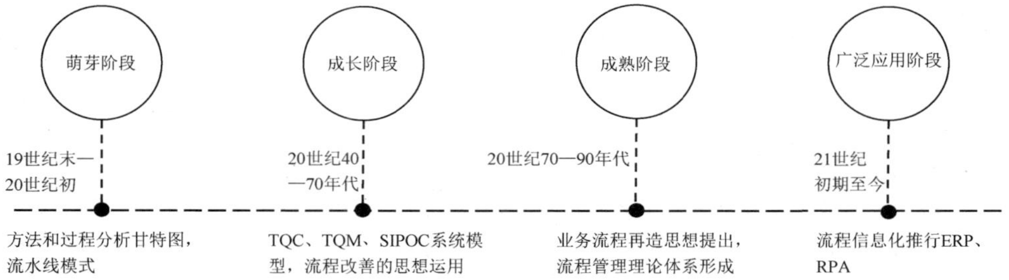

图 3-4　流程管理发展历程

一、萌芽阶段

流程管理的思想可以追溯到 19 世纪末，“科学管理之父”泰勒在他的代表作《科学管理原理》（1911 年）中提出“方法和过程分析”（Methods and Procedures Analysis）的理论，他首次提倡对工作流进行系统分析，使操作程序标准化，开辟了流程管理的先河（注：最开始时叫“程序”，20 世纪 80 年代后逐渐被“流程”的名称替代），这个思想当时就成为工业工程的主导思想。限于时代环境，当时的流程管理主要聚焦设计、加工、装配及调试等活动，在制造行业十分流行。泰勒的铁锹实验、搬运铁块实验、金属切削实验等都体现了标准化、最优化的管理思想。

尽管有诸多局限性，泰勒开创的理论与实践仍然影响深远。“现代管理学之父”彼得·德鲁克对此曾有高度评价，德鲁克认为：“科学管理的出现开创了运用知识来研究工作流的先河。”也正是这个原因，泰勒被认为是流程管理的开山鼻祖，尽管流程管理在当时并未正式提出，但是伴随着科学管理理论的发展及应用，流程管理作为管理本身的一个属性也自发地萌芽、发展、壮大。同期，泰勒的亲密合作者亨利·劳伦斯·甘特提出了甘特图的管理思想，进一步推动了流程管理实践的应用。而亨利·福特的流水线模式与泰勒的操作程序标准化思想不谋而合。流水线模式让福特汽车超越竞争对手，成为当时当之无愧的汽车巨头。

二、成长阶段

20世纪40年代，伴随着全面质量控制（Total Quality Control，TQC）理念的兴起与广泛应用，流程管理应用于改善制程、质量方面。20世纪80年代后期，TQC得到了进一步的扩展和深化，并逐渐演化为全面质量管理（Total Quality Management，TQM），流程是其关键抓手之一，流程管理应用的领域得以扩展。在这个时期，质量管理大师威廉·爱德华兹·戴明提出的SIPOC系统模型对流程管理的内涵与延展起到了促进作用。

SIPOC指的是：Supplier（供应者），Input（输入），Process（流程），Output（输出），Customer（客户）。戴明认为任何一个组织都是由供应者、输入、流程、输出、客户5个相互关联、互动的部分组成的系统，称作SIPOC系统模型，用于流程管理和改进，是过程管理和改进的常用技术，作为识别核心过程的首选方法。

三、成熟阶段

到了20世纪70—90年代，国际环境及信息革命使企业经营环境变得更加复杂，企业面临着复杂的生存挑战。在这个过程中，人们逐步认识到必须对现有工作方法、管理理念与组织结构进行彻底再造革命，或许可以让企业涅槃重生，流程再造思想应运而生。

“流程”这一概念是由有着管理思想界“活着的传奇”之称的迈克尔·E.波特在其“企业竞争优势”研究中率先使用的。而后，麦肯锡咨询师托马斯·J.彼得斯和小罗伯特·H.沃特曼以流程概念为基础分析了企业组织七要素，形成了麦肯锡 7S 模型并推广应用。

在 20 世纪 90 年代，迈克尔·哈默、詹姆斯·钱皮与托马斯·达文波特等系统地提出了流程管理思想。哈默最早提出了比较全面的“流程”的定义，进而提出了业务流程再造（BPR）的理念。1990 年，哈默在《哈佛商业评论》上发表了《再造：不是自动化，而是重新开始》，被视为 BPR 的起点。1993 年，哈默与钱皮合著出版《再造企业：经营革命宣言》，1995 年，哈默又与史蒂文·斯坦顿合著出版《再造革命》，逐渐在全球范围内刮起一阵“BPR”的旋风。这里的 BPR 指的是对企业的业务流程进行根本性的再思考和彻底性的再设计，从而实现成本、质量、服务和速度等方面业绩的显著性改善。简单地说就是以工作流程为中心，重新设计企业的经营、管理及运作方式，在新的企业运行空间条件下改造原来的工作流程，使企业更适应未来的生存发展空间。BPR 以一种再生的思想重新审视企业，并对传统的管理学赖以存在的基础——专业分工理论提出了质疑，是管理学发展史上的一次巨大变革。

至此，经过数十年的漫长历程，流程及流程管理终于有了一个正式的身份进入管理学的“词典”里。也正是经历了理论与实践的发展，哈默提出了流程型组织的雏形，流程型组织逐渐发展完善，流程管理完成了从成长到成熟的转身。

四、广泛应用阶段

虽然流程管理在哈默时代发展已趋于成熟，但是 BPR 的旋风并没有持续太久，因为成功转型的企业并不多，更多企业处于观望状态。

20 世纪末期，BPR 有了承载的工具 ERP，在企业中的应用日益广泛，这从根本上改变了企业的运营方式。ERP 将标准化的流程固化在系统中，要求企业“再造”原有的工作流程、组织，使之更加科学、合理。流程管理伴随着信息系统逐渐普及，成为一个基础的管理工具。与 BPR 强调的“根本性、彻底性、显著性”不同的是，这个阶段的流程管理更加强调持续的改进，通过循序渐进式的改进实现转型，并形成一套有效机制，使之不至于僵化。20 世纪 90 年代末期，中国知名企业海尔集团、华为公司发起的流程变革是很好的成功案例。

机器人流程自动化（Robotic Process Automation，RPA）的应用使人们对流程的应用有了新的认知。什么是 RPA？它是基于软件机器人和人工智能（AI）的新型业务流程自动化技术，也称为“数字化劳动力”，通过零延时集成的方式帮助企业员工完成重复、密集的工作，帮助企业提升核心竞争力。RPA 的基础是业务流程，而软件机器人、人工智能是实现流程的手段。RPA 目前在一些重复性程度较高的行业内广泛应用，随着实施成本的下降，它的普及率会更高，将有效解放劳动力，提高生产效率。

2023 年，ChatGPT 将 AI 推向一个新高度，全流程的智能化已不再是空想。

未来已来！但“前事不忘，后事之师”。纵观流程管理发展的历程，我们依然有理由相信：踏踏实实做好业务流程，将工作模块化、标准化，依然是实现信息化、自动化、智能化的前提及基础，也是企业实现现代化管理、确保基业长青的必经之路。

第三节 流程管理通用术语

我们在推动企业进行流程型组织转型之初要做的一个关键事项是统一流

程管理语言，如何做到呢？在企业内部规范定义与使用流程管理通用术语是实现管理语言统一的基础工作，也是最直接的工作。流程管理通用术语包括流程定义、流程定位、流程文件分类、流程架构、流程绩效、流程内控、端到端、ISO 体系等。

关于流程定义，本章第一节已经进行了说明，企业内部在推动流程型组织转型的时候，选择、适配一个适合企业的流程即可。一个关键点是，流程的定义既要反映流程管理的本质，又要能够承载企业文化和战略对流程管理的要求。

一、流程定位

流程定位指的是流程在企业管理体系中的位置，是对其价值的期望与评价。流程定位来源于战略，通常，流程在企业中有三种比较典型的定位。第一种是可有可无的流程，在这一类企业中，完全依靠职能分工驱动业务运营，流程不在企业日常运营思考的范畴之内。第二种是若隐若现的流程，在这一类企业中，流程得到企业的承认，但依然是基于职能分工下的流程管理。第三种是举足轻重的流程，在这一类企业中，流程成为必不可少的管理工具，企业通过关键流程驱动运营。我们说流程型组织转型，就是要从第一种流程定位或第二种流程定位转变为第三种流程定位。

在流程型组织中，流程是企业管理的基石，流程承载企业政策、质量管理、内控与风险管理、数据管理、信息安全管理、网络安全管理和法律法规强制要求等的管理。企业强调流程的权威性，任何业务的运营都需要依据流程来进行。正如前面提到的，有流程规定的坚决按照流程来执行；流程有不合理的先按流程执行，同时推动流程优化；暂时没有流程的，要先请示按什么流程走再去执行。流程是企业的“法律”，要依“法律”治理企业，真正做到“执法必严，违法必究”。

同时需要注意的是，流程不是政策，但流程要依赖和遵从企业的政策。所谓政策，是企业高阶的管理规则，是企业的管理哲学及经营原则，这些政策最终需要落实到具体的流程中并得到有效执行。

以“以客户为中心”为例，企业的经营原则中有这个要求，那怎样将其落实到具体的工作中呢？实际上该原则会体现在方方面面的流程中，比如，客户到企业考察，它将体现在接待流程中，让客户有宾至如归的感觉。客户有产品、服务或解决方案的需求，企业要按时按质交付。客户有投诉，企业要通过ITR流程端到端解决，需要具体到什么样的投诉（分类分级管理），走什么样的流程，由什么人（角色对应岗位）来对接，多长时间解决，达到什么样的客户满意度。只有落实到具体的流程中，“以客户为中心”才能真正成为可能。很多企业天天喊“以客户为中心”，实际上客户的一个问题反馈甚至投诉，可能过了三个月都没有被响应也没有被解决，这就意味着企业的管理原则、政策最终沦为了口号，并没有得到有效执行。

流程的有效运作依赖组织能力，根据流程设计组织，企业的职责必须承载流程的要求。在流程型组织变革中，需要遵循如下过程：从企业战略出发，基于战略中设计的业务模式确定主业务流程，在业务流程中定义角色，设计组织时应考虑如何承载这些流程角色，设置对应的岗位，角色与岗位建立关联关系，最终实现流程与组织的匹配，流程高效运作。

最后需要说明的是流程不等于信息系统，虽然现在数字化转型已经蔚然成风，但是并不是所有的流程动作都需要信息系统来实现，信息系统应固化和规范关键动作，以提高流程的灵活性和运作效率。例如，某战略投资管理流程只涉及少数几个人，而且利用频率非常低，一年就使用两三次，如果要建设信息系统来支撑的话，投入可能是巨大的，类似这种情况就没有必要去建设一套信息系统了。信息系统本质上是一种投资，如果投入产出比不对称，投资就不是一个好的选择。

二、流程文件分类

流程是通过流程文件来描述的，不同的流程文件描述了流程的不同侧面。通常流程文件可以分为六大类：管理体系手册（Management System Manual），流程说明文件（Procedure），规范/制度/标准（Regulation/Standard），检查清单（Checklist），指导书/指南（Work Instruction/Guideline），模板（Template）。关于每种流程文件的定义、管理等，本章第四节会展开说明。

三、流程架构

流程架构是针对流程的一个结构化的整体框架，描述了企业流程的分类、层级及边界、范围、输入/输出关系等，反映了企业的商业模式及业务特点。好比我们建一栋房子，要首先规划好蓝图，然后依据这个蓝图来具体施工。流程架构就是流程建设的蓝图，把业务结构描述出来，方便各个业务领域进行流程梳理。

需要说明的是，流程架构不是具体的流程活动描述，它是关于流程层级、归类等的描述，只是从宏观层面定位了流程的位置。流程架构的主要目的是管理流程边界、归属及衔接关系。我们说流程要端到端打通，首先就要从流程架构层面打通。流程架构需要由企业设立专门的部门进行统一管理，具有相对稳定性，具体的流程设计必须遵从流程架构。关于什么是流程架构，第四章

第一节将进一步展开说明。

四、流程绩效

罗伯特·卡普兰与大卫·诺顿在《平衡计分卡——化战略为行动》一书中写道："衡量是重要的，不能衡量就不能管理。企业的衡量系统对企业内外成员有较大影响。如果企业希望在信息时代的竞争中生存并兴旺发达，就必须利用其战略和能力中衍生出的衡量和管理系统。"无独有偶，管理大师彼得·德鲁克也有言："你不能衡量它，就不能管理它。"对于流程管理来说亦然。流程的衡量通过流程绩效的量化管理指标实现，包括数量、时间、成本、质量等指标，比如开票准确率、单板综合直通率、应收账款核销周期。流程绩效指标主要用于衡量业务流程目标是否达成，有明确的数据收集、分析渠道、统计频率和计算公式。流程绩效指标可能有多个，一般一个流程会选 1 ~ 5 个指标作为流程关键绩效指标（流程 KPI）。

需要说明的是，流程绩效也是有层级的，与流程架构对应。即 Level1 的流程架构有对应的流程绩效，Level2 的流程架构也有对应的流程绩效，依此类推。流程架构是自上而下层层分解的，流程绩效也是一样层层向下分解的，同时又层层向上支撑。关于流程绩效管理，第五章第三节会展开说明。

五、流程内控

流程内控是指为了达到经营管理的目标而在流程中实施的一系列管理风险的手段和措施，其围绕以下目标实施：法律法规遵从、业务目标达成、财务报表、决策数据真实可靠、资金资产安全、运营效率和效果。通常需要在流程设计中嵌入三个要素，包括关键控制点（Key Control Point，KCP）、职责分离（Separation of Duties，SOD）、遵从性测试（Compliance Testing，CT），通过多种措施来提升流程对实现业务目标的促进作用，提高业务部门的运作效率，同时降低企业运营风险。

六、端到端

在设计流程的时候，一个基本原则是端到端集成拉通。问题是从哪个端到哪个端呢？这个如果搞不清楚，端到端就无从做起。端到端流程是指从提出客户需求到客户需求得到满足的一系列有序活动组合。简单地讲，就是从客户中来（需求、痛点），到客户中去（验收通过），如图 3-5 所示。

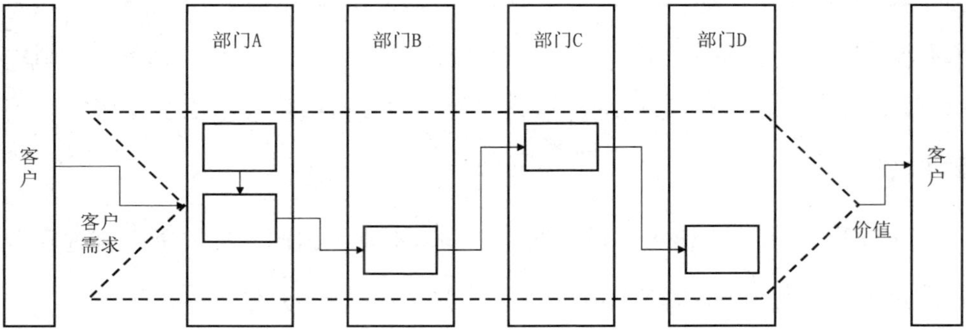

图 3-5　端到端流程示意图

需要说明的是这里的客户包括内部客户、外部客户，企业内部、外部上游对下游的输出（也就是对客户的交付）都要以服务客户的心态来进行。服务是流程管理的灵魂。高阶的流程，比如 IPD、MTL、LTC、ITR、IPMS 等，就是比较典型的端到端集成拉通的流程。更具体的流程，如《费用报销流程》，从提交申请到收到报销款项就是端到端闭环了。

七、ISO 体系

流程型组织，尤其是主价值链中包含制造环节的企业，它们的转型的一个绕不开的话题是 ISO 体系与流程管理的关系问题。有人认为它们是相同的，有人认为它们是交叉的，有人认为它们是包含的，也有人认为它们是完全不相关的。要解答这个问题，需要从 ISO 体系的定位和发展历程入手。

ISO（International Organization for Standardization，国际标准化组织）的前身是国际标准化协会（ISA），而 ISA 成立于 1926 年。第二次世界大战爆发后，ISA 停止运作。1946 年 10 月，来自 25 个国家的标准化机构的领导人在伦敦聚会，讨论成立国际标准化组织的问题，并将这个新组织命名为 ISO。1947 年 2 月 23 日，ISO 正式成立，ISO 的中央办事机构设在瑞士的日内瓦。ISO 成立的宗旨是：在世界范围内促进标准化工作的开展，以利于国际物资交流和互助，并扩大知识、科学、技术和经济方面的合作。其主要任务是：制定国际标准，协调世界范围内的标准化工作，与其他国际性组织合作研究有关标准化问题。

比较流程管理与 ISO 体系的发展历程，不难看出两者的差别，流程管理强调价值创造与交付，ISO 体系强调标准化、规范化，ISO 体系的要求可以通过流程文件来承载。流程是通用的方法、工具，不仅仅是 ISO 体系，其他各种行业协会、监管要求，都通过流程来落实，最后形成以流程为主线的管理体系。一家企业使用一个大的体系来管理，更加简单、高效，而不是用一大堆的体系各搞各的。需要强调的是，流程管理不是要取代 ISO 体系，只是用更好的方法、工具来帮助 ISO 体系落地执行。

流程管理通用术语相对来说通用性比较强，我们在推行流程型组织转型的时候尽量使用市场通用的标准用语，学习、交流的成本相对低一些。

第四节 流程文件管理

在日常工作中，管理者每天面对堆积如山的文件，多少会有一些无力感。如何对这些文件进行有效管理成为一个不大不小的问题。管理得好，井井有条；管理不善，一团乱麻。那么，如何对这些文件进行有效管理呢？简要地说就是“分门别类，生死有命”。

一、文件类型

公司的文件虽然很多，但是有规律可循。仔细整理这些文件后，可以分为几个类型：行政文件、流程文件、运营文件。

（1）行政文件。行政文件表面上可以说是包罗万象，比如公司纲领、政策文件、通知、公告、讲话、纪要等。除公司纲领相对长期有效外，行政文件具有比较典型的特点：短期性、临时性、专题性（点状）、一次性或概念性等。行政文件通常由公司或部门负责人签发，偏强制性、约束性。

（2）流程文件。与行政文件明显不同的是，流程文件是长期的、重复性的、系统化的管理要求。流程文件是由流程管理者签发的，针对该流程领域管理范围的强制性遵从文件。

在具体业务实践的过程中，行政文件与流程文件没有绝对的边界，可能在某些场景下会交替使用。例如，某些新开拓的业务，因为业务流程尚不明确，还在摸索阶段，为了避免出现混乱，可以使用行政文件的形式做一些大原则的约束，待业务流程理顺后发布正式的流程文件来替换。

在发布行政文件的时候，注意它的专题性（针对性）、时效性、准确性，作为临时性、过渡性文件使用。如果是长期的政策、指导思想，需要落实到具体的流程文件中，“从生到死”，进行全生命周期的管理。

（3）运营文件。运营文件是日常运营过程中产生的文件，在公司文件中占多数。这种文件有特殊的一面，不同的运营文件有不同的管理要求，涉及海关、税务等监管部门要求的运营单据、票证等，需要按照监管要求做好存档备查工作。

总的来说，行政文件体现了公司高层管理者的管理理念、经营哲学；流程文件承载具体政策落地规则，是业务执行的具体指引，与行政文件形成互补；运营文件是基于流程文件执行的经营过程、结果文件。三大类文件划分完成后，我们来解读如何对核心的流程文件进行分类。

二、流程文件分类与定义

上一节对流程文件分类做了简单的说明，包括：管理体系手册、流程说明文件、规范/制度/标准、检查清单、指导书/指南、模板，如图 3-6 所示。

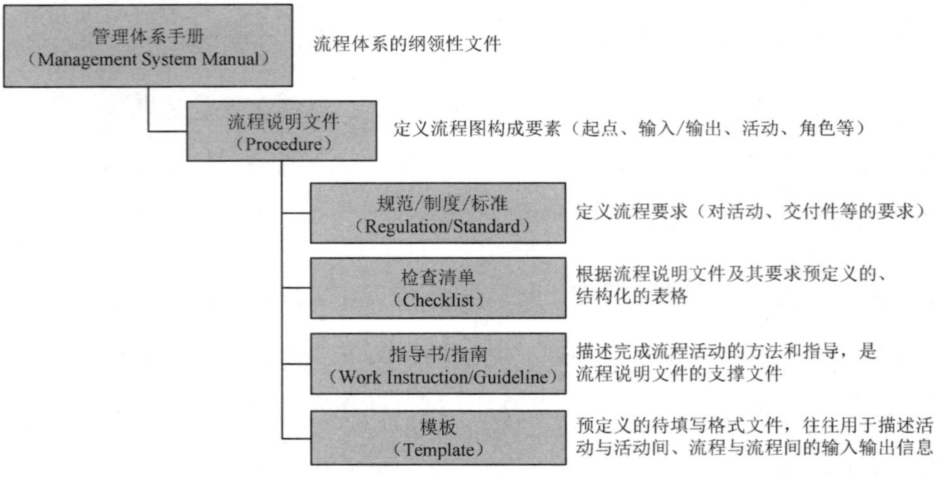
管理体系手册
（Management System Manual）
流程体系的纲领性文件
流程说明文件
（Procedure）
定义流程图构成要素（起点、输入/输出、活动、角色等）
规范/制度/标准
（Regulation/Standard）
定义流程要求（对活动、交付件等的要求）
检查清单
（Checklist）
根据流程说明文件及其要求预定义的、结构化的表格
指导书/指南
（Work Instruction/Guideline）
描述完成流程活动的方法和指导，是流程说明文件的支撑文件
模板
（Template）
预定义的待填写格式文件，往往用于描述活动与活动间、流程与流程间的输入输出信息

图 3-6　流程文件分类

（1）管理体系手册（Management System Manual）。管理体系手册是流程体系（管理体系、流程分类和流程组）的纲领性描述文件，从整体上对该领域流程管理做出要求。这类文件比较少，但是提纲挈领指明方向，是核心的文件。

（2）流程说明文件（Procedure）。流程说明文件又被称作“流程/程序文件”，它是指为完成业务过程所需要遵循的活动逻辑顺序，包括流程图和相应的流程说明。在所有流程文件中，流程说明文件占 C 位，通过端到端打通各个业务领域。

这里需要说明的是，我们通常说的流程分为广义和狭义，广义的流程包括整个流程体系，狭义的流程指的是流程说明文件。华为公司一开始推动流程型组织建设的时候就发生过关于这个概念的争论，最后使用英文来区别，广义的流程使用 Process，狭义的流程使用 Procedure（有程序、过程之意）。我们可以根据公司的实际情况对流程进行定义，避免在沟通的时候出现无法同频的情况。

（3）规范/制度/标准（Regulation/Standard）。规范/制度/标准是为指导、支撑业务流程有效运作而制定的业务规则、标准与管控机制，是流程的“魂”。例如，《合同管理制度》和《内部讲师管理规定》就是公司管理规范类流程文件。规范/制度/标准与流程说明文件具有同等的效力，只是管理对象不同，文件的呈现形式不同而已。一般将对行为方面的要求称为规范（Regulation），对交付件的要求称为标准（Standard）。例如，《客户咨询电话答应规范》《防静电作业规范》《安全作业规范》《电路设计标准》《财经数据标准》《安装服务标准》等，可根据语言习惯选择名称。

（4）检查清单（Checklist）。检查清单又称“检查表”，是指为保证工作交付的质量达到要求的质量标准而设计的检查要素清单。通过检查清单检查工作完成情况或交付件的完备性，以保证工作的质量或输出文档满足输出标准和要求。在电影《中国机长》中，在飞机起飞前、飞机飞行过程中，机组人员都需要根据飞行检查清单来确认工作，避免出错。使用检查清单对于复杂的工作来说是相当有效的方法。阿图·葛文德在他的《清单革命》中介绍过清单的革命性作用，不仅适用于医疗行业，也适用于其他行业。

（5）指导书/指南（Work Instruction/Guideline）。指导书/指南用来对流程或管理规范/制度中的某个或几个比较复杂的工作的操作细则进行指导，详细说明此工作的步骤、工具、方法和质量要求，给出重要的注意事项甚至操作案例，以此来保证工作的质量。

（6）模板（Template）。模板是为保障业务流程活动质量和一致执行而预先设计好的格式文件。模板通常规定了交付文件的格式和要求，并提供编写指导，模板设计结构清晰合理，便于阅读、评审、引用和信息传递。一个好的模板承载了管理的要求，也承载了行业的最佳实践，对于提升交付质量、提高交付效率来说有比较明显的效果。

无论怎样划分，也无论选用哪种流程文件表达、呈现，目的都是支撑业务更好地运作，确保公司更稳健地发展。所以，流程文件分类只是一个参考，合适的才是最好的，根据公司情况定义即可。

三、流程文件全生命周期管理

面对动辄堆积如山的文件，仅仅分门别类是不够的，还需要进行全生命周期管理，即进行从生到死的全过程管理，也就是我们前面说的“生死有命”。

文件的“生”，是指需要根据不同类型的文件制定相应的发布机制。对于流程文件来说，必须有严格的开发、发布流程，流程管理者、相关方必须签批，以确保落地执行。常见的流程文件有《流程需求管理流程》《流程开发管理流程》《流程发布管理流程》等，通过建立这些流程管理的流程，确保流程能做到“优生”，不至于泛滥成灾。

流程文件产生后，不能“只生不养”，还需要持续监控执行情况，避免“用旧地图找新大陆”，或导致实际业务跟流程文件不相符。如何确保流程一直处于最新的可用状态呢？常见的做法是及时做流程的版本升级。通常，流程发布的时候要设置有效期，同时也要设立流程例行审视的机制，进行月度或季度的业务主动性审视。流程遵从性测试、半年度控制评估等都是很好的维持流程持续迭代升级的手段，通过这些手段确保流程能做到“优养”，不至于被束之高阁，或放任自流。

对于已经不适应业务场景，或者需要从根本上做调整的流程文件，则需要在新建流程文件的同时将原流程文件进行废弃或失效处理。无论是什么原因导致旧流程文件废弃、失效，都要走正式的流程，如《流程失效管理流程》或《流程废止管理流程》等，经过流程管理者批准后，才能正式废弃或失效，同时需要知会具体的执行人员、相关方。一个基本的原则是“不立不破”，即先建好新的流程文件再去试点验证，并在通过后进行新流程文件的发布与旧流程文件的废弃。通过这些程序，确保流程文件能做到“善终”。

四、流程文件编码

“生死有命”，通过流程文件的“生养死”管理，确保流程文件的适用性，确保整体的效率、效果。因为流程文件数量众多（以华为公司为例，2022 年年底有 3 万份左右的流程文件），数字化程度不高的公司容易出现流程文件不易查找、混乱甚至出错等情况，需要通过给流程文件赋予唯一的编码进行精细化管理，通过流程文件编码快速识别每份流程文件。如何编码呢？可以从几个维度考虑，首先是明确流程文件所处的流程架构编码，其次是明确流程文件分类，最后是编制流水号，如图 3-7 所示。

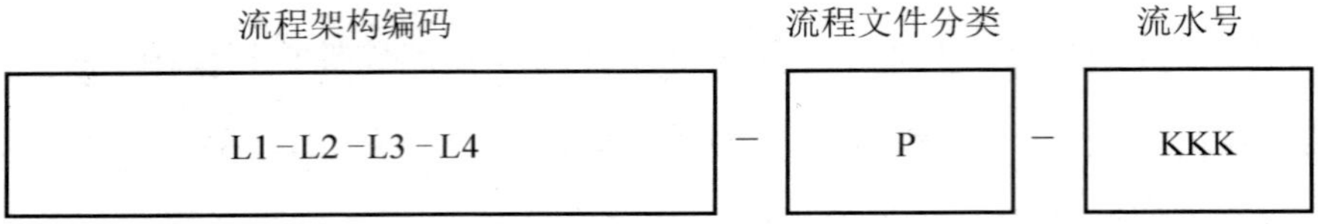

图 3-7　流程文件编码

通常，流程架构编码通过英文名称首字母来组合，比如 Level1（简写为 L1）是管理人力资源，Level2（简写为 L2）是管理人才发展，Level3（简写为 L3）是个人绩效管理，没有分解到 Level4（简写为 L4），则流程架构编码为：MHR-MTD-PPM。个人绩效管理下面可以分解成个人绩效目标制定流程、个人绩效调整流程等，那么对应的编号为 MHR-MTD-PPM-P，流程是 P（Procedure），规范是 R（Regulation），其他类型都用英文首字母代表即可。流水号就更加简单了，可以是两位数（01、02、03……），也可以是三位数（001、002、003……）或四位数（0001、0002、0003……）等，根据公司的流程文件体量而定，对于一般公司而言，三位数足够用了，超大型的企业可以用到四位数及以上。需要注意的是，英文首字母的组合可能一样，所以在编码的时候要留意，架构的编码必须是唯一的，从 L1 层级开始甄别，横向对比；在 L2 层级也需要横向比较，在同样的 L1 范围下比较即可，L3、L4 层级也同理，在同样的 L2、L3 范围下进行比较，这样才能确保流程文件编号的唯一性。流水号可以通过信息系统自动生成（系统可以防呆），如果手工编码则要注意不能编重复了。

五、流程文件命名

为了使流程文件更易于识别、管理，公司需要统一命名的规则。通常情况下，按照“业务流程/活动名称”+“文件类型”+“定制化标识”或“定制化标识”+“业务流程/活动名称”+“文件类型”的模式命名。“定制化标识”是非强制的，按需设定，比如事业部、区域（共享中心、地区部、代表处、办事处等）。

流程管理是公司管理的基石，组织能力应该构筑在流程上，通过流程文件与信息系统承载。流程文件需要分得清、理得顺、管得好，这样公司才能长治久安。

第五节 流程设计

在做流程咨询项目的时候，我们发现一个有意思的现象，就是每家公司设计的流程不尽相同，在同一家公司中，每个部门设计的流程也可能有不小的差异，说是五花八门也不算太夸张。究其根源，往往是公司没有形成统一的设计规范（包括设计原则、流程图呈现等），员工根据自己经验自由发挥，最后样式迥异的流程就产生了，流程与流程之间难以端到端拉通，最后效果往往也不理想。公司在做流程型组织转型的时候，统一设计规范是至关重要的，下面我们先来分析流程设计有哪些理念、原则与规范。

一、坚持客户导向

在第一章第三节中，我们曾对流程型组织与传统组织（纵向控制型组织）的区别进行了说明，其中一个不同点是设计导向，传统组织是以领导为导向的，流程型组织是以客户为导向的。如何体现以客户为导向呢？需要在流程设计的时候考虑好，并基于这个理念来做设计，否则容易沦为近乎陈词滥调的口号。

在传统的观念中，关于流程的描述，美国质量管理大师戴明提出的 SIPOC 模型影响深远，如图 3-8 所示。

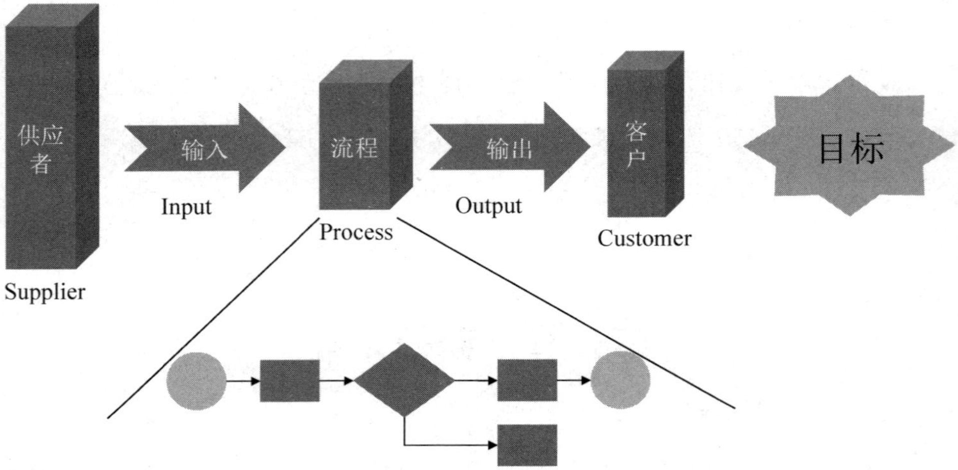

图 3-8　SIPOC 模型

SIPOC 模型的设计理念是“我有什么，就提供给客户什么”。这与我们以客户为导向的理念是有冲突的。华为公司在推动流程型组织转型的时候基于公司的理念做了调整，将 SIPOC 模型做了个倒排变成了 COPIS，转变为“客户要什么，我们就提供什么”。一个顺序的重排，理念、导向就发生了逆转，如图 3-9 所示。

在日常的流程管理中，不能为了流程而流程，一定是基于（内外部）客户的需求挖掘真实的业务流，并据此设计流程，完美呈现符合业务本质的业务流程，支撑客户价值创造与交付。

以客户为导向，首先要识别客户需求，然后做需求分析，设计方案并适配业务场景。可以通过调研、访谈、观察、数据分析等方法与工具识别需求，之后甄选真正困扰客户的需求并设计解决方案。同时，为了使“客户导向”真正落到实处，在推行流程化管理的过程中，必须任命流程负责人，让流程负责人深度参与其中。让最懂业务痛点的人来提需求，效果会好很多。

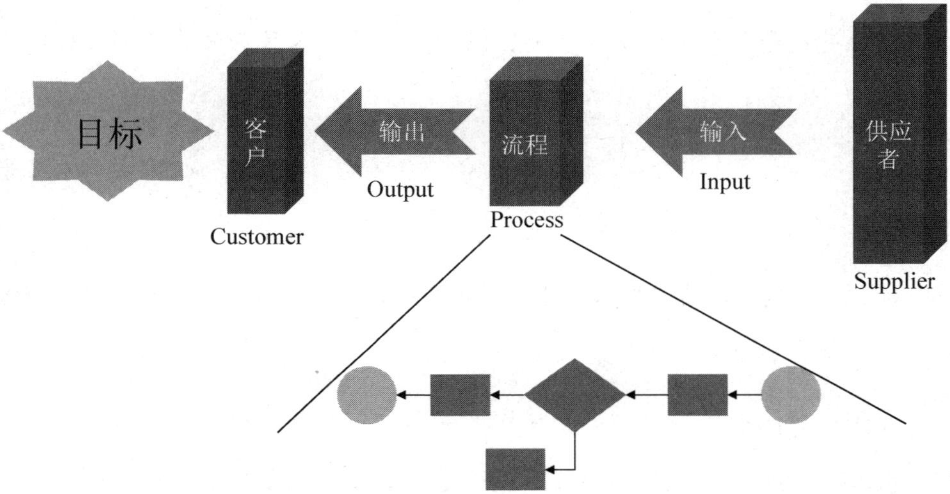

图 3-9 COPIS 模型

二、坚持利他性

项保华老师在他的著作《战略管理艺术与实务》中分享了一则小故事，很有寓意，充分展现了流程设计中需要遵从的利他性理念。

七人小团队，各人私利（注：原著用法，指自私自利）但相互平等，要在没有称量用具的情况下分食一锅粥，解决每天的吃饭问题。大家献计献策，先后设计了以下五种分粥制度：

制度一：指定或推荐一人负责分粥。但权力导致腐败及风气变坏。

制度二：大家轮流主持分粥。看似机会均等，实则每人每周只有一天吃饱甚至有剩余，导致分配不均，甚至资源浪费。

制度三：民主选举一个分粥委员会和一个监督委员会，形成民主监督与制约机制。分粥委员会与监督委员会就议案争执，效率低下，等大家争执完，粥也凉了。

制度四：每个人轮流值日分粥，但分粥的那个人只能最后拿粥，有效实现了均衡。

制度五：大家参与分粥，抓阄决定谁得哪份粥。这兼顾了简洁、高效、公平的要求。

流程的设计、再造必然涉及工作分配、利益格局的变化，如何使得它有效落地？利他性、整体最大化是关键的理念。

流程设计的操作难点在于如何将理念与实际业务关联起来。在传统的职能型组织中，专业分工的纵深已经形成职能竖井，犹如金钟罩般牢不可破。那么，如何才能通过流程打破职能竖井呢？

这就要求流程负责人站在公司全局的视角，摒弃职能领地的观念，以客户为导向，以利他性为基础，端到端拉通流程，最终实现利益相关者整体效益最优化。

流程负责人在具体设计流程的时候，不仅仅要考虑公司内部的利益相关者，还要同时考虑公司外部的利益相关者，包括上下游的供应商、客户、合作伙伴、社区居民等。充分考虑到大家的利益、诉求，流程才能更好地落地。

有一则广告语“大家好才是真的好！”很能诠释这个理念。对于流程管理来说，平衡好利益相关者的诉求，大家才会更好地支持流程落地。

三、流程设计原则

流程设计的总体要求是：主干清晰，末端灵活。需要遵循的四大基本原则是：架构驱动原则、NEED 原则、KISS 原则、通用性原则。

（1）架构驱动原则。我们知道流程需要通过流程架构进行分类、分级管理，将数目庞大的流程理顺，如果抛开流程架构，那么流程交叉、缺失就会在所难免。事实上，公司的业务流是一体的，不能割裂，流程架构提供一种可能，它既能作为一个整体来看，也能快速定位到某个细小的模块或具体的流程，实现对个体的精准定位、管理。

应该说，有了流程架构才能从整体上对流程建设做规划，避免出现打补丁式的流程梳理；同时，也使端到端拉通流程成为可能。在推动流程建设的过程中，如果基于职能视角来设计流程，很容易使公司再次陷入职能竖井之中，这样的流程不仅不能成为打通部门墙的利器，反而会成为加固部门墙的帮凶。基于架构驱动，统一规划、分步建设，避免流程出现断点、盲区，是实现流程简单高效的关键。

（2）NEED 原则。NEED 是需要的意思，NEED 原则是指流程的建设基于业务需要开展，其驱动力来自业务上的改善。这与前面的“客户导向”理念一致，有必要再去设计流程而非为了流程而设计流程。通常，在公司刚刚开始推动流程型组织转型的时候会出现这种情况，一些业务领域部门负责人采取简单粗暴的摊派方式，强制要求每个部门、小组或每个人要交多少“作业”，并且纳入个人考核的 KPI，导致出现了很多奇葩的流程。虽然说一开始不能苛求太多，但是这样做往往会导致流程被设计成段到段而非端到端，局限于部门职能视角的流程往往很难与上下游有效协同，效果也就难说好了，最终可能会得出诸如“流程没有什么用”“流程不适合我司实情”等结论，同时，也会为后面做流程优化留下很多障碍。NEED 原则要求流程设计者时刻保持初心，坚守基于业务本质、依据价值链并结合公司实情的原则来推动流程建设，尽量避免今天的解决方案成为明天问题的根源。

（3）KISS 原则。KISS 是“Keep It Simple and Strong”的首字母缩写，意为“保持流程简单和强势”。KISS 原则要求流程越简单越好，当然，保持流程简单是指在业务运作清晰的前提下，避免对流程进行过于详尽的描述。保持流程强势是指流程能保持相对的稳定性，有一定的灵活性（如可裁剪等）。

（4）通用性原则。尽量开发公司通用的流程，在特定区域、国家的法律或商业惯例等与公司的流程存在冲突时，或者流程负责人同意时才能做流程文件的定制开发。如果不同区域、国家的流程差别不大，可以通过业务场景或流程裁剪的方式来协调。

四、流程设计规范

流程设计是在流程设计理念、原则的指导下进行的。好的流程设计应该符合业务本质、高效、安全、适应变化、简单易用，并能够支撑业务目标的达成。从整体上看，流程设计应遵循以下规范：关注客户体验、使用者视角、符合业务性质、场景化、落实业务政策与规则、风险有效管控、规则显性化、数字化、组件化和服务化。

（1）关注客户体验。如何具体执行“客户导向”的原则？关注客户体验是很好的落脚点。如何让客户有好的感知、体验？通常的做法是沿着客户旅程识别关键接触点上的体验需求，对内分解 SLA（Service-Level Agreement，服务水平协议，又称“服务承诺”），明确质量标准，驱动流程优化、简化，改善客户体验。对内分解 SLA 的时候，必须充分听取相关方的意见反馈，并引入下游流程或其他相关方参与流程设计与评审。共同参与讨论出来的流程，某种程度上获得了流程相关方的承诺，后续执行起来会顺畅一点。应尽量避免相关方有被压迫执行的感觉。

（2）使用者视角。流程设计最终要回归实践，即需要有人来执行，使用者视角就是站在执行人的角度来看流程的质量。流程好不好，当然有专业的评估维度，但更应该重视的是用户的评价，毕竟“鞋子合不合脚，只有穿的人才知道”。在具体的流程设计过程中，必须充分征求用户意见，必须得到用户的验证才能发布流程；流程中应清晰定义交付件的质量要求，应该使用用户的视角来呈现；同时，灵活运用精益的方法，尽量减少非增值活动和等待时间。

（3）符合业务性质。由于行业特性、战略定位、既有的操作习惯等原因，每家公司的业务都会有自己独特的一面。在流程设计的过程中，首先要尊重现实，不能想当然地认为某某领先企业是这么干的，它们取得了成功，我们也可以依葫芦画瓢搬过来直接使用。立足业务本质，结合公司现状与未来规划，这样才有可能设计出好的流程。

通常，对于成熟期、稳定期的业务，流程设计得相对精细，这类业务不会经常变，可以实现精细化运营。对于不确定性业务，更多地依赖人的能力，应避免流程设计得过细而导致僵化、限制人的主观能动性。对于创新型业务，业务模式还在探索中，流程设计者应该尊重业务实质，建立与当前业务匹配的流程，前期允许先行先试；当新业务发展起来时，流程建设快速响应去做调整、优化。对于风险管控类业务，流程设计应侧重安全。对于作战类业务，流程设计应侧重支撑高效作战。

（4）场景化。同一个业务，不同的细分场景可能有不同的流程。例如，人力资源分配可以细分为校招、社招、内部调配或合作方人员调配，社招还可以细化为编制内与编制外两种；同时，也可以根据不同的招聘方式划分，如自有人力招聘、委托第三方招聘等。不同的业务场景，流程可能相同也可能不相同，需要在厘清场景后再去分析业务流程要怎样设计更合理。

通常，流程设计的过程中会分场景覆盖典型业务，不同场景有明确的入口标准。流程中需要明确在不同场景下哪些是必须执行的，哪些是可以裁剪或参照执行的，避免整盘僵化。当超出现有流程覆盖的业务场景时，需要有例外申请和审批的机制，比如，正常的报销审批流程，副总经理就可以完成审批，但是异常的报销审批流程（如不在可报销的清单里，但又真实发生的极个别业务，属于特例），需要由总经理审批。按照差异化场景设计流程，而不是设计一个大而全的“万能钥匙”流程，更易于与实际业务匹配。强调按照差异化场景设计流程与前面的通用性原则并不冲突，通用性是有约束前提的，只有能覆盖具体的业务场景时才适用。

（5）落实业务政策与规则。在公司的日常运营中，总会有一些政策性的要求，一方面可能是来自监管机构（如政府机构、行业协会等）的要求，另一方面可能是来自客户的要求，当然也有部分是公司内部经营原则性的管理要求，这些政策、规则往往具有强制性，如何管理这些政策与规则成为一个难题。有些公司为了使这些政策与规则有效落地执行，设立了专门的岗位，但是效果往往并不好，与流程分离的结果是形成了两张皮，员工在执行的时候就得“左顾右盼”，影响效率。

在这一方面，华为公司给我们做了很好的实践示范。华为公司强调：流程中不能包含与合规要求冲突的内容，已发布的政策与规则、合规要求构筑在流程之中，不存在流程之外的管控。简单地讲，就是将来自不同渠道的政策与规则写到具体的流程文件中去，这样员工只要遵循了公司的流程就遵循了所有政策与规则的要求，执行起来更加简单和直接明了。这与我们强调的“流程是公司管理的法”的理念是一致的，既然要“立法”（建设流程）就不能有“法外之地”。当然，对于一些临时性的政策与规则的要求，可以视情况评估是否需要调整流程。通常，如果临时性管控要求不超过半年或时间还不确定，不建议将其纳入流程文件中，可以先以行政文件的形式发布并约定时效，必要时再审视是否将其固化进流程中，避免"一时生病，全年吃药；一人生病，全家吃药"。

（6）风险有效管控。经营与风险是"孪生兄弟"，只要经营活动在继续，风险就会相伴而生，风险有效管控的目的是降低这些经营风险发生的概率和减少风险发生时的损失。风险有效管控通常由内控部门负责，与审计部门不同，内控部门偏重于预防。对于风险有效管控，不同的企业采取的方式不同，将风险管控融入具体的流程中是比较好的管理实践。关于这一点，华为公司高管徐直军曾经做过以下总结：

内控是内部要求，目的是防止腐败，控制风险。我们最早开发内控的时候，把内控和流程分离。内控在这边做得热火朝天，流程在那边也做得热火朝天，后来发现存在问题，就把两者合并了。内控就是我们公司内部要求的风险管理和防腐败。本质上就是两个点：一个叫职责分离（SOD），目的是防腐败和财务风险；另一个是关键控制点（KCP），KCP要有控制要素和控制程序。内控也必须构筑在流程中。内控若不在流程里，是不可行的。

尽管这并非金科玉律，但是确实是华为公司在经历惨痛教训后的深刻领悟。将风险管理和防腐败构筑在流程中，要求流程设计人员在设计流程活动的时候就要遵循SOD原则，基于风险有效管控的要求设置控制程序，同时在条件允许的情况下将控制要素尽量IT化和自动化。流程绕过是常见的风险来源，关键节点IT化后能有效预防这些风险的发生。SOD、KCP在流程建设时便设置好，为后续的流程遵从性测试打下坚实的基础。

（7）规则显性化。日常运营中会出现一种比较有意思的现象，新员工拿着流程文件按部就班操作，却举步维艰；老员工则不然，驾轻就熟。为什么会出现这种情况？通常是因为公司中存在一些“潜规则”。公司的老员工知道哪里有坑，可以提前做准备，新员工则不然。如何解决这些“潜规则”或所谓的“经验”导致的运营问题？规则显性化是比较有效的手段。通常将流程中的业务规则与活动解耦，独立地、显性化地表达，并且尽量通过 IT 承载。需要注意的是，有些规则是强制性的，有些规则是非强制性的，需要做合理的分离，并做好操作说明，使员工拿着流程文件就能快速处理，得心应手。规则显性化还会产生一个副产品，就是防止腐败、防止暗箱操作。

（8）数字化。在数字化浪潮席卷全球的今天，数字化的重要性已经不言而喻，流程如何数字化是一个不得不面对的课题。我们在做流程设计的时候，需要同步考虑结构化和数字化，并与 IT、数据等融合、集成。流程、数字化和组织形成一个铁三角，相互支撑。

（9）组件化和服务化。VUCA 时代的最大特征是不断地变，敏捷成为这个时代难能可贵的能力。如何实现敏捷呢？组件化和服务化被验证为可行的路径。组件化和服务化的原理并不复杂，就是对业务场景、业务活动不断地进行结构化分解，保证其灵活性、可重用性，可以基于业务场景灵活编排。现在比较流行的低代码、可拖拽的信息系统是流程组件化和服务化的具体呈现。

最后需要说明的是，流程设计是流程管理体系的核心技能，流程设计过程中需要遵循两个核心理念，四大基本原则，九大设计规范，这些理念、原则和规范并非相互割裂，而是相互支撑形成一体的。它们与流程的整体设计、执行效果息息相关。同时，有了这些理念、原则和规范还不够，还需要对流程的关键要素做更细致的定义，我们在接下来的章节中做详细说明。

第六节　流程图构成要素

在第三章第四节中，我们知道流程文件通常包括六大类，其中又以流程说明文件为中心，通过流程说明文件来进行端到端打通。流程说明文件包括流程图和围绕流程图的相关说明，其中以流程图为核心，看似简单的一张流程图要真正画好也不容易。本节先介绍流程图构成要素，下一节介绍流程图标准画法。

一、起点

我们常讲做事要有始有终，这个“始”在流程里面就是起点（Start Point）的意思。流程不会无缘无故地启动，都要由外力触发，这个外力可以是时间，也可以是特定的事件。常见的是，某个流程的某个活动完成后触发了后面的流程，或者某个事件发展到某个状态时自然触发某个流程。通过事件触发的流程比较多，比如《成品出库流程》的起点是“收到出库指令”，《成品仓盘点管理流程》的起点是“收到盘点通知”，《产品需求变更管理流程》的起点是“产品变更需求已产生”。通过时间触发的流程相对少一些，比如，公司规定每月第一个工作日开展经营数据汇总工作，那么《月度经营数据汇总流程》的起点是“经营数据汇总需求已发生”。

从上述几个示例中可以看出，起点是触发流程第一个活动的开始事件，这个事件描述了相关业务信息对象的状态，这种状态可能控制或影响业务的运作。开始事件可以是单一的事件，也可以是多个事件，任何一个流程都至少有一个开始事件。我们常讲，事出有因，开始事件可以理解为流程的“因”。

二、输入/输出

输入/输出是与流程活动相伴而生的，有流程活动就必然有输入/输出。输入/输出是指流程中各业务活动的输入/输出对象，包括数据、实体及承载数据的表、证、单、书等，比如,《成品出库流程》中最开始的输入是“成品出库申请单”,《成品仓盘点管理流程》中最开始的输入是“盘点通知单”。流程过程中会不断地产生输入/输出对象，伴随着流程活动。常见的单据，比如要货需求表、会计凭证、销售订单、需求变更申请单、报销申请单、请假申请单、工程委托书、工程付款计划、PO 验收报告、设计规格书等，都是比较常见的输入/输出对象。

输入/输出是构成流程与流程之间及流程中各个活动之间的信息链，即流程作为一个整体来看有输入/输出，流程中每个活动也都有输入/输出。每个输入/输出的创建具有唯一性，即有且只有一个流程活动负责创建它，但是它可以在多个流程活动中使用或更新，比如,《报销管理流程》中的报销申请单首先由报销申请人填写，然后经申请人主管、会计、出纳等角色审批、处理，整个过程中只有报销申请人填写报销申请单的时候创建了该报销申请单，后面进行审批、处理的角色只是在这个报销申请单上添加信息（即使用或更新）。因为这个输入/输出具有唯一性,所以在公司的流程管理体系中应该统一命名、统一管理，在流程文件中出现多次的同一个输入/输出，其名称必须保持一致，避免使流程使用人产生误解。

三、活动

活动是流程的基本单元，是一组相互联系的、有明确成果和输出的任务。例如，《报销管理流程》中的“提交报销申请单”就是一个活动，这个活动的任务是输出符合要求的“报销申请单”，这也是活动的成果、输出；同时，这个活动为下一个活动的“审核”提供“报销申请单”，相互之间关系明确。类似的活动比较多，比如，确认客户资信度、提交请假申请、汇总客户信息、评审解决方案等。通常活动的命名也有规则，一般以动宾结构来命名，即动词+名称。

流程的每个活动都要明确责任角色，某些活动可以由协同参与的角色共同完成，但是如果某项工作存在多个角色，建议拆分成不同活动，以便各负其责。每个活动都有明确的输入/输出（可能与其他流程衔接），如果存在多个步骤，其角色相同，输入/输出相同，则建议对这些活动进行合并。流程活动主要描述任务及要求，有必要时，可以在活动中设置指导书/指南描述如何做。输入/输出如果涉及模板，可以在流程说明文件中加以说明，与指导书/指南一样挂在具体的活动下面。

四、角色

在流程设计的过程中，角色是一个关键的要素，它决定流程最后是否有对应的人来负责执行；同时，角色也是诸多流程设计者遇到的关键障碍之一。很多流程设计者因为长期应用 ISO 体系，已经习惯了用岗位、部门的方式来设计流程，突然出现一个“虚”的角色时，使用起来难免有些别扭，同时也会产生诸多的不解：为什么要这样呢？这就需要了解其背景及问题。

在 ISO 体系下的流程说明文件中，流程图习惯用岗位、部门来与活动对应，更有甚者，只有简单的活动说明、描述，没有明确承接的组织或人，如图 3-10 所示。

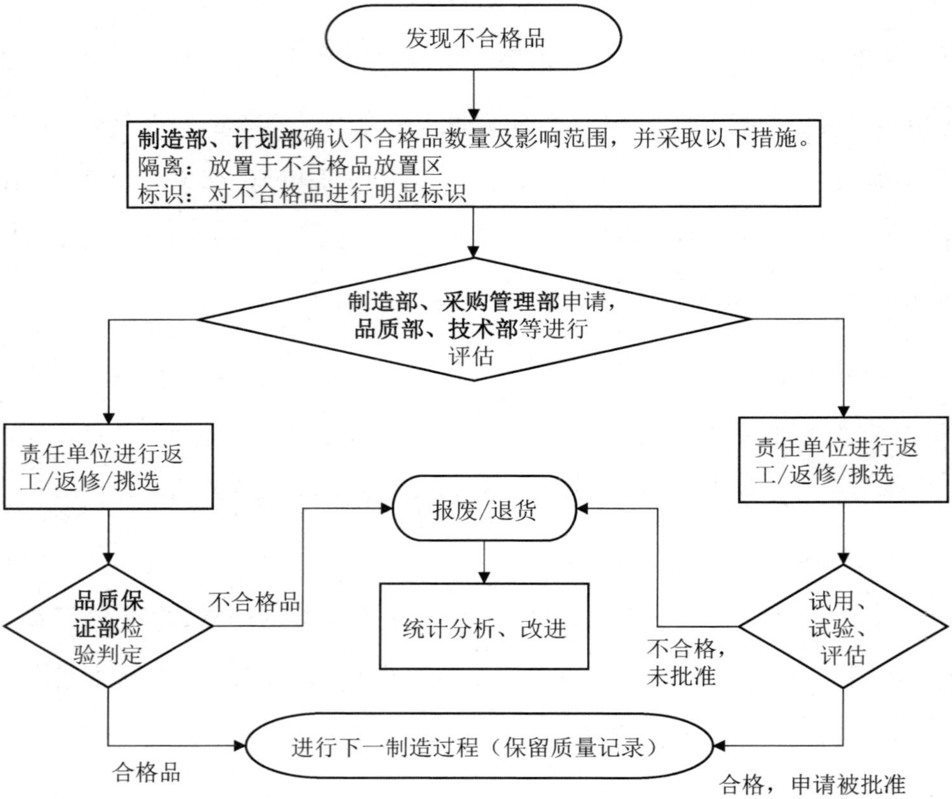

图 3-10　某公司不合格品管理流程图

图 3-10 是比较常见的推行 ISO 体系的公司使用的流程图，图中加粗部分是在使用部门定义活动。这样会产生以下几个方面的问题。

第一，部门是一个很宽泛的词，以制造部为例，它还分了很多下一层级的部门/小组，如工程、工艺、维修、设备管理等。颗粒度太大，每次问题发生时都要由部门最高负责人拍板以指定负责人，层层指派，难以快速响应和处理问题。

第二，部门的命名相对随意，组织架构变了，部门的名称变了，流程都得跟着变化，如果流程没有及时更新，就很容易脱节。

第三，有些公共类的流程，比如《请假申请流程》，每个人都有可能要用到这个流程，对应部门的名称变了的话就无法正常请假了。

回到角色定义上来，角色是指已经定义好的标准执行者，负责流程活动的执行及输出，比如 IT 需求申请人、IT 方案审批人、合同注册专员、EMT（Executive Management Team，经营管理团队）、IPMT（Integrated Project Management Team，集成组合管理团队）等。

如果某个岗位在公司内很容易识别，具有唯一性，在定义角色的时候便可以使用该岗位的名称，如董事长、总经理等。忌用部门或其他无法快速识别的岗位名称定义角色。例如，有些公司的研发部门有工艺工程师，制造端也有工艺工程师，在定义角色的时候，工艺工程师就不是一个好的选项。

在某些公司，物控工程师、客户经理是可以快速识别的岗位类别，可以用来定义角色，如图 3-11 所示。当然，这个时候角色依然不能直接等同于岗位/职位，即便是工程师，也有不同的等级划分，具体的分工也会有所不同，因此依然需要通过匹配关系来定义好角色，避免执行的时候出现偏差。

在实际设计流程的时候，根据实际的业务场景、公司环境来确定哪些岗位的名称可以直接用来定义角色，哪些岗位必须用新名称来定义角色，不能一概而论。可以说，小角色，大用途；小改变，大改进。

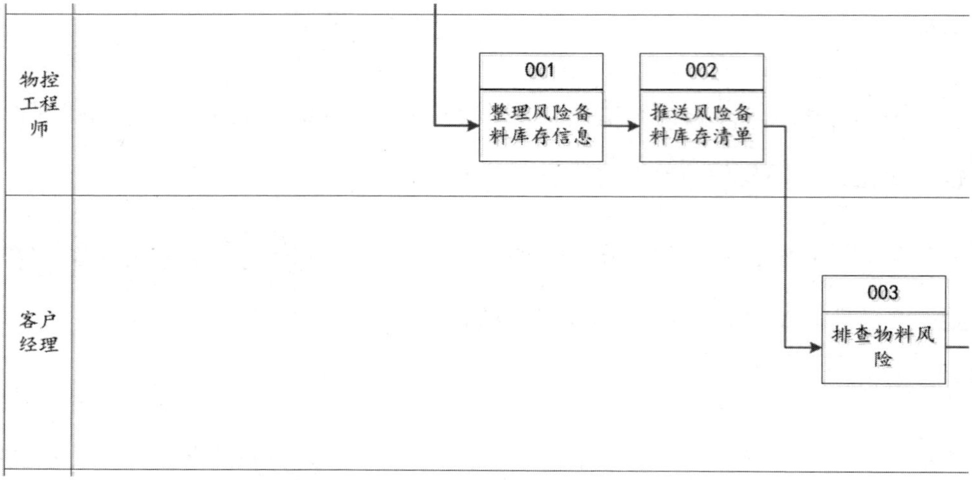

图 3-11 流程角色展现

五、关键控制点

第三章第三节的“流程内控”部分提到了关键控制点（KCP），KCP 不仅可以基于财务风险而生，还可以基于运营风险而设置。可以这样说，KCP 是为保证公司战略执行、资金资产安全、法律法规遵从、财务报告及数据质量、产品与服务质量、客户满意等要求的落实，综合考虑质量、成本、效率和管理要求，在流程中设置、监控的关键活动，比如，合同评审、资金复核等都可以被设置为 KCP。

关于 KCP 的常见问题是 KCP 设置得比较极端，有时设置了极多的 KCP，有时设置了极少的 KCP。究竟是多一点好还是少一点好，需要通过 ROI（Return On Investment，投入产出比）评估，不能为了管理而管理。在设计流程的时候，需要在流程图中将 KCP 清晰地标识出来，同时在流程说明文件中的对应“活动”描述中做清晰的定义，以便有效执行业务。

六、接口

流程端到端打通是流程型组织转型的共识，但如何做到这一点却成为大多数公司不得不面对的难题，接口（Interface）让流程端到端打通成为可能。这个接口广义上泛指实体把自己提供给外界的一种抽象化物（可以为另一实体），用于从内部操作分离出外部沟通方法，使其能被内部修改而不影响外界其他实体与其交互的方式。这里特指流程与流程之间的交互点，通常通过输入与输出来表示，即一个流程的输出触发另外一个流程活动的时候，“输出=输入”的点就被认为是流程的接口。

公司内部存在数量庞大的流程，这些流程往往不是孤立的，如果两个流程之间有交互点，前端流程的一个输出必须等于后端流程的一个输入。这些流程之间的衔接通过事件关联起来，用于解决流程断点的问题，同时有利于系统集成拉通。

七、事件

在“接口”部分中提到，流程与流程之间的衔接通过事件关联起来，那么问题来了，什么是事件呢？

这里的事件（Event）是指由行为、时间或指标引发的结果，这种结果表现为一种状态。任何活动都是由事件触发的，任何活动结束后都会引发一个事件。活动与活动之间的连接通常会省略事件，流程与流程之间的衔接及有多个路径（Track）的时候，事件需要展现出来。例如，在《报销管理流程》中，一般会根据不同的金额设置不同的路径，如小于或等于 5000 元由主管审批，大于 5000 元且小于或等于 10000 元由经理审批，大于 10000 元且小于或等于 50000 元由总监审批，大于 50000 元由总经理审批等。类似的情况比较多，不同的类型、属性、数额等适用不同的路径。

在流程与流程之间有接口或连接端到端流程时，必须认真梳理事件，并将其在流程图中表示出来，这种流程图称为“事件驱动的流程链”，即“EPC（Event—driven Process Chain）”。事件表示一个活动的结果状态并将触发另外一个活动，在很多情况下用来表示业务规则，与逻辑符号一起使用。事件常用于连接端到端流程或触发调用子流程，用于连接前后活动。事件命名表示为信息对象名称和已改变的状态，如产品需求已评审通过、客户发票已开、已测试通过等。

八、终点

有始有终，对于流程来说这个“终”就是流程的终点（End Point），即流程结束的点，是流程最后一个活动所代表的结束事件。例如，《报销管理流程》的终点是“报销款项已收到”，《请假申请流程》的终点是“请假申请单已审批”，《成品出库流程》的终点是“承运人已签收”。

需要强调的是，结束事件可能是单一事件，也可能是多个事件，但要选择其中对达成流程目标最有意义的事件作为流程的终点。与任何一个流程至少有一个起点对应的是，任何流程都至少有一个终点（即结束事件）。

尽管每张流程图都各不相同，但是基础的要素就那么几个，从起点到终点，一条条连接线将各个活动串起来，形成端到端的流程体系。如何连接起来呢？需要有一套流程图标准画法，我们将在下一节中介绍。

第七节　流程图标准画法

俗话说，没有规矩不成方圆，对于流程图来说更是如此。有一套标准的流程图画法，有利于公司内部统一流程管理语言，有利于流程与流程之间拉通，有利于形成体系。下面将从流程图绘制原则、流程图设计要求、流程图常用符号、流程图绘制要点、流程视图的绘制等几个方面做详细说明。

一、流程图绘制原则

存在这样一种情况，即有些流程图看起来很美，行云流水一般；有些流程图看起来很差，线条来回交织、穿梭，看来看去也看不出所以然来。为什么会出现如此大的反差？后者没有清晰的流程图绘制原则做指引是一个重要原因。通常来说，我们绘制流程图需要遵循几个原则：目的性、简单性、确定性、互补性和美观性。

（1）目的性。目的性是指绘制这个流程图要达到什么样的目的和结果，这个原则对流程图绘制而言具有指向性作用。通常，在设计流程之初就要把流程目的写出来，与流程各相关方讨论清楚并最终确认。在讨论的过程中，需要同步明确具体的业务活动及这些活动涉及哪些岗位、个人，这些岗位如何定义成角色来对应等，确认这些问题之后才开始着手绘制或优化流程图。

（2）简单性。前面在讲流程设计原则的时候提到“KISS 原则”，简单性是流程设计的原则也是流程图绘制的原则，或者说，流程的 KISS 原则需要通过流程图的简单性落地。我们说的简单性并非纯粹简单化，并非为了简单而简单，而是要简明扼要，既要简单也要达到目的。流程图并非把所有的流程细节绘制出来，而是把关键的流程活动描述出来，把能体现业务本质的活动或影响业务目标达成的活动呈现出来。简单、易用，让人一目了然才是王道。

（3）确定性。确定性是指流程图表达不能有歧义，图中的各个标识应该是清晰、确定的，正常人看起来是不会产生理解偏差的，即清晰无二义。不论是流程活动的命名还是对应角色的命名，都应该遵循这个原则，不能出现模棱两可的情况。

（4）互补性。有这样一种观点叫“一图胜千文”，所以绘制流程图成为众多流程设计者热衷的事情。事实上，我们也一直强调以流程为主线做端到端集成拉通，那是否意味着所有的东西都要往流程图上堆呢？显然是不能这样操作的。在讲简单性原则时已经阐述，并非所有的细节都要呈现在流程图上。那些没有被流程图呈现的细节又该怎么处理呢？可以通过流程说明文件做补充说明。流程图通常不会孤立地使用，而是作为流程说明文件的一部分来使用，流程说明文件会对流程图的角色、活动、输入/输出、关键控制点等流程要素进行清晰的定义、描述。流程图不能或不便表达的情况和细节，都通过流程说明文件进行文字补充说明，不能“一切尽在图中”，否则流程图就变成“裹脚布”了。在设计流程说明文件模板的时候，需要把这些因素考虑进去。

（5）美观性。美观大方会让人赏心悦目，对人是这样对流程图也是这样。在绘制流程图的时候，格式要设计好，在公司内统一模板与图标，线框要整齐、字体要有序，尽量不要搞得花花绿绿的，简单明了是最好的审美，否则使用流程图的人的注意力会被分散在看颜色与图标上了，而不是去理解流程图真正要表达的东西。

二、流程图设计要求

有了流程图绘制原则，还需要有更具体的流程图设计要求来支撑流程图绘制，包括活动位置、边框等。

流程图使用泳道图呈现，一个角色为一个泳道，一个泳道不能有两个或两个以上的角色；同时，一个流程图中的一个角色也只能有一个泳道，不能出现一个角色占了多个泳道的情况。简单地说，就是在一个流程图中一个角色有且仅有一个泳道，一个泳道也最多容纳一个角色。

在泳道图的布局上，有些公司使用纵向（竖向）的泳道图，有些公司使用横向的泳道图，纵向与横向是选择的问题，没有什么对错，公司内部统一选择一种朝向即可。我们建议统一使用横向的泳道图，主要考虑阅读习惯问题。

流程活动是流程图的主角，关于活动的命名与设计原则在第三章第六节中已经有所阐述，在此不再赘述。需要说明的是，活动必须有编号，在公司内部明确编号规则，通常将活动编号放在活动方框的正上方或右上方。

输入/输出在流程图中一般不做展现，通常在流程说明文件中的活动栏位予以说明，包括输入/输出（BI）的增、删、改、查等操作。为了方便流程执行人快速了解情况，通常在做流程说明文件模板的时候会把输入、输出分成两个栏位来呈现，在活动栏位做详细说明，多个栏位结合来展现。如果涉及表、证、单、书是标准化的，通常会同步设计模板，确保输入/输出的稳定性、可靠性。

在流程图中，可能有较多的流程活动需要使用信息系统，信息系统可以展现在流程图中，也可以不展现出来。不论是否展现出来，通常会在流程说明文件中加以详细描述。如果涉及复杂的信息系统操作，通常会通过 IT 系统的操作手册来支撑流程活动的执行。

在流程图绘图工具方面，建议使用 Visio 或与 Visio 类似的办公软件，在公司内部统一使用。当然，如果公司能直接应用流程管理的软件则更好。

三、流程图常用符号

关于流程图使用的符号，不同公司的定义也不尽相同，这里提供一组比较常用的符号供参考使用，如图 3-12 所示。

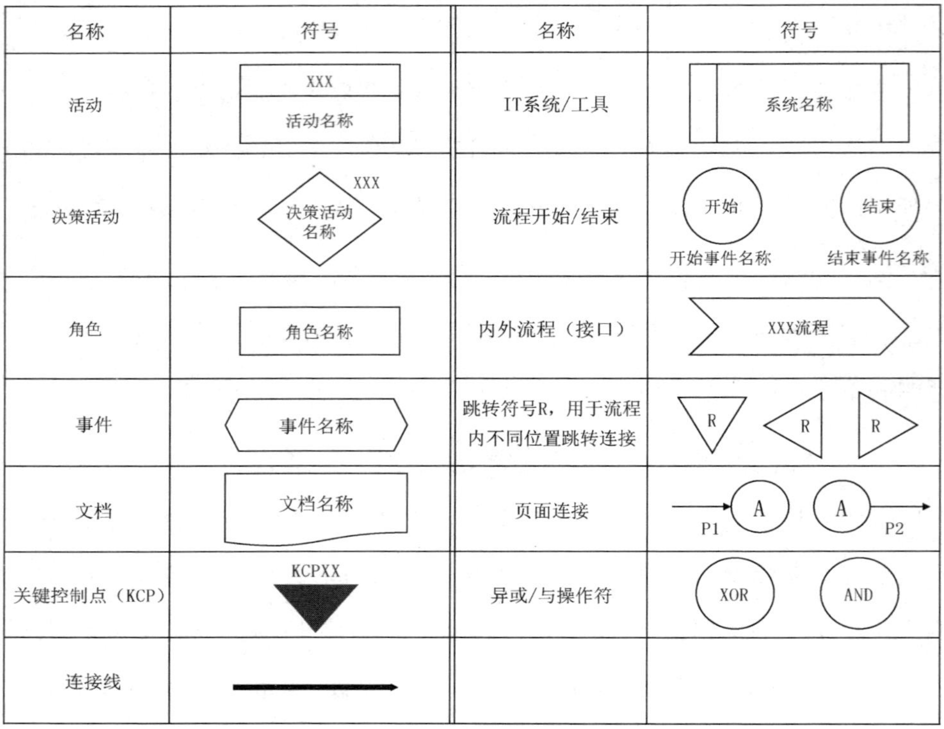

图 3-12　流程图常用符号

关于决策活动，需要说明的是，通常情况下可以直接使用活动符号，流程图展现更美观，一致性更好。在使用 PPT 的情况下可能会用到页面连接符号，使用 Visio 或类似办公软件时一般不需要用到它，软件的延展性足够好的话，可以直接在一个图形上展现出来。

四、流程图绘制要点

在了解了流程图构成要素、流程图绘制原则、流程图设计要求、流程图常用符号后，流程图的绘制就成为顺理成章的事情了，下面通过一个流程图示例来说明流程图绘制要点，如图 3-13 所示。

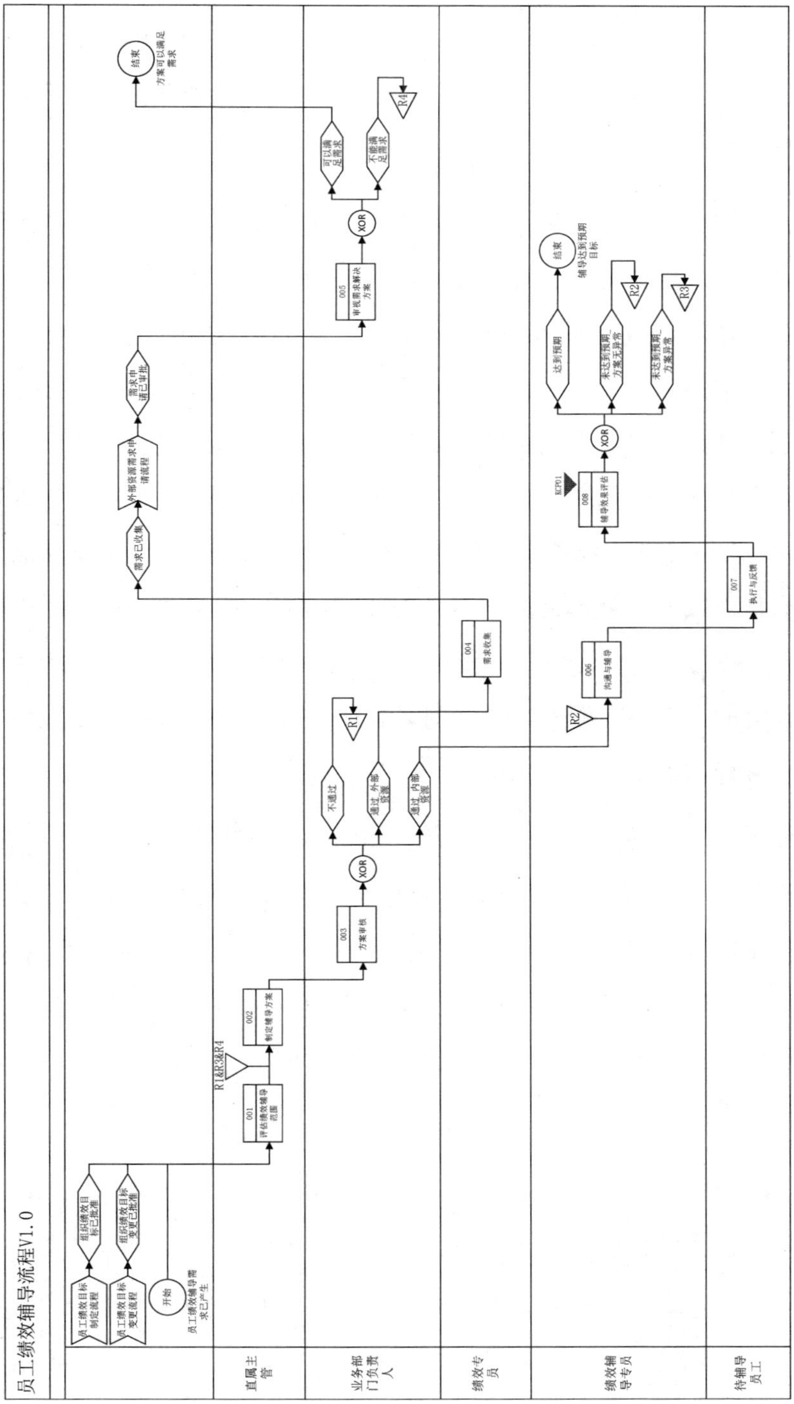

图 3-13 流程图示例

通过图 3-13，我们简单说明流程图绘制（Visio 绘制）的要点，使用的是横向泳道图。注意，此处仅用于说明流程图绘制，实际业务流未必适合公司的真实场景。

在流程图中，可以根据实际需要增减泳道，我们习惯空出一个不带角色的泳道放在正式角色与活动的前方，用于展示开始、结束及一些流程衔接，这样更直观一些。在第一个泳道里，除了一个开始图标，还有两个流程+事件，这是比较正常的开始表达形式。通常情况下，开始由时间触发或事件触发，这个事件触发往往就是上游的流程，流程与流程之间通过这种方式集成拉通。当然，有些上游的流程没有事件触发，则只需要用一个开始图表+事件表达即可。在第一个泳道的中间位置，有两个事件，后面接一个流程，这就表示这个环节的流程要接一个外部流程，等外部流程跑完对应活动之后再反馈回来一个结果，则继续下一个活动。最后是一个结束图标，表示流程到此结束了，如果这个位置的下游还有流程衔接，则会有事件+流程跟前面的流程活动衔接，同时这个流程结束。

流程图的左侧是角色栏位，角色按照活动先发生则先排列的大原则依次排列，但是在特殊情况下，比如为了排版更加美观、简洁，可能会对这里的角色的顺序做适当的调整。需要注意的是，一些初学者为了绘图方便，在一个角色处放了两个或以上的泳道，或在一个泳道中放了两个或多个角色，这些都是错误的做法，容易使人看着流程图犯迷糊。同一个泳道里的活动一定是同一个角色负责的，这样相对简单一点。

每个泳道里都有具体的活动，包含了活动名称及活动编码。活动编码是活动在该流程中的位置序号，当然，实际执行的时候可能因为场景不同而有多种不同的排列组合。在泳道中，活动后面连接了 XOR 符号，XOR 符号后面衔接了多个路径的情况，这是比较常见的业务场景的梳理，即依据不同的业务场景走不同的流程通道。

我们在绘制流程图的时候，有时候会有跑到半路又要返回的情况，或者跑了前面的一小段路后直接跳到后面的活动环节的情况。类似这些情况，如果直接用线条来连接会出现很多交叉，一旦出现交叉就比较难判断流程图的准确步骤，为了避免这些情况出现，应用了一个跳转符号。跳转符号的灵活使用使流程图更加简洁明了。

最后是关键控制点的使用，这是内控与风险管理的关键抓手，通常在财务或运营有较大风险的活动上设置。关键控制点的设置应当适度，在有特别管控需求的活动上设置即可，这与红绿灯设置有相似之处。总的来说，关键控制点应该出现在它应该出现的地方，既能控制风险又能平衡效率。

不同公司绘制的流程图会有所差异，我们在推动流程型组织转型的时候首先需要在公司内部统一定义好各种图标及使用规则，在公司内部统一使用方法，统一管理语言，便于流程的端到端拉通。

五、流程视图的绘制

流程图是对业务比较细致的描述，具体到每个业务活动。在日常管理中，为了快速理解某个业务模块内部的联通关系或几个模块之间的联通关系，往往会通过流程视图做简要的描述，如图 3-14 所示。

图 3-14 是 H 公司客户关系管理流程视图，是一张以流程架构（L3）为主体的视图。从图中也可以看到，与流程图的绘制需要比较严格地定义各种理念、原则及图标使用规范等不同，流程视图的绘制要随意很多。通常情况下，流程视图组成元素可以是流程类、流程组、流程或子流程、活动、任务等，也可以是流程图中常用的绘制符号，只要是有利于展现业务场景、体现业务本质的图标，都可以使用。

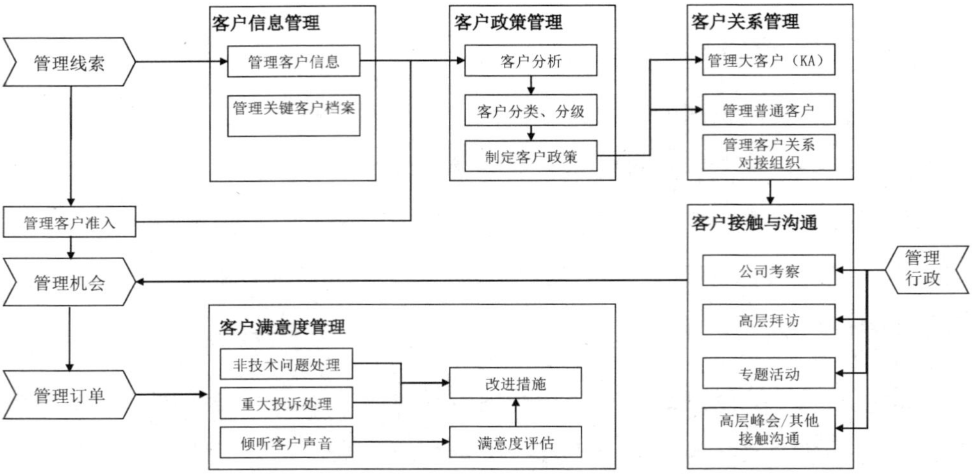

图 3-14　H 公司客户关系管理流程视图

通常情况下，流程视图需要基于某一特定场景或某一特定主线构建，在同一页面展示流程与流程之间的关联关系，具有一定的目的性。同时，流程视图不要求事无巨细都展现出来，对于流程中基于特定视图业务场景的非关键流程元素，在流程视图中可不体现。与流程图不同的是流程视图只提供一个业务概览，尚不具备实际可执行的颗粒度。

前面对流程图构成要素、流程图绘制原则、流程图设计要求、流程图常用符号、流程图绘制要点、流程视图的绘制做了详尽说明，但是这些只是做好流程设计的基础，流程设计最终要回归业务，回归具体的实践，否则只能是一张漂亮的图而已，没有实际的价值。正如陆游所言："纸上得来终觉浅，绝知此事要躬行。"实践出真知，对于流程设计来说，尤其如此。

第八节　流程全生命周期管理

前面对流程管理通用术语进行了定义，对流程文件进行了分类，对流程文件的中心——流程说明文件进行了详细说明，这些都是流程管理的某个部分或某个环节。我们在推动流程型组织转型过程中经常提到流程要端到端集成拉通，管理流程的流程应该做表率，端到端集成拉通就是对流程“从生到死”全过程进行管理，即进行流程全生命周期管理。

流程全生命周期管理与流程文件的全生命周期管理有相似之处，但不能简单地画等号。流程全生命周期管理包括几个阶段：流程规划与流程需求管理、流程设计/优化与试点及推行、流程执行与监控、流程评估与度量、流程定期审视与废止，如图 3-15 所示，下文将按阶段展开说明。

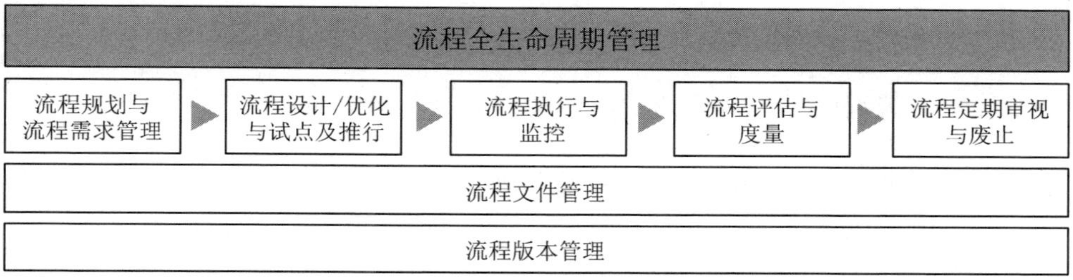

图 3-15　流程全生命周期管理

一、流程规划与流程需求管理

流程建设不是即兴式的表演，需要提前做好规划，目的是控制流程生命周期节奏，实现公司流程按版本进行开发、发布和推行，促进流程建设及优化的规范和有序进行，促进变革项目的协同，提升员工使用流程的效率和满意度。

从大的层面来看，流程规划需要从流程架构开始做规划分解，在第四章第四节中会做详细说明。从小的层面来看，流程需要做版本管理，这个往往会在年度经营计划（ABP）中体现出来。流程规划的一个关键作用是让各个流程领域对齐目标与时间节奏，同时通过版本升级促进业务改进。版本管理的一个作用是让流程需求变得有序，流程建设及优化有节奏地推进，不会临时性做很多打补丁的工作，这样更有利于流程端到端集成拉通。

流程版本管理是流程需求的重要来源，是制订流程工作计划的主要依据。流程需求的其他来源包括两个方面：一个是公司内部的运营问题，如经营事故、内控问题、业务运营痛点等；另一个是来自客户的要求或投诉，如新的产品或服务要求等。这些是制订流程工作计划的补充来源，也是流程工作的干扰因子，日常的工作容易被这些临时的、紧急的需求打乱。

流程版本管理和公司内部的运营问题及来自客户的要求或投诉等是流程需求的来源，有了这些流程需求之后需要做流程分析，基于流程的属性、紧急程度等安排流程路标，为后面的流程设计与推行做好准备。

需要强调的是，不能为了建设流程而使流程流于形式化，对于流程管理相对成熟的公司来说尤其如此。华为公司在 2016 年推出的“日落法”就是为了防止这种情况出现，确保了流程“优生”，也避免了流程出现冗余和过度管理的情况。

二、流程设计/优化与试点及推行

流程设计/优化是承接流程规划与流程需求管理部分的要求而进行的具体的流程开发工作，目标是设计出能承载最佳业务实践经验且符合公司管控要求的流程。流程设计/优化通常需要经过需求分析、方案设计、文件开发、验证、试点、推行等阶段，最终流程文件通过流程相关者评审后正式发布，流程文件的发布在第三章第四节中有过说明，在此不再赘述。流程设计原则、流程图设计要求等也在前面的章节中有过说明，这里需要强调的是所有的流程文件应该使用统一的模板进行开发、发布，避免一个公司内部出现流程文件五花八门的情况，同时也避免一些核心的流程管理要素被遗漏的情况。

在流程设计/优化的时候，不仅要考虑业务本身的价值流，还要同步考虑内控、质量、数据、IT 系统等要素，将各个要素融合到一起。通常要在这个时候同步做好职责分离（SOD）矩阵及流程遵从性测试程序，这样流程在进入执行阶段的时候可以有效控制风险，同时也为内控执行的工作做好准备。质量的标准与要求通常落实到具体的流程活动中，不能与 ISO 体系的标准和要求割裂，实践证明质量的标准与要求只有融入流程中才能更好地落地。数据是沿着业务流程跑的，IT 系统是对业务流程的固化，设计流程本质上也是在设计数据的流向，流程与流程之间的接口也为未来利用 IT 系统做集成做好铺垫。

完成了流程设计/优化，达成共识后进入试点及推行环节。流程的试点需要有策略地推进，尤其是较大的流程变革需要谨慎推进，“改错的损失比不改更大”是一些公司经历了惨痛教训后得出的感悟。流程试点可以选择按品牌、产品品类、区域、分公司或子公司等不同维度来进行，由点及面，比如华为终端公司在推动备件业务流程变革的时候就采用了从市、省、区域、国家逐层试点的方式进行，先从广州办事处试点，再到广东、海南两省，再到中国区，然后开始全球推行。华为终端公司在推行集成产品营销和销售（IPMS）流程的时候则从产品品类入手，先从一个型号开始，再扩张到大的品类，再到产品族，最后到全品类推行。这种渐进式的方式的缺点是慢，好处是不会造成大的冲击，有错就改，那么影响面便不会太大，总体风险可控。对于有些无法分开试点的流程，试点和推行一起做，需要做好预案，尤其是涉及系统数据切换的、需要有回撤操作的方案，避免新的流程无法推行下去旧的流程又回不去的被动局面。

在流程设计/优化阶段，最容易被忽略的工作是培训。很多流程跑得不顺畅并非流程设计本身的原因，而是因为公司在试点及推行阶段没有做好宣传、培训工作，导致很多员工不清楚发生了什么变化，不知道要如何应对，产生混乱之后大家就会抵触流程，导致新的流程无疾而终。试点及推行阶段之后，转入流程的日常运营阶段。

三、流程执行与监控

流程执行与监控是流程全生命周期管理的主体部分，流程设计不是目的，通过流程提升业务运营效率才是真正的目的。流程日常的执行主体是业务人员，对于流程管理工作者来说，这个阶段的工作更多是采取一些措施确保流程既被流程执行团队高效执行，促进其业务目标的达成，又保障业务健康运作、风险可控。流程执行与监控成为流程负责人及其支撑团队日常管理体系的一部分，这些措施包括流程绩效管理、流程遵从性测试、风险接受、内控问题评估与改进等。

罗伯特·卡普兰与大卫·诺顿在《战略地图——化无形资产为有形成果》中写道："你无法描述的，就无法衡量；你无法衡量的，就无法管理。"这个衡量即我们讲的绩效管理。流程是对公司业务的描述，流程绩效就是对流程的衡量，管理好流程绩效成为最终流程良好运行的关键所在。流程绩效也有一个从生到死的全过程管理。首先是在设计流程的时候需要同步定义具体流程的绩效，包括在定义流程架构（L1～L3）的时候需要有对应的流程卡片定义高阶的流程绩效，在具体设计流程的时候在流程说明文件上定义流程绩效。有了指标之后是对指标完成情况进行日常监控，根据指标的表现来判断流程是否运行良好。流程绩效也不是一成不变的，要随着流程的优化而迭代，终止、新增都是常规的管理动作。更多关于流程绩效设计、运营的方法与工具，在第五章第三节中再做详细说明。

在我们做咨询、培训的时候时不时会出现“做了一堆流程，好像是个摆设”等类似抱怨的声音。辛辛苦苦设计出来的流程怎么会变成摆设呢？这也是流程管理工作者比较纠结的问题。不做流程的话，大家抱怨管理混乱，做了流程后，大家又不愿意去执行或执行得不到位，这个难题怎么解？IBM 在帮助华为公司搭建流程管理体系的时候导入了流程遵从性测试来解决这个问题。通常，由流程负责人负责定期组织独立的人员（如内控人员、流程管理人员、其他业务部门人员等）对流程关键控制点（KCP）执行情况进行测试，验证流程设计与执行的有效性，及时发现流程设计和执行的问题并优化。流程不做或做得不到位，在进行流程遵从性测试的时候就会出现问题并被督促改进。当然，流程遵从性测试关注的是风险控制，业务部门如果要更好地改善流程执行情况，可以导入业务主动性审视（Proactive Review，PR）管理机制，也就是业务部门自发地审视流程执行问题，效果更全面、更及时。

流程遵从性测试会审查到很多流程的风险点，如何处理这些风险点呢？方法一般有两种，一个是风险接受，一个是问题整改。风险接受（Risk Acceptance，RA）是在某些情况下接受可能发生的风险的一种管理机制。例如，按照职责分离的原则，仓库管理实物与记账不能是同一名员工，但是在某些地区，业务量不大，一个人便能做完所有的工作，这个时候是否还要严格做区隔，强制加一个人进去，实现一岗一人，来控制风险呢？通常不建议这样做，公司可以做一个风险的备案，接受这个潜在的风险，定期做一些审视即可。风险控制也是需要控制成本的，如果风险控制的收益小于成本，那么接受风险可能是最佳的选择。这好比出去逛街，在街上某个角落里弄丢了某个价值较小的物件（如价值三五块，且无特殊纪念意义），如果回去找的话需要步行 2 小时，打车的话要支出十几块钱车费，试问，你会特地跑一趟把该物件找回来吗？理性的操作是放弃它，否则就是得不偿失了。

对于在流程遵从性测试中发现的较大风险点，不能采取简单的风险接受措施的时候就需要进行内控问题评估与改进（Issue Evaluation and Recommendation Tracking，IERT），即问题整改。对于发现的问题，需要通过评估进行分级管理（如轻微、一般、严重、特别严重等），对每个等级进行定义并制定相应的应对措施。在进行问题整改的时候，要明确改进负责人（通常是对应的流程负责人），没有负责人的话，问题整改往往无法实现实质性的推进。

通过流程绩效指标监控、流程执行情况的监控和风险控制等一系列措施，能促进流程有效执行，确保流程价值的实现。

四、流程评估与度量

流程设计了，也执行了，是否就万事大吉了呢？事实上这还远远不够，不能以流程的多寡及执行情况简单地说好或不好。流程管理体系建得怎么样？还存在哪些问题？这需要用专业的评估工具进行评估。流程评估与度量的内容主要包括：流程成熟度评估、流程审计、半年度控制评估，其目的是通过评估与度量流程目标的达成情况来驱动流程和业务的持续改进与提升。

流程成熟度评估有比较成熟的模型，常用的有流程和企业成熟度模型（Process and Enterprise Maturity Model，PEMM）、业务流程成熟度模型（Business Process Maturity Model，BPMM）等，华为公司的全球业务流程成熟度评估模型（Global Process Maturity Model，GPMM）也独具一格。IBM 曾对华为公司做了比较全面的流程评估，每次评估需要投入大量的人力、物力，同时评估的维度比较多；公司经营状况在短时间内通常不会有大的变化，所以评估通常不会频繁，每两年评估一次是比较合适的频次。流程成熟度评估如同给公司的流程管理体系做一次全面深入的体检，为未来的流程建设指明方向。

规模比较大、管理成熟度比较高的公司，通常需要进行流程审计。流程执行监控、成熟度评估等需要业务人员（流程负责人及相关人员）深度参与。流程审计则不同，它独立于流程与业务之外，是由第三方组织对流程与业务进行检查监控的一种手段，分为内控审计和外部审计，审计结果由流程负责人、业务主管负责，并对内部审计和外部审计发现的问题进行跟踪与改进。因为是独立的第三方组织，能做得更加独立、公正，也更能促进内部问题的快速改进。

流程成熟度评估相对复杂，评估的频度相对较低，为了能更及时地了解公司流程管理体系的情况又不至于经常性劳师动众，IBM 发明了半年度控制评估（SACA），SACA 在 IBM 内部成功应用并导入华为公司，后来成为流程评估的通用工具。顾名思义，半年度控制评估的时间频度是半年，一般在春秋两季进行，与流程成熟度评估相比，它的评估广度、深度都要小得多，所以资源投入也相对少一些，是流程成熟度评估的有效补充。

流程成熟度评估、流程审计和半年度控制评估形成了多维度、多频次的流程评估与度量体系，通过这些机制保障流程的有效运行。

五、流程定期审视与废止

前面我们强调流程要“优生”，即有规划、有共识地推进流程建设；这里，我们强调流程还要做到“善终”，即要及时废止不适用的流程，以免误导操作人员。

流程定期审视的机制要确保所有的流程起码每年都有一次被审视的机

会，流程定期审视的对象不仅仅包括已经有流程文件的流程，还包括那些没有流程文件但已形成既定的运作习惯的流程。一个理想的做法是流程定期审视与流程规划结合起来，在进行流程规划的同时规划流程定期审视，确保没有遗漏的。流程定期审视不仅仅是看一下流程的有效期，重心应该落在与现有业务的一致性上来，这是避免流程文件、信息系统与业务实际操作不相符的“多张皮”现象发生的有效手段。

对于与业务不一致的流程，要做迭代升级处理。对于业务场景已经不存在或与现有流程文件相去甚远的情况，可以新建一个流程，同时废止现有的流程。对于有效期到期的情况，在第三章第四节中已经做过说明，在此不再赘述。通过流程定期审视，确保流程真正指导现有业务的运作，也让流程真正做到“有始有终，善始善终”。

流程全生命周期管理是流程管理的闭环，从规划到退出，周而复始，流程管理工作者应该遵循客观规律，沿着这条主线对流程进行有效管理。

第九节　流程管理组织

流程设计、流程全生命周期管理机制等让流程管理有了方法与机制层面的保障，流程管理体系要维持良好运营还需要另外一个保障，即流程管理组织。好的方法、机制如果没有合适的组织来承载，也容易沦为“看上去很美的装饰”，没有办法实质性地去改善业务的运作。

流程管理组织包括几个部分：第一个是流程管理决策组织，第二个是流程管理专业组织，第三个是流程管理设计组织，第四个是流程管理执行组织，第五个是流程管理监督组织，下面逐一说明。

一、流程管理决策组织

规模比较大的公司通常会设置类似流程管理委员会或流程变革管理委员会的组织，通过这些虚拟决策组织来集体决策，实现利益的平衡。规模比较小的公司往往通过董事长、总经理或代表他们行使权力的部门（如总经理办公室）来行使决策职权。当然也有一些公司将决策权下放到 CIO 或流程管理部门的行政主管，相对来说这种情况要少一些。

在决策组织的设置上，目前比较常见的误区是盲目地成立流程管理委员会或流程变革管理委员会。很多公司的规模相对比较小，管理相对比较简单，在进行流程化管理的时候，为了显得郑重其事设置了一个虚拟决策组织来做决策。应该说出发点是好的，虚拟决策组织可以群策群力，实际也是培养干部、选拔干部的好平台。但是在实际运作的时候往往会出现比较尴尬的现象，原定的运作方案可能是按每周或每月的频次召开的，实际操作的时候发现无会可开，没有议题或待决策事项，勉强开吧大家都尴尬，长时间不开的话虚拟决策组织就会名存实亡，没有真正起到作用。所以在设置虚拟决策组织的时候需要谨慎，只有流程复杂到仅靠个人已经无法有效决策的时候，设置虚拟决策组织才是比较合适的。

虚拟决策组织的另外一个替代方案是将流程管理相关议题放到总经理办公会或高管例会上来决策，作为其中一个例行的待决策事项（议题），有则提出来，无则直接跳过。当然，如果公司有现成的委员会（如经营决策委员会等），也可以将流程变革相关的争议或待决策事项列为常态化事项处理。这种方式既发挥了群策群力的好处，又避免了独立设置流程管理委员会的同时出现无会可开的尴尬场面，一举两得。当然，每家公司所处的发展阶段不同，很难绝对地说哪一种方案更好，只能说合适的就是最好的。

需要说明的是流程管理决策机构并非事无巨细都去管，主要负责对关键流程与变革事项进行决策（如流程与变革路标、跨 L1 流程领域的争议问题等），调动资源确保流程建设按预期计划推进。

二、流程管理专业组织

流程管理专业组织指的是专门负责流程管理体系建设的部门，通常是流程管理部门或流程管理小组。根据不同公司的流程管理专业组织所处的位置不同，流程管理专业组织可以分为以下四类。一是流程与变革作为一个独立的一级部门设置，包含流程管理小组、变革管理小组等，这种组织相对来说不是太多，比较适合处在流程变革转型期的公司。二是流程与战略作为一个独立的一级部门设置，包含战略部门、流程部门、经营分析部门等，这种组织是比较常见的，流程作为战略落地的关键抓手，比较适合在战略转型期或流程部门职能新建时期应用，战略部门的推动力度比较大，有利于流程管理工作的开展。三是流程与信息系统作为一个独立的一级部门设置，由 CIO 统筹推动公司整体的数字化转型升级，这是目前最常见的组合方式。四是一些不常见的组合模式，比如流程+总经办、流程+财务、流程+内控、流程+审计、流程+人力等。

流程管理部门在具体运作的时候，根据职能定位的不同，可以分为四种比较常见的流程管理模式。一是垂直管理模式，流程管理部门既是专业组织又是设计组织，既负责制定总体的流程管理制度，又负责具体的流程设计，同时负责流程日常的运营。二是间接管理模式，流程管理部门以专业组织为主，设计组织为辅，即以制定流程管理制度为主，具体的流程设计主要由业务部门的兼职流程管理员负责；流程管理部门负责赋能与关键节点设计，流程日常的运营主要由兼职流程管理员负责。三是 COE（Center of Expertise，专家中心/能力中心）管理模式，流程管理部门仅仅作为专业组织存在，负责制定总体的流程管理制度，但不参与具体的流程设计，流程设计与运营管理由业务部门安排全职人员来负责。四是混合管理模式，流程管理部门首先是专业组织，负责制定总体的流程管理制度，同时又负责重大的流程变革，进行变革项目里具体流程的设计开发，日常例行的流程迭代与优化则交由业务部门自行升级处理，流程的运营也由业务部门负责。流程管理模式与责任分工如图 3-16 所示。

流程管理模式	流程管理制度		流程设计		流程运营	
	流程管理部门	业务部门	流程管理部门	业务部门	流程管理部门	业务部门
垂直管理模式	主导	执行	主导	支持	主导	支持
间接管理模式	主导	执行	参与	主导	参与	主导
COE管理模式	主导	执行	支持	主导	支持	主导
混合管理模式	主导	执行	主导	参与	参与	主导

投入与贡献大小排序：主导>参与>支持>执行

图 3-16 流程管理模式与责任分工

目前，第一种、第二种模式应用得比较多，第三种、第四种模式适合规模比较大、管理成熟度比较高的公司。第三种模式，比较有代表性的公司是大疆创新。第四种模式，比较有代表性的公司是华为公司，当然，华为公司将质量运营也合并到这个体系来做，应用的是加强版的混合管理模式，与信息系统的结合也相对紧密。不同的流程管理模式的优缺点都是并存的，需要根据公司的实际情况进行取舍。

管理无定式，选择什么样的流程管理模式取决于公司对流程的定位，取决于公司现实的业务管理场景及人员储备的情况。对于大部分的公司，我们建议在规模不是特别大的前提下优先选择间接管理模式，不论是从成本上看还是从流程推动的效果上看，这个模式都是比较有成效的。当然，每家公司的流程管理模式也不是一成不变的，可以随着公司的发展不断调整。

三、流程管理设计组织

对于具体的流程设计，不同的流程管理模式中的责任主体是不同的，流程管理部门与业务部门的分工区别在于流程设计，这也是流程管理的核心能力。由业务部门主导或深度参与的模式被实践证明是最好的模式，核心的理念是流程最终要回归业务，回归本质的工作，只有这样才能帮助业务成长。

不论流程设计的责任主体是谁，负责流程设计赋能的组织一定是流程管理部门，这是不言而喻的。而且，即使流程设计的主导部门仍留在流程管理部门，流程管理部门同样还是要对业务部门进行流程设计赋能，目的是让流程在公司内部真正成为一种管理语言，营造流程型组织建设的文化氛围。

四、流程管理执行组织

流程管理执行组织包括两个方面，一个是流程管理的责任主体（即流程负责人），另一个是具体流程的日常执行责任主体。流程管理的责任主体是流程落地执行的基石，我们在第五章第一节再做说明。具体流程的日常执行责任主体没有明确的边界，需要依据具体的流程定义来定。

在第三章第七节中，我们提到过流程图的左侧是角色栏位，角色是虚拟的，如何落实到具体的人来执行呢？这个需要通过流程说明文件来匹配。因为角色是虚拟的，所以在流程说明文件中会建立角色与岗位的匹配关系表，这样岗位与部门就可以对应起来了，也就可以对应到具体的人了。

严格来说，在流程型组织中，所有的人都在执行流程，包括董事长、总经理，公司是靠业务流程维持运作的。任正非先生有言："如果一个员工不承担任何流程角色，那么这个员工可以裁掉了。如果一个岗位、部门不对任何流程负责，那么这个岗位、部门也可以裁掉了。"全员都在执行流程，按流程指引运营业务，这是流程型组织鲜明的特征之一，与流程型组织的定义"基于流程来分配权力、资源和责任的组织就是流程型组织"是完全吻合的。

五、流程管理监督组织

没有监督就没有执行。流程管理监督组织包括两个部分：一个是业务关联方的监督，一个是专业组织的监督。

业务关联方的监督一方面来自单个流程内部各个流程活动之间的上下衔接，另一方面来自流程与流程之间的衔接，不同活动、不同流程之间的衔接同生产线上连续的工序之间的衔接类似，都需要遵循"不接受不良品，同时不让不良品流入下一道工序"的原则。"不接受不良品"是指监督上一道工序必须按时、按质做好输出，是外部监督，"不让不良品流入下一道工序"则是自我监督。还有一种业务关联方，未必有直接的流程进行关联，但与流程产生的结果有关联（如质量管理与供应商质量体系、生产过程管理等），各种可能影响质量变化的因素都成为业务关联方，这种场景也会被认为是业务关联方的监督。业务关联方的监督需要自我监督与外部监督共同完成。

专业组织的监督包括多个方面，首先是流程管理部门，这是流程管理的统筹方，流程运行得好坏与否都与其有密切关系。有些规模比较大的公司会成立质量运营管理部门，负责流程的运营，监控流程绩效指标达成的情况。其次是内控，内控主要控制公司风险，包括财务风险与运营风险，所以也必须持续对流程进行监督。最后是审计，包括内部审计与外部审计，是要建立起对流程执行者的冷威慑，目的是让流程执行者不敢不作为、乱作为。

在流程管理监督组织中，业务关联方的监督应该成为主体，专业组织的监督起到辅助作用，同时要在专业上对业务关联方进行赋能。

需要强调的是，流程管理的组织包括：决策组织、专业组织、设计组织、执行组织和监督组织。它们并不是孤立的，决策组织是方向盘，起到牵引作用；专业组织是骨架，撑起流程管理体系的轮廓；设计组织是肌肉，将骨架填充完整；执行组织是动力，驱动肌肉发生作用；监督组织是安全装置，随时监控流程管理体系的健康度；多个组织共同作用，流程管理的车轮才能持续、稳定向前。

第十节　流程管理人员能力等级

在推动流程型组织转型过程中，除了要有流程管理制度、流程管理组织，还需要有大量具备流程能力的人员，这不仅包括流程管理专业组织的员工，还包括其他流程管理组织的员工。当然，不同组织的员工对流程能力的要求是不同的，如何评判员工的流程能力在什么水平，是否符合公司的要求等，需要在公司内部建立流程能力评估体系，包括分级、分类、评估、应用等。

一、流程能力分级

流程能力指的是员工流程建设、运营的能力水平，包括业务流程知识与流程技能。根据员工对流程知识掌握的程度及流程实践的经验，可以将他们的流程能力划分为五个等级：初学者、实践者、管理者、专家、引领者。

（1）初学者。初学者是流程能力的入门等级，也是流程型组织员工最基础的技能等级要求。在流程认知上，初学者对流程管理知识有初步了解，包括流程管理概念、流程设计等。在流程实践上，初学者偏重执行，即能正确理解流程并按流程要求严格执行。在流程执行过程中，初学者能识别、发现潜在的问题与风险，可以在活动、任务层面进行流程优化。

（2）实践者。实践者是流程管理的熟练工，对流程各个层面的东西都有接触、了解。在流程认知上，实践者对流程管理知识体系比较熟悉，包括流程管理概念、流程设计、流程绩效、流程架构、流程执行监控、流程管理软件等。在流程实践上，实践者精通所在业务领域的某些模块的流程，通常集中在流程与子流程（L3～L4）层级，熟悉某些业务模块的行业最佳实践，能做流程监控，具备一定的流程赋能能力。

（3）管理者。管理者是流程管理的多能工，具备了跨领域工作的能力。在流程认知上，管理者不仅仅对流程管理体系有全面、深刻、独到的见解，还熟悉流程管理体系构建、运营、优化，同时涉猎战略、组织层面，在向复合型人才方向发展。在流程实践上，管理者至少精通 1 个流程组（L2）层级的行业最佳实践，能从 0 到 1 搭建完善该领域的业务流程，具备跨领域集成拉通流程的能力，有主导 L2 层级的重大变革项目的成功经验。

（4）专家。专家是流程管理的明白人，精通某一领域的知识和流程，应用该方面的能力处理富有挑战性和复杂性的事项，并能指导他人。在流程认知上，专家对流程管理体系有全面、深刻、独到的见解，熟悉流程管理体系构建、运营、优化，具备从 0 到 1 搭建公司流程管理体系的能力，对战略、组织有自己的理解。在流程实践上，专家精通至少 1 个流程分类（L1）层级或多个跨领域流程组（L2）层级的业务最佳实践，并能指导建设这些业务领域的流程，有主导流程分类（L1）层级流程变革成功的经验。

（5）引领者。引领者是流程管理的领路人，精通多个领域的知识和流程，对业务的发展趋势及隐含的问题有足够的预见性和洞察力，见多识广与见微知著是其显著的特征。在流程认知上，引领者对流程管理体系有深刻而独到的见解，已经形成完整的知识体系，精通流程管理体系、变革体系、运营体系的构建，对战略、组织也有深刻的见解。在流程实践上，引领者精通 2 个及以上流程分类（L1）的业务最佳实践，并能引领这些业务领域的流程展开全面建设，有主导跨多个流程分类（L1）流程变革的成功经验，有全价值链集成拉通的成功经验。

二、流程能力分类

流程能力根据知识与技能的属性不同可以分为多个类型，包括基础能力、专业能力、咨询能力，这些能力由不同的知识和技能构成。

（1）基础能力。基础能力也叫通用能力，是基本的职业素养，是流程能力的底层能力。在流程型组织中，基础能力包括一系列通用管理知识，如流程管理基础、企业架构、质量管理、内控管理、流程数据与信息系统等知识。基础能力还包括一系列基础的通用技能，如快速学习、高效执行、项目管理、知识管理、协同、沟通和影响力等。

（2）专业能力。与基础能力不同的是，专业能力更有针对性，偏重具体流程问题的解决。专业知识包括精益六西格玛（Lean Six Sigma，LSS）、管理流程的流程、业务领域的最佳实践、流程管理最佳实践等。专业技能包括流程规划、流程方案设计、业务流程集成分析、流程试点与推行、流程与组织适配、流程评估与度量等。

（3）咨询能力。咨询能力是比较高阶的能力，总的来说更加宏观。咨询知识包括战略管理、企业发展与管理、业务领域发展趋势等。咨询技能包括系统性思考、结构化表达、变革举措管理等。

同样一种能力，不同的人理解、掌握的程度是不同的，为了更好地做好区别，通常还会对各种能力进行等级划分。为了方便能力评估，还需要对各个等级进行定义，将一些典型特征描述出来，如图 3-17 所示。

公司可以根据自身的管理基础来适配流程能力等级。管理相对粗放的公司，划分为三级即可；已经实现了精细化管理的公司，可以细分为五级来管理。

能力类	能力子类	一级	二级	三级
基础能力	快速学习	✓ 在有需要的时候学习新知识与经验	✓ 学习专业领域的最新发展情况并思考怎样运用它解决问题，与他人分享经验	✓ 主动学习，深入理解问题的原因，通过专业知识提出解决问题的方法 ✓ 有自己的观点和方法，能指导他人开展学习并有效应用于工作，解决及预防问题
	……			

图 3-17　流程能力等级定义示例

三、流程能力评估

进行了流程能力分级与分类之后，流程能力评估就有了很好的基础。在正式进行流程能力评估之前，还需要对流程能力等级和类型（知识与技能）建立关联关系，通过流程能力矩阵框定，如图 3-18 所示。

图 3-18 描述了不同流程能力等级对知识与技能的不同等级的要求，以流程能力等级为初学者为例，要求初学者基础能力中的快速学习等级为一级（一级最低，三级最高，下同），高效执行等级为一级。以专家为例，要求专家基础能力中的快速学习等级为二级，高效执行等级为三级。

不同流程能力等级如何对应能力类型，没有绝对的标准，同时这个也不是一成不变的。公司需要根据自身的实际情况进行匹配，业务环境发生变化后可以进行适配调整。

知识与技能			流程能力等级				
能力类	能力子类	能力子类等级	初学者	实践者	管理者	专家	引领者
基础能力	快速学习	一级	√				
		二级		√	√	√	
		三级					√
	高效执行	一级	√				
		二级		√	√		
		三级				√	√
	……						

图 3-18　流程能力矩阵

流程能力评估分为两个方面。对于流程管理专业组织的员工，流程能力评估与任职资格（胜任力）认证或评估是一体的，不需要做两套资料与两次评估。对于非流程管理专业组织的员工，流程能力作为通用的能力，可以对其做单独认证，也可以将其合并到各个职能岗位的任职资格（胜任力）认证或评估体系中。如果是采取单独认证的方式，那么需要建立不同岗位对流程能力等级的要求，以便员工做任职资格（胜任力）认证或评估的时候知道要晋升到什么岗位，以及要做什么样的准备。

四、流程能力应用

流程能力评估为人岗匹配提供了依据，为了更好地推动流程型组织转型，流程能力还必须与职级晋升建立直接的关系，与收入建立间接的关系，如图 3-19 所示。

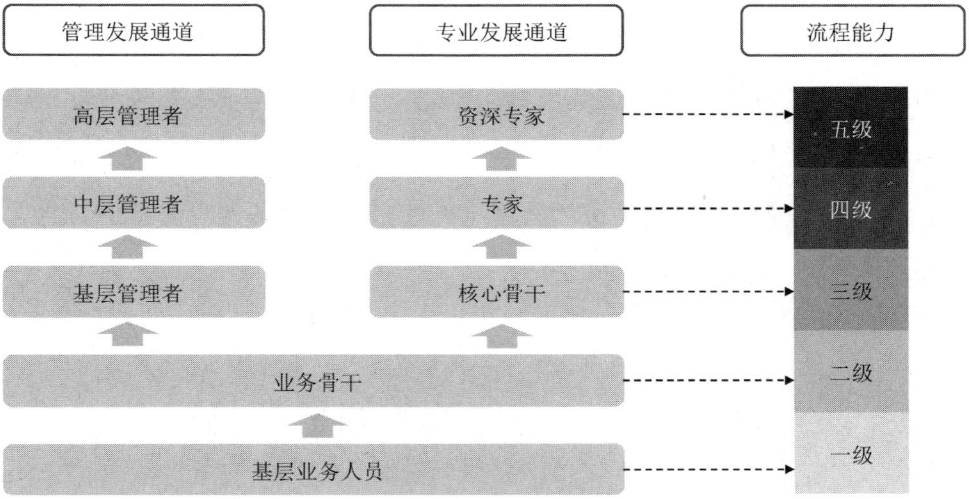

图 3-19 流程能力与职业发展

需要说明的是，职级与流程能力之间并非绝对的一对一关系，可以根据需要调整适配关系，比如，流程能力为二级，可以对应业务骨干、核心骨干，即只要流程能力评估通过了二级，就可以晋升业务骨干、核心骨干对应的岗位。其他等级也是如此，公司可以根据不同的职能部门、不同的岗位设置不同的等级匹配关系及相应的要求。公司在内部推动变革，要想大家有较强的参与度，与“自己强相关”是一个关键的切入点，没有人会为了与自己毫不相干的事全力以赴，利益绑定是将大家的积极性调动起来的不二法门。

流程能力也不是一成不变的，通过了某个等级的评估之后也不是一劳永逸的。为了防止有些员工“躺平”，也就是达到一个等级后不思进取，就要建立流程能力等级动态评估的机制：一方面是流程能力等级的评估维度、内容需要根据业务的变化而做例行刷新；另一方面需要对流程能力等级设置有效期，如三年必须进行重新评估，评估不通过的员工要进行相应的职级调整，通过这种方式促进大家丰富流程知识与技能。

最后需要强调的是，不论是流程能力的分级与分类，还是流程能力的评估与应用，都需要建立在业务需要的基础之上，根据不同业务特性建立对应的流程能力体系。脱离了业务来谈流程无异于空中楼阁。立足业务，提升业务，服务客户始终是流程型组织转型不变的宗旨，也是流程的价值与意义所在。

第十一节　管理流程的信息化

在数字化转型浪潮下，数字化转型已不仅仅是业务部门的事情，对于流程管理部门来说，管理流程的业务也需要做数字化转型，这也是目前大部分公司比较薄弱的领域之一。管理流程的信息化包括流程规划与设计信息系统、流程文件管理信息系统、流程执行监控信息系统、流程自动化与智能化等。

一、流程规划与设计信息系统

流程规划主要体现在流程架构上，对于管理流程的工作来说，这个是基础，是具体流程的根目录。有关流程架构的信息化系统，目前成熟的软件相对比较少，在我们接触的公司中，大部分还在使用 PPT 或 Excel 管理流程，部分信息化程度比较高的公司会使用专业软件来管理流程。

在使用专业软件来管理流程的公司中，差异性也比较大。有些公司选择在 BPM 或办公自动化（Office Automation，OA）系统中建一个模块，将流程架构当作知识来管理，流程架构建成知识库的目录。应该肯定地说，有比没有好，但这样做的效果确实不敢恭维，因为核心的诉求——流程与流程之间的衔接无法做到。少数大公司选择应用集成信息系统架构（The Architecture of

Integrated Information System，ARIS），这是一款综合性的流程管理软件。从功能上来说，ARIS 是非常强大的，但不少大公司最后落寞地放弃使用 ARIS，比较昂贵的授权和相对复杂的系统操作是主要的原因。当然，要用发展的眼光来看待，槽点总有解决的时候，多对比才有可能选到最合适的。

在流程图绘制方面，Visio 仍然占据主导地位，Excel、PPT 是比较有益的补充。当然，现在一些 Visio 的替代品也逐渐发展起来，虽然功能没有 Visio 那么强大，但是在设计流程图方面基本够用。绘制好流程图后，通常还要用流程说明文件来承载，Word 在这方面占据绝对优势。目前有一些能将流程图与流程说明文件集合起来的软件，不过它们偏重将信息保存在一起，没有做到很好的集成管理。虽然不少软件公司宣称要将流程资产化，理念很好，但是还远远没有实现。还是那句老话“有比没有好”，但是要想通过买一个简单的文件管理或流程图设计的软件来提升流程管理水平，显然也不现实。

总的来说，在流程规划与设计领域，可选择的信息化系统并不多。目前，ARIS 的国产品牌逐渐兴起，但是功能上的差距还是很大，不过价格足够亲民，在十几万元到几十万元之间，后期费用少。是否要应用流程规划与设计信息系统？这个应该不是问题，公司发展起来了，实现信息化、数字化是必然的，只是时机的选择问题。

二、流程文件管理信息系统

流程文件存储是流程管理工作中应该最早实现信息化的模块，在第三章第四节中，我们曾经提到华为公司的流程文件数量在 3 万份左右，如此多的流程文件，如果没有信息系统支撑，管理难度可想而知。当然，与华为公司一样的业务场景复杂、实现了全流程覆盖管理的公司是少数，即使没有 3 万份流程文件，有几百份、几千份流程文件也是常见的，这个数量级的流程文件的管理也需要信息系统，尤其是在版本管理、文件调阅方面。在传统企业中，在推行 ISO 体系的时候，往往设有专门的文件管理专员，这是因为流程文件管理信息化程度不够导致人员配置增加。反之，一些非必要的人员可以被裁撤。

关于流程文件管理信息系统，可选择性相对比较多，比如 OA 知识库、知识系统、专业的流程管理系统等，一个理想的情况是将流程文件管理和流程规划与设计结合起来，做成一个集成管理的系统。什么时候实现流程文件管理信息化？我们的建议是宜早不宜迟。

三、流程执行监控信息系统

流程执行监控建立在有流程的基础之上，当公司还没有像样的流程的时候，流程执行监控就无从谈起。流程执行监控的基础是：一方面要有相当数量的流程，另一方面要有相应的流程绩效指标体系，包括流程架构（L1～L3）对应的流程卡片承载的流程绩效指标，也包括在具体的流程（L4～L6）上定义的流程绩效指标。

流程执行监控指标目前主要有两个方向：一个方向是看流程绩效指标表现，通常可以通过输入/输出（BI）系统来承载，与经营分析体系结合；另一个方向是做流程挖掘（Process Mining，又称“过程挖掘”），从现有事件日志中挖掘知识以发现、监控和改进实际流程，通过自动化地发现、分析和揭示公司内部流程中的隐藏模式和关系，提供深入的业务洞察力，帮助公司发现潜在的瓶颈、优化流程并提高效率。BI 系统已经比较成熟，包括技术、产品等。流程挖掘的技术应用还没有完全成熟，它不仅仅是一门技术，已经逐渐发展为一门学科，既有相对完备的理论技术，又有核心算法，还有典型的应用场景。近年来，微软、SAP、IBM 等巨头通过并购该领域的独角兽企业进入这个市场，国内也陆续出现数十家以流程挖掘为主要研究方向的公司，流程挖掘成为创业的风口。

对于流程管理从业者来说，关注前沿技术的发展，并在适当的时机将流程执行监控信息系统引进公司是义不容辞的责任；同时，对个人的成长与发展也是有益的。

四、流程自动化与智能化

流程自动化与智能化随着5G技术的广泛应用而逐渐发展成熟。以机器人流程自动化（RPA）为例，RPA是一种应用程序，它通过模仿最终用户在计算机上的手动操作方式，提供了另一种方式来使最终用户手动操作流程自动化。RPA已经在一些机械性的操作领域有了不少成功案例。例如，我们在给某大型电商公司做咨询项目的时候曾帮助其做了这方面的工作，原来有多达十余名员工的工作主要是从亚马逊平台导出数据同公司内部的系统对账、调整数据，应用RPA工具后，只需要留下一个人做跟进维护，其他人都被调岗了，而一个RPA工具的价格还不到10万元，性价比相当高。随着AI技术的不断进步，在未来，流程的自动化、智能化程度会越来越高，如何使用这些工具帮助公司提升效率、节约成本是流程管理工作者的重要使命之一。

数字化转型是潮流，是趋势，流程管理工作必须顺应趋势。每家公司的管理基础和环境不同，因此也不能一概而论，也不能期望一蹴而就，在合适的时机选择合适的信息化产品是一个比较现实和适宜的做法，相对来说也是成功概率比较高的做法。

第四章 基于架构驱动的流程建设

在前文第三章第五节中，我们提到了流程设计的四大原则，其中第一个原则是架构驱动原则，这个架构是流程建设的蓝图。架构驱动原则本质上是统筹规划、自上而下的原则，是避免局部最优导致整体次优的关键举措。

基于架构驱动的流程建设的前提是企业要有流程架构，这是基础。什么是流程架构？如何搭建流程架构？如何基于流程架构进行流程设计？下面将展开说明。

第一节 什么是流程架构

在企业的流程建设中，我们一直强调端到端集成拉通，有些流程管理工作者就开始担心了：“每个流程都端到端拉通的话，会不会有很多流程是交叉或重叠的？怎么解决这个问题呢？”确实，这些担忧不无道理。一家企业拥有少则数百份，多则几千份甚至几万份流程文件，这些流程文件的背后是错综复杂的业务，如果管理不好确实难免出现这个问题。怎样解决这个问题呢？需要进行分类、分级管理，流程架构就应运而生了。

一、企业架构的定义

要理解流程架构，首先要清楚什么是架构。

架构是系统的基本结构，它由多个组件及它们彼此间的关系组成，并且在一定环境和原则下进行设计和演变。

简单地说，架构=结构化组件+组件间关系+原则和指引。

架构起初广泛应用于建筑行业中，后被应用于复杂的系统建设中，导入企业信息化建设中后有了企业架构的称谓。企业架构（Enterprise Architecture，EA）通常由四个部分组成：流程架构（Business Architecture，BA）、应用架构（Application Architecture，AA）、数据架构（Information Architecture，IA）、技术架构（Technical Architecture，TA），简称4A架构，如图4-1所示。

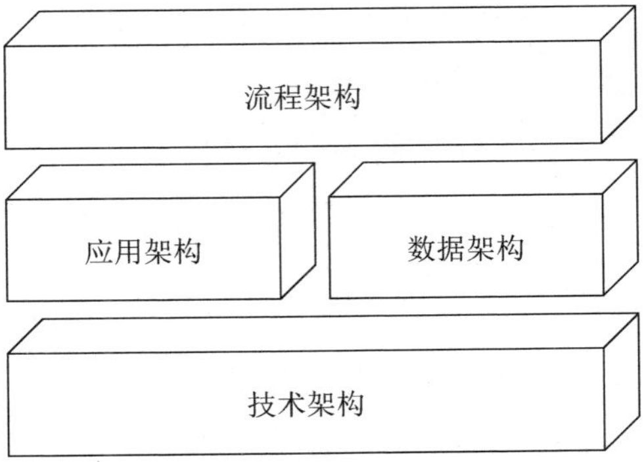

图4-1 企业架构示意图

在一个企业架构中，最上层的是流程架构。流程架构又称“业务架构”或

“业务流程架构”，因为流程是对业务的描述，流程要符合业务本质，所以两者之间的界限就模糊了，流程架构因此成为通用的叫法。在整个企业架构中，流程架构是处在首要位置的，是“先流程后 IT”理念的具体体现。企业架构中间的是应用架构和数据架构（数据架构又称“信息架构”），应用也就是我们常说的系统，数据是流程中产生的数据，应用与数据承载业务流程管理的需求。企业架构的底层是技术架构，支撑应用落地与数据使用。

企业架构是企业进行信息化建设的顶层设计，它将一家公司与信息化相关的所有信息、内容及它们之间的关系组织起来形成一个框架，这个框架能够对具体的建设工作起到指导作用。经过长期的实践、总结，目前已经形成了一些成熟稳定的企业架构，主要有：Zachman、TOGAF、FEAF、DoDAF，其中 TOGAF 在中国应用得比较广泛，华为公司、美的集团、海尔集团等基本遵循了 TOGAF 总体架构。

这些通用的企业架构只是给了我们一个参考，企业可以根据自身的业务模式、特性选择合适的参考架构，构建属于自己的架构。

二、流程架构的定义

流程架构又称“流程分类框架”（Process Classification Framework，PCF），最初是 1991 年基于美国生产力和质量中心（American Productivity and Quality Center，APQC）为业务流程制定的分类方法提出的，目的是创建高水准、通用的企业模型。这个模型鼓励企业和其他组织以跨行业的流程观点来审视其活动，而不是狭义的部门化、职能化。

图 4-2 是 APQC 跨行业流程分类框架（Version 7.0.5）。APQC 根据不同行业的特点提供了一个在水平分类上的参考模型。在纵向分层/分级上，APQC 也提供了一个参考，将流程分为五个不同层级，包括流程分类、流程组、流程、活动、任务。

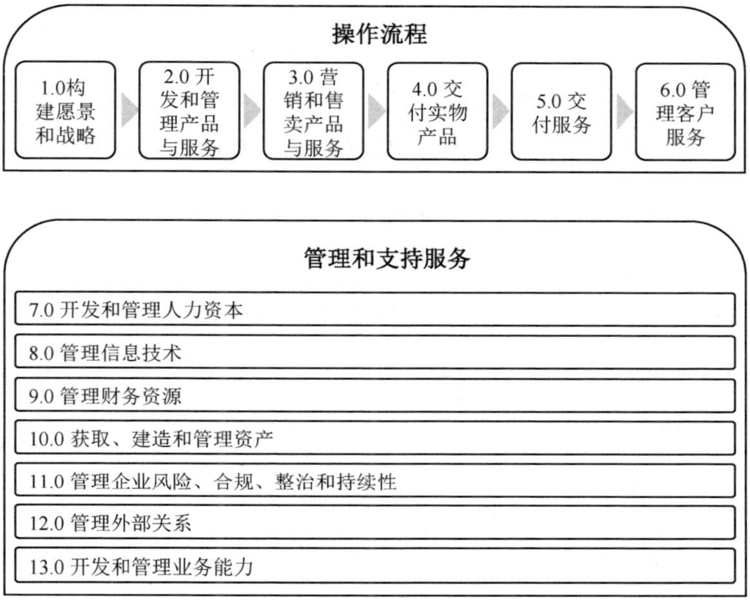

图 4-2 APQC 跨行业流程分类框架

在实际流程管理过程中，为了适配复杂的业务场景，有些企业会在流程与活动之间增加一层子流程，即由五个层级变成六个层级。比较典型的有 IBM 和华为公司的流程层级，如图 4-3 所示。

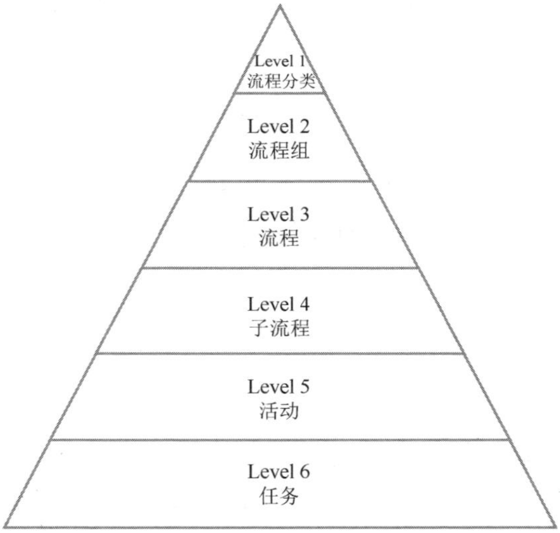

图 4-3 IBM 和华为公司的流程层级

流程分类（Level 1，简称 L1）是企业最高阶的流程层级，体系了企业的业务模式，并覆盖企业全部的业务。在流程分类之下是流程组（Level 2，简称L2），一个流程组具有相同的流程价值定位，其内部的业务运作逻辑是相似的、强相关的。流程（Level 3，简称 L3）是被重复执行、逻辑上相互关联的一组业务活动序列，将明确的输入转换为明确的输出，从而实现为客户创造价值和向客户交付价值（产品和服务）的业务目的。流程架构通常指的是 L1 ~ L3，个别比较复杂的业务场景的流程架构会分解到子流程（Level 4，简称 L4）。流程架构的层级不宜过多，通常不建议超过四层。

流程层级具体要划分成五个层级还是六个层级，可以根据企业实际的业务场景来做选择。相对来说，六个层级的可拓展性更高一些，有利于避免后面返工。总的来说，L1 ~ L3 回答了要做什么、为什么要做的问题，L4 ~ L6 则回答了怎样做的问题。

从 APQC 和 IBM、华为公司等对流程架构的描述来看，流程架构是针对流程的一个结构化的整体框架，描述了企业流程的分类、层级、边界/范围、输入/输出关系等，反映了企业的商业模式及业务特点。流程架构具有鲜明的特征：首先，它描述流程层级、归类、边界/范围等，从宏观层面定位了流程的位置；其次，它的主要目的是管理流程边界、归属及衔接关系，是由企业统一管理的；再次，流程的设计必须遵从流程架构；最后，流程架构具有相对稳定性。流程架构从全局上描述了业务，是业务流程端到端集成拉通的基础。

三、流程架构的价值

在企业新建流程架构的时候，时不时会有人提出“为什么我们要搞这个虚的花架子？对业务有什么帮助？”等质疑。确实，站在业务现实的角度看，流程架构建设完成后并不会使业务马上得到改善。既然如此，那为什么还要费心费力地做这个事情呢？事实上，这是普遍存在的对流程架构的误解。

在传统的组织里，不断深化的专业化分工导致普遍存在“隔行如隔山”的现象，这种现象又称“职能竖井”，这导致不同专业领域的员工对彼此的业务都不那么熟悉，即使在同一个专业领域内，不同的人也有不同的理解，这就导致不同职能部门之间很难相互理解。同一个部门内，管理的好坏也取决于部门负责人对专业领域的理解程度的高低。管理的断点、盲区、交叉点使得内部的交易成本很高，需要一个统一的蓝图来达成共识，流程架构的搭建就是共同构建业务蓝图的过程，同时也是对业务达成共识的过程，有了共识才有后面的具体业务流程梳理。

应该说，流程架构对业务、组织与 IT 都有重要的意义。对业务，结构化的蓝图指导流程体系梳理诊断、聚焦流程优化重点，并帮助定义运营标准化/集约化的分布与程度；对组织，蓝图指导组织架构设计，即先定义“干什么”，再定义“由谁干”，帮助企业建立流程型组织；对应用架构（AA）和数据架构（IA）的建设提供关键指导，即先定义“干什么”，再定义“由哪些系统和数据支持”。

虽然搭建流程架构本身并不会马上改善业务，但是好的流程架构一旦进入应用，企业总体管理水平获得的提升将是跨越式的，主要体现在“六个有利于”：有利于流程集成和能力提升，有利于落实流程责任，有利于流程分层建设，有利于流程型组织建设，有利于 IT 集成和数据贯通，有利于业务稳定和持续改进。下面做简要说明。

（1）有利于流程集成和能力提升。流程架构是流程集成的基础，通过流程架构的层层梳理，可以识别流程中需要集成或相互调用的环节，通过这些环节的加强与链接，推动流程集成和端到端效率的提升。设计流程架构的时候将关联度高的业务集成到一个流程架构下，这样更有利于业务的集成运作，也更有利于专业能力的提升。

（2）有利于落实流程责任。在传统组织中，各种业务问题出现后经常会出现相互扯皮、甩锅的现象，责任比较难界定。通过流程架构，定义、明确管理者优化流程、改进业务的责任，有利于强化管理者主动建设和优化流程的意识，使其不断优化、提升负责的业务流程和流程绩效，同时加强流程集成，端到端提升组织运作绩效。

（3）有利于流程分层建设。流程架构按照业务逻辑进行 L1～L3 分层定义，流程架构从上层向下层分解时，还可以根据需要按场景、对象从 L3 向 L6 逐层进行分解，有利于形成纵向逐层分解和横向连接的业务网络。

（4）有利于流程型组织建设。流程架构按企业业务价值链和业务相关性进行分组，基于业务流而非专业分工来划分，有利于区分流程负责人和流程执行人。在进行组织匹配的时候，流程角色不因组织和岗位的调整而变化，保持相对的稳定性。在组织设计上，宏观上沿着流程架构进行匹配，微观上进行角色与岗位匹配，有利于流程型组织建设稳步推进。

（5）有利于 IT 集成和数据贯通。流程架构的输入、输出就是 IT 需要承载的信息，设计流程架构的时候需要同步思考 IT 的落地问题，这对数据架构（IA）、应用架构（AA）的设计有牵引作用。端到端打通的流程架构有利于 IT 集成和数据贯通。

（6）有利于业务稳定和持续改进。流程架构是业务本质的抽象，体现了企业的价值链。同时，流程架构有一定的前瞻性，考虑了企业未来 3～5 年的发展需要，既能灵活地增加业务模块，提高企业流程对业务需求及变化的支持度，又因与组织架构进行松耦合而保持了相对的稳定性，有利于业务稳定和持续改进。

流程架构将错综复杂的业务分解，组合成结构化的蓝图，为组织、IT 的建设提供了指引，是具体流程设计的根。

第二节 如何搭建流程架构

流程架构对业务、组织和 IT 的重要意义，以及“六个有利于”的应用价值，使得搭建流程架构成为重要且紧急的事项。那么，如何搭建属于企业“自己”的流程架构呢？首先要了解流程架构设计原则和流程架构设计方法。

一、流程架构设计原则

俗话讲：“没有规矩不成方圆。”对于搭建流程架构来说，这个“规矩”就是流程架构设计原则。流程架构设计原则包括三个方面：战略驱动原则、反映业务本质原则、稳定和持续改进原则。

（1）战略驱动原则。企业战略是方向，牵引着企业整体向前发展。企业战略确定了企业的商业模式和价值链。流程架构是基于价值流和业务能力来设计的，流程架构要符合企业战略不仅仅是外部的强制要求，也是流程架构本身承载价值流的内在要求。当企业战略发生变化时，也就意味着企业的商业模式和价值链出现变化，流程架构也必须进行调整和适配。流程架构是为实现业务服务的，也天然地支撑企业战略目标的达成。企业战略框定了企业的业务范围，流程架构必须依据这个业务范围来设计，同时匹配企业业务治理的策略，反映、承载、支撑企业的核心价值观。流程架构设计是流程管理体系的顶层设计，必须站在企业战略的高度来看业务，看现在与未来。

（2）反映业务本质原则。业务流是天然存在的，流程是业务流的显性化表达，反映企业性质和基本业务模式，流程架构需做到全覆盖、无遗漏。为体现业务流的完整性，流程架构允许存在相同名称的流程，但要描述清楚具体含义[如由谁定义是什么（What），由谁定义如何做（How）]。业务流程架构是业务流程建设的基础、流程型组织建设的基础、变革规划和 IT 建设的基础，一旦流程架构与业务本质发生偏离，业务就会跟着发生偏离，因此，客观反映业务本质是流程架构设计的最低要求。在实际操作中，有些企业用 2B 模式的流程架构硬套到 2C 业务模式中，结果是流程架构和实际业务运作无法匹配，原因就是流程架构没有反映业务本质。

（3）稳定和持续改进原则。流程架构是业务本质的抽象，与组织架构是耦合的匹配关系，流程架构不会随着组织架构的调整而调整；企业在具体设计流程架构的时候也会着眼于长远（3 ~ 5 年），以保证流程架构能保持相对稳定。在 VUCA 时代，业务会不断变化，流程架构需要随着业务的变化而持续改进，确保流程架构能客观体现业务本质。稳定与持续改进是矛盾统一的，我们要在动态中寻找平衡点。

二、流程架构设计方法——Y 模型法

流程架构设计原则奠定了流程架构设计的基础，要设计好流程架构还需要有好的方法。流程架构设计方法有很多，常用的有 Y 模型法、组件化业务模型（Component Business Model，CBM）法、对标法。首先来了解 Y 模型法。

Y 模型法是华为公司在长期的流程建设实践中总结出来的流程架构设计方法，用于指导流程架构设计。Y 模型是华为公司服务化 V 模型的组成部分，如图 4-4 所示。

Y 模型的核心是价值流、业务能力和流程的分层解耦设计。具体包括以

下内容：价值流和业务场景的识别和设计，重构客户体验；业务能力的重新规划、布局和全方位的提升，重构运营模式；流程的分层解耦设计，重构作业模式。

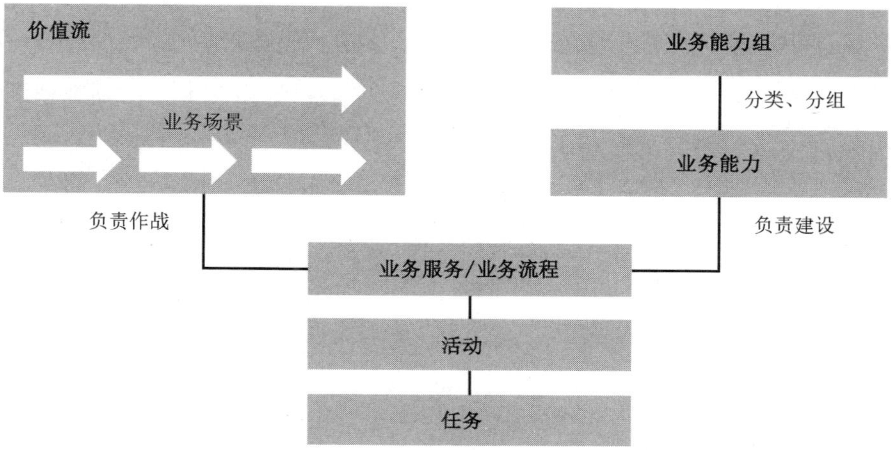

图 4-4　Y 模型

流程是为客户创造、交付价值的过程。作为营利性组织的企业，为客户持续创造价值是它们存在的唯一理由。如何理解价值呢？价值是指某个东西是值得拥有的、重要的、有用的。在业务流程架构的语境下，不能简单地从财务或会计视角将其理解成“某个东西的原材料或货币价值”，而应该从广义上将其理解为用处（Usefulness）、好处（Advantage）、收益（Benefit）、合意（Desirability）等。

理解了价值的含义后，我们来看一看什么是价值流。所谓价值流是指一个端到端的增值活动的集合，为客户、利益相关者或最终用户创造整体结果。以购买空调为例，消费者购买空调要经历了解产品（品牌、性能、能耗、价格、服务等）、选择、支付、安装、使用、服务等阶段，而作为价值创造、交付者的企业要实现自己的商业价值，要宣传品牌、展示产品、支持消费者体验产品（性能等）、支持消费者选购与付款、将产品送到消费者手中，并组织产品的安装、调试等，直到空调能正常使用，这个过程就是价值流。该价值流以消费者需求触发为起点，以空调能正常使用为终点。

价值流通常通过名称、描述、服务对象和价值进行描述。价值流设计过程中灵活运用了设计思维（Design Thinking）方法，从客户旅程出发，由外而内设计，具体包括五个步骤：确定业务范围，识别利益相关者，识别客户期望，识别客户旅程，定义价值流阶段和场景。

价值流是 Y 模型左侧的分叉，业务能力组则是 Y 模型右侧的分叉。什么是业务能力呢？所谓业务能力是指业务自身拥有或者从外部获取的特定能力，以实现某一特定目的和结果。例如，同样是从广东快递一份文件到北京，有些快递公司能第二天送达，有些快递公司要晚一两天，为什么会这样呢？有两个方面的原因，一个是干线运输的问题，另一个是本地配送的问题。有些快递公司通过飞机运输，有些快递公司通过铁路运输，有些快递公司通过汽车运输，干线运输的能力差距就显现出来了；快递到了北京当地之后，网点的密度及快递处理能力体现在本地配送的时效上。这两个方面体现了快递公司的业务能力，包括运输、仓储及配送处理能力。

业务能力不仅体现在拥有具象的飞机、汽车、网点、分拣设备等实物资源上，还体现在拥有流程、IT、在流程中产生的数据、工艺等非实物资源上。业务能力是具象的实物资源和非实物资源有效协同与整合的结果，这些能力支持组织高效运营和持续发展。在流程架构设计中，应该重点识别企业需要具备哪些能力，并设计能力对外输出的方式、能力应该分布在哪些组织中等。具体包括五个步骤：识别业务能力，对业务能力进行整合和重构，业务能力数字化，业务能力平台化和服务化，部署业务能力。

Y 模型左侧的价值流和右侧的业务能力组是指在宏观与高阶层面描述业务，最终汇聚到业务流程上，通过业务流程将它们落实到可执行层面。企业的价值流来源于商业模式的设计，而商业模式是由战略决定的，所以从这一点上将流程与战略真正衔接起来，也正是基于商业模式设计的流程使得将战略落到日常的运营工作中成为可能。当企业将商业模式转化为运营模式时，这些价值流可以转化为一组组端到端的业务流程，通常又称为“运营流程”。业务能力代表了企业运营所需要或所拥有的全部能力，单个业务能力通常通过一系列业务流程完成或交付，对应于承载价值流的端到端流程，这类流程被定义为“使能流程”。流程数字化的前提是分层解耦，分层解耦的本质是将流程要素对象化，将带有线序的过程和可被编排的活动相对解耦。这同我们玩的乐高积木有相通之处，活动是小颗粒度的，是整体的一部分，如同一块块的积木；整个乐高拼图是业务流程的汇聚，是由一块块积木有规则地拼接起来的。一块积木相对稳定，很多块积木的拼接则有很大的灵活性，要基于我们的设计，这样兼顾了灵活性和稳定性，更容易应对外部的不确定性。同样，这也是流程分层解耦设计的好处，更具有兼容性和敏捷性，因此也更能适配不同的业务场景，支撑业务的快速发展。

基于 Y 模型设计的流程架构在数字化方面与应用架构（AA）、数字架构（IA）适配起来更具优势。

三、流程架构设计方法——组件化业务模型法

组件化业务模型（CBM）法最初为 IBM 全球战略与变更业务咨询服务部（GBS S&C）采用，成为业务转换的指导方法。

CBM 法是一种推进企业内外部专业化的有效的流程架构设计方法。在企业内部，企业可通过 CBM 法重新审视并利用现有的资产和功能；在企业外部，企业可利用 CBM 法建立那些自身无法建立的专业化功能；内外部专业化

功能的综合使用可以帮助管理者评估整个企业的目标和战略，同时有效利用内外部专业化优势。总之，企业可以利用 CBM 法实现不断扩张和发展而不增加其复杂性，同时还能降低风险、推动业务提效、提高生产率、控制成本、改善资本效率、提高财务的可预测性。

CBM 的核心是业务组件（简称“组件”），组件是 CBM 的功能模块，每个组件包含业务用途、活动、资源、治理模式、业务服务五个维度，如图 4-5 所示。

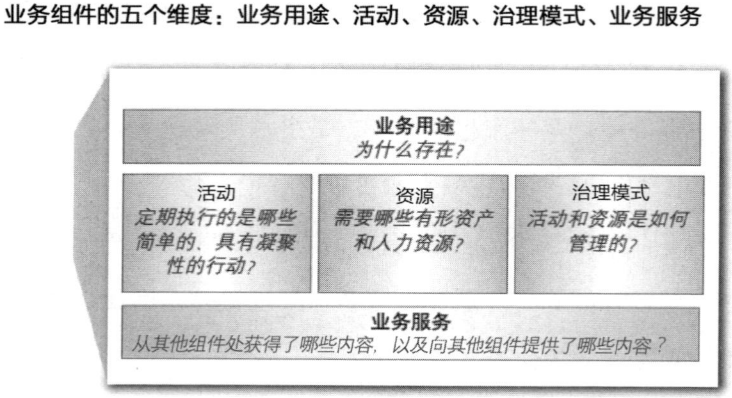
业务组件的五个维度：业务用途、活动、资源、治理模式、业务服务
业务用途
为什么存在？
活动
定期执行的是哪些简单的、具有凝聚性的行动？
资源
需要哪些有形资产和人力资源？
治理模式
活动和资源是如何管理的？
业务服务
从其他组件处获得了哪些内容，以及向其他组件提供了哪些内容？

图 4-5　业务组件

组件的业务用途是它在组织内部存在的目的，这表现为该组件向其他组件提供的价值。为了实现业务用途，每个组件都要执行一系列相互独立的活动。组件需要各种资源（如人员、知识和资产等）来支持这些活动。每个组件都根据自己的治理模式以相对独立的方式进行管理。与单独一家企业类似，每个组件都可以提供和接受业务服务。

组件的优势在很大程度上来源于其具备两个相关但截然不同的特性：首先，组件之间通过松散耦合方式进行链接，具备灵活、响应快、适用能力强的特点；其次，组件内部各活动的凝聚力强，可对外提供效率高、质量好的服务。

组件可将各种业务活动汇总起来，形成多个独立的模块，并在企业之间共享。CBM 可按照业务能力和责任级别两个维度对组件进行组织，通过这一模型，管理人员可以设想当前的业务活动是如何通过一系列相互联系的模块实施的，如图 4-6 所示。

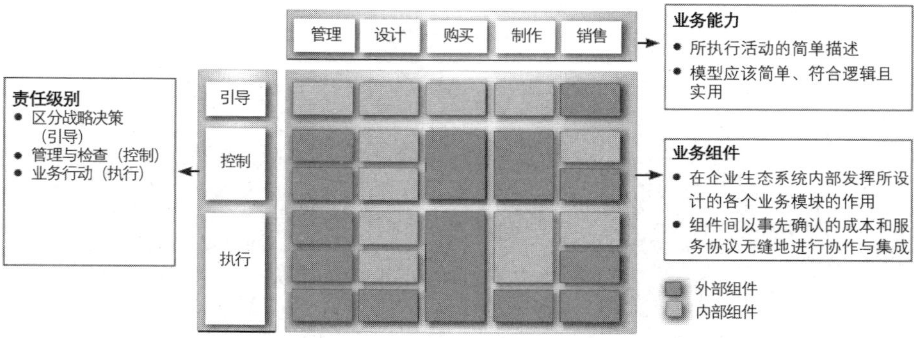

图 4-6　业务能力与责任级别

按照业务能力划分各种活动并形成组件，便于人们从较高层面掌握该组件为企业提供的价值。当然，具体到每家企业，在建立能力模型的时候会有不同的做法，但是基本的原则仍是各项活动都根据特定的业务能力进行排队。

企业通过 CBM 法将自身业务分解为一系列的业务组件，并按照业务能力和责任级别将所有的业务组件进行组合排列，形成业务的全局视图，如图 4-7 所示。

在图 4-7 中，中间是作为主体部分的业务组件，企业可以根据自身的实际业务进行填充，并与业务能力及责任级别关联起来。

CBM 分析包括三个阶段：洞察、架构、投资。在洞察阶段，可以通过现状分析（组织和流程）、参考模型形成企业的组件视图。在架构阶段，目标是确定业务组件的“未来”远景与“当前”状况之间的差距。这揭示出企业目前是如何组织其员工、流程和技术的。要掌握企业当前功能和市场位置的所有情况，如组织图、成本推动因素、应用程序组合、技术投资、关键的绩效测评标准和现有的流程。在投资阶段，需要评估如何弥补各种差距，企业可以实现多大的飞跃，可以承担多大的变化，企业应该首先将侧重点放在哪些领域，哪些方面可以迅速取得成功。经过 CBM 分析的三个阶段，企业将得出一个“转型路线图”，它指导企业从某个业务领域（比如客户服务）尝试组件化。

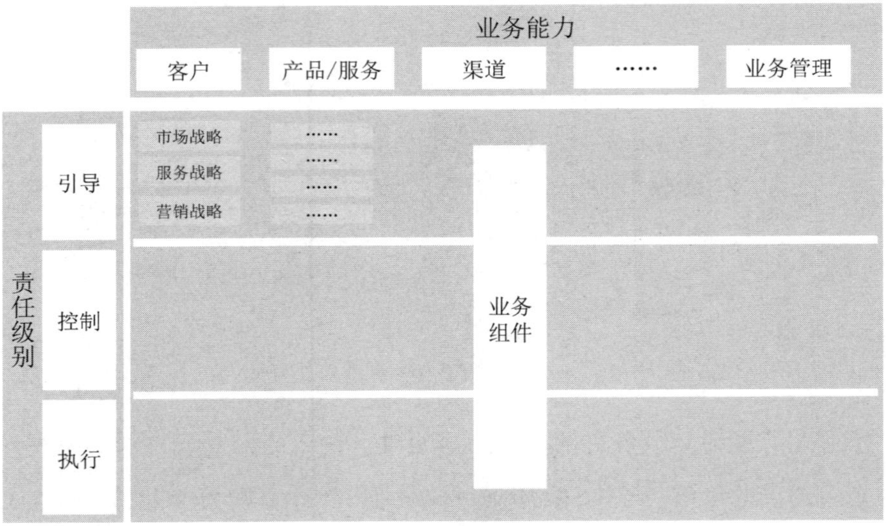

图 4-7　业务的全局视图

总的来说，CBM 法是一种分解企业业务的有效方法，通过业务组件映射到企业的业务流程（L1 ~ L3）上，同时可以进一步向下分解（L4 ~ L6），与组织架构建立匹配关系，支撑业务流程落地执行，支撑企业专业能力的提升。

四、流程架构设计方法——对标法

所谓“对标”就是对比标杆找差距。应用对标法，推行对标管理是指企业的目光要紧紧盯住业界最好水平，明确自身与业界最佳实践的差距，从而指明工作的总体方向。对于规模较大的集团化管理企业，它既可以将业界的最好水平作为外部标杆，也可以将企业自身的最好水平作为内部标杆。通过比较，可以增强自信，不断超越自我，从而更有效地推动企业向业界最好水平靠齐。

对标不是简单地模仿和抄作业，而是需要根据企业的环境进行有针对性的选择，比如局部对标、整体对标、内部对标、外部对标、异业对标和同行对标等。对标的方式不同，得到的最终结果也不尽相同。在流程架构的对标上，美国生产力和质量中心（APQC）提供的案例库是非常丰富的，先来了解其背景。

APQC 成立于 1977 年，原名“美国生产力中心”（APC），由《财富》500 强部分企业家、相关组织的负责人和政府前资深官员共同发起。1981 年，美国参、众两院议员组织考察日本生产力中心。1987 年，美国发起和承办了首届美国生产力“白宫会议”和“马尔科姆 · 波多里奇国家质量奖”。1988 年，APC 改名为 APQC，信奉“不推动质量管理，就无法推动生产力”。1992 年，APQC 发布流程分类框架（PCF）1.0 版，成为对标和最佳实践的社区平台。1995 年，APQC 开展知识管理（KM）。2003 年、2004 年、2008 年、2012 年、2013 年，APQC 荣获北美最受推崇的知识型组织奖。2016 年，APQC 发布了 PCF 7.0.5 版。2023 年，APQC 发布了 PCF 7.3.1 版。

从 1992 年发布的 PCF 1.0 版本，到 2023 年发布的 7.3.1 版本，APQC 在流程分类框架上不断更新的时间不可谓不久。与此同时，它还覆盖了航天、国防、航空、汽车、银行、广播、市政、消费产品、零售等行业，行业的覆盖面也不可谓不广。这些版本的 PCF 是基于国外一些领先企业的管理经验总结而来的，我们在对标的时候需要了解管理的理念、文化的差距，这对于我们来说也是很关键的。APQC 的 PCF 分解示例如图 4-8 所示。

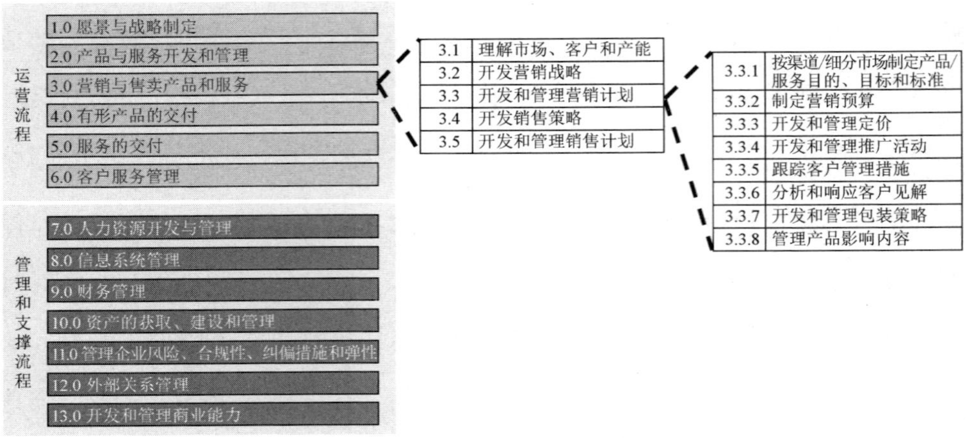

图 4-8 APQC 的 PCF 分解示例

因为每家企业都有自身的行业特性和产品特性，也有不同的商业模式及管理理念，所以对标法并不是拿过来直接使用的。据统计，对标 APQC 的 PCF 有四分之三需要做修改。根据企业实际情况进行适配是流程真正落地执行的关键。

PCF 除了可与 APQC 对标，还可与很多行业的成熟管理模型或领先企业的最佳实践对标。例如，在供应链领域，供应链运作参考（Supply Chain Operations Reference，SCOR）模型就成为各大公司对标的管理模型；在领先企业的最佳实践方面，源于 IBM、在华为公司发扬光大的 IPD 成为国内各大企业追捧的对象；MTL、LTC、ITR、ISC 及 IPMS 等源于华为公司的最佳实践，也逐渐成为广大企业梳理流程架构的标杆。

五、流程架构设计方法——其他方法

除了上文解读的流程架构设计方法与模型，企业在设计流程架构的时候还可以灵活地应用其他方法，比如 PDCA、生命周期和分类法等。这些方法是管理学通用的底层管理逻辑，虽然很难作为一个完整的方法、模型来推动流程架构设计，但是作为辅助的设计、验证方法来说还是比较有意义的。

上文解读的几种流程架构设计方法各有优劣势，企业需要根据自身的实际情况进行选择。在数字化转型十分流行的今天，华为公司基于实践总结出来的Y模型作为服务化V模型的一部分嵌入数字化大框架中，应该说是比较理想的方法。CBM法对使用者的业务理解能力、抽象能力及数字化基础的要求比较高，使用难度比较高。对标法是众多流程管理工作者习惯性选择的方法，但对标法的硬伤是选准标杆比较难，所选标杆除了公开的信息，很难完整地还原最佳实践的背景，可能产生“橘生淮南则为橘，生于淮北则为枳”的情况。要知其然，更要知其所以然，这是对标法能成功的关键。

第三节 流程架构实例

流程架构设计原则与流程架构设计方法是流程架构设计的具体“制造”环节，但它们只是流程架构设计中的关键环节而非全部，在实际操作过程中，企业还需要做很多前置的准备及善后的工作。我们强调流程管理要端到端打通，对于管理流程的流程而言也不能例外。

一、流程架构设计步骤

基于Y模型法的流程架构设计可以分为六个步骤，包括识别利益相关者及价值主张，识别/设计价值流，识别/设计业务能力，设计流程架构，开发流程架构说明文件，发布流程架构。

（1）识别利益相关者及价值主张。识别利益相关者是首要的，企业通常通过商业画布来做识别。同时，对应的价值主张也会在这个阶段呈现出来。流程管理的一个痛点是大家都强调流程要承接战略，但是怎么承接又难以讲清楚。在这个问题上，商业画布是一种有益的工具，是将战略转化到流程中的一个关键点。

（2）识别/设计价值流。价值流是流程架构设计的核心，企业需要基于客户旅程地图（Customer Journey Map）与触点（Touch Point）进行设计。不同的客户群体有不同的业务场景，客户旅程地图与触点不同，最终呈现出来的价值流也不同。2B 与 2C 业务模式的差别在这一方面体现得最明显。在实际设计中，有些 2C 业务模式的企业用 2B 业务模式的价值流套用架构，例如 MTL、LTC 等，对错了标，本质是对价值流的识别不到位。

（3）识别/设计业务能力。企业应从多个维度（战略、价值流、业务范围、领先实践、愿景等）逐层设计业务能力。业务能力的设计可以通过自上而下（Top Down）和自下而上（Bottom Up）两种方式进行设计。自上而下是指基于战略、价值流及价值流阶段进行业务能力分析和识别，首先粗颗粒度地定义能力组，然后不断地对业务能力进行细化。自下而上是指基于已有业务活动的聚合进行业务能力识别。通常，自上而下和自下而上两种方式结合使用。

（4）设计流程架构。有了价值流和业务能力，接下来就是拆解、组合它们了，这个阶段需要考虑业务的稳定性与灵活性，也需要考虑企业治理的诉求。在价值流方面，需要考虑价值流阶段的组合与排序；在业务能力方面，需要考虑共享能力和独有能力。在这个阶段，通常会同步输出流程架构视图，对上下游的流程架构进行一些关联验证。

（5）开发流程架构说明文件。流程架构通常用键盘图的形式展现，如果仅仅看一个模块，不同人看可能有不同的理解，很多隐藏在背后的信息也无法通过简单的词语表达出来，流程架构说明文件就是对流程架构的信息进行补充说明。通常，流程架构说明文件会详细说明流程定义、流程目的、流程负责人、下层流程和输入/输出关系等。

（6）发布流程架构。设计流程本身不是目的，应用流程架构才是目的。在确定流程架构及流程架构说明文件之后，企业需要在内部进行流程架构的评审，评审通过后正式发布。至此，流程架构设计的所有步骤才算走完了。

需要说明的是，并非所有的流程架构设计都需要走完所有的步骤，有些流程架构的变更、优化的影响比较小，可以根据企业的需要走简易的流程。流程架构也并非一成不变，在业务模式发生变化或有更好的管理实践的时候，还需要做迭代优化，对流程架构进行持续的管理。

二、流程架构设计标准交付件

流程架构设计选用了不同的设计方法，流程的步骤可能会有所差别，最终交付件也会有一些差别。通常，一个完整的流程架构设计流程跑完，核心的交付件包括流程架构图（键盘图）、流程架构视图、流程架构说明文件（流程卡片）。

流程架构图（键盘图）是流程架构的概览，用于从比较宏观的层面看待某个业务领域包括哪些业务模块，如图 4-9 所示。

通常情况下，流程架构设计到 L3 层级即可，个别比较复杂的业务场景可以设计到 L4 层级，基于企业业务的实际情况而定。

流程架构视图基于流程架构分解到的层级进行设计，目的有两个：一个是流程领域内的拉通，另一个是上下游流程之间的拉通。流程架构不是孤立的，需要作为一个整体来看待，所以，不可忽视架构层面的集成拉通。L3 层级的流程架构视图通常直接引用架构里的模块，L1、L2 层级都是可以直接被调用的，框架如图 4-10 所示。

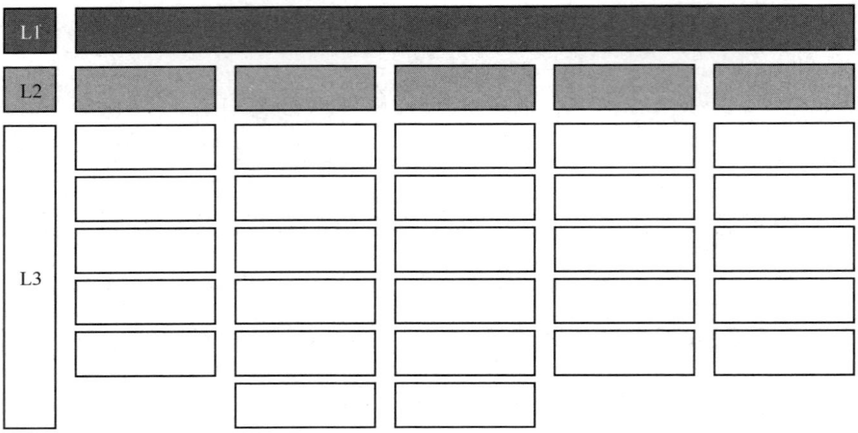

图 4-9　流程架构图（键盘图）

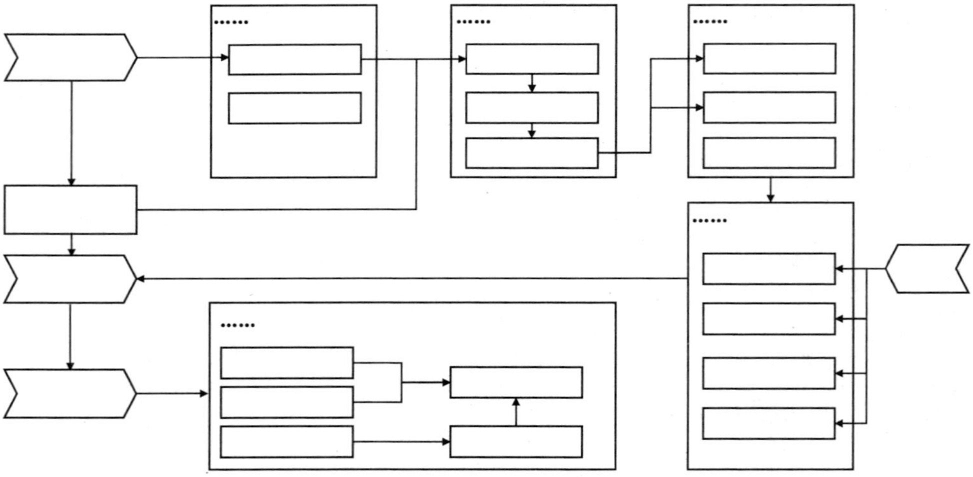

图 4-10　流程架构视图

流程架构说明文件对流程架构进行详细说明。与流程架构视图只做一个总的架构视图不同，流程卡片需要对 L1 ~ L3 层级（如流程架构分解到 L4 层级，则包括 L4 层级）的每一个模块进行定义，即流程架构图中每个模块都对应一个流程卡片。流程卡片包含的信息比较多，如图 4-11 所示。

流程名称		流程层级		流程架构编码	
流程描述			流程目的		
流程责任人			上一层流程名称		
包含的下一层流程					
流程输入（信息）					
流程输出（信息）					
流程起点					
流程终点					
流程绩效指标（含流程KPI）					

图 4-11 流程卡片

流程卡片是流程架构设计中比较容易被忽略的一块内容，因为信息量大，开发难度也比较大，是费时费力的硬骨头。流程描述、流程目的定义了流程模块的大体内容，为后面的流程分解提供指引。流程责任人是流程责任体系的落脚点，是流程后续落地执行的保障。上一层流程名称、包含的下一层流程旨在指明流程内部的关联关系。流程输入（信息）、流程输出（信息）则为后续的数据架构（IA）的具体展开提供流程基础。流程起点、流程终点则框定了流程的边界，是流程与外部衔接的关键点。流程绩效指标（含流程 KPI）是评估流程运行结果好或坏的维度，为后续流程的质量运营提供基础。

在流程架构设计的过程中会有关于价值流、业务能力等的过程交付件产生，基于所选择的流程架构设计方法的不同而不同，不作为标准的交付件看待。在实际做流程架构设计交付的时候，有些企业为了节约时间、成本等，只做流程架构图（键盘图），没有同步做流程架构视图和流程卡片，这会对流程架构的完整性产生影响。长期来看，没有这些辅助的交付件，企业对流程架构的定义就不清晰，不同人的理解可能不同，容易产生争论；不同流程领域之间因为没有流程架构视图拉通，也容易产生边界不清晰的情况。各种问题汇集到一起，流程架构图容易沦为一个貌似正确而又很难落地的框架。

三、流程架构示例

关于流程架构，因为不同企业的商业模式不同，对应的价值流与业务能力也就千差万别，价值流阶段划分上的差别也会使得流程在分类上有较大不同。各种因素相互影响，最后反映到流程架构图（键盘图）上就会有比较大的差别。同时，各个企业出于对流程架构的保密要求，在流程架构示例上只能选择已有公开流程架构案例的 APQC 的架构来做说明，与实际业务有一定的差别。

图 4-2 展示了 APQC 跨行业流程分类框架，提供了一个在水平分类上的参考模型，这里选择其中一个 L1 的流程分类展示到 L3。APQC 中的“3.0 营销和售卖产品与服务”的流程架构（L1 ~ L3）如图 4-12 所示。

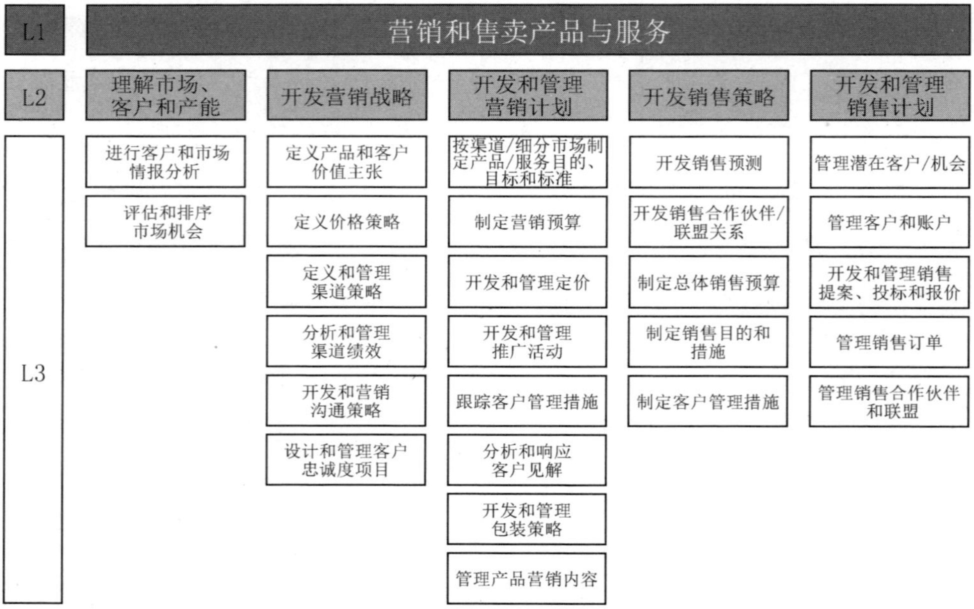

图 4-12 “3.0 营销和售卖产品与服务”的流程架构（L1 ~ L3）

在这个流程架构中，将营销和售卖整合到一个 L1 流程架构中，有一定的参考意义。在实际操作中，还是建议将它们分开在两个 L1 流程架构中，基于专业分工、组织架构设计等因素展开。

第三章第七节中讲解过流程视图，图 3-14 也是一个流程架构视图，在此不再赘述。

流程架构说明文件（流程卡片）的作用已经做过说明，其对于流程架构的分解、具体流程建设的重要作用是再怎么强调都不过分的。基于这一点，我们选择图 4-12 中的一个 L2 模块“理解市场、客户和产能”做一个通用版的流程卡片，如图 4-13 所示。

流程名称	理解市场、客户和产能	流程层级	L2	流程架构编码	
流程描述	收集市场、客户信息，对市场进行细分，确定市场空间大小，评估市场成长和趋势，进行市场评估与排序，选择目标细分市场；对目标市场客户进行细分，分析客户群体的行为习惯，评估客户体验和社交媒体影响力		流程目的	通过理解市场、客户和产能，提供详细的市场洞察信息，为决策者提供及时、准确的信息，支撑企业业务持续增长	
流程责任人	市场洞察部负责人		上一层流程名称	营销和售卖产品与服务	
包含的下一层流程	进行客户和市场情报分析；评估和排序市场机会				
流程输入（信息）	来自业务的需求				
流程输出（信息）	市场、客户和产能洞察报告				
流程起点	提出业务，理解市场、客户和产能，洞察需求				
流程终点	市场、客户和产能洞察结果已输出				
流程绩效指标（含流程KPI）	目标细分市场占有率、市场客户洞察报告及时完成率				

图 4-13　流程卡片

流程架构编码在第三章第四节的“流程文件编码”中做了解读，按照定义进行编码即可。一个流程卡片中可能有多个流程绩效指标，但具体的流程绩效指标在流程卡片中只呈现一种名称，需要建立流程绩效指标库进行专门的定义。其他栏位按企业实际情况填写。此流程卡片中的信息仅供学习使用，未经验证请勿直接应用到企业的实际业务管理中。

对于流程基础相对薄弱的企业而言，需要较长的时间来完成流程架构设计，这与企业业务的复杂程度成正比。在推动这项工作时，不论是企业自行设计还是请外部咨询公司协助设计，都要按一个项目来推进，确保资源的投入。在开始的时候需要明确架构设计最终交付件，定义好标准，这是项目验收的关键所在，也是牵引项目工作开展的关键所在。

第四节　流程规划

完成流程架构设计后，待规划的 L3 层级的流程通常有数百个之多，哪一个先梳理，哪一个后梳理？这成了大问题。做好流程规划，是完成流程架构设计后首先要做的工作。

一、万金油模式

每当提到工作的优先级排序，大家都习惯性提到要从重要程度、紧急程度两个维度着手，这就是传说中的万金油模式，好像都对，好像又总是缺少点什么。

图 4-14 为重要程度与紧急程度模型，中间的斜线是“黄金分割线”，黄金分割线下方是次选项，黄金分割线上方涂色部分是优选项。

重要程度与紧急程度模型是一个简单、直接、可参考的模型，具有积极的指导意义。但是该模型显得过于粗糙了，重不重要、紧不紧急的判断总是因人而异、相差甚远，甚至会有相反的结果。例如，某知名零售企业决定提高客户满意度，对应的举措有：增加维修网点，增加客服热线及服务时间，增加退换货渠道，简化退款流程等。这些举措哪些更重要呢？负责维修服务的同事会认为增加维修网点更重要，负责呼叫中心的同事会认为增加客服热线更重要，于是争论、内耗就开始了……谁对谁错很难说。

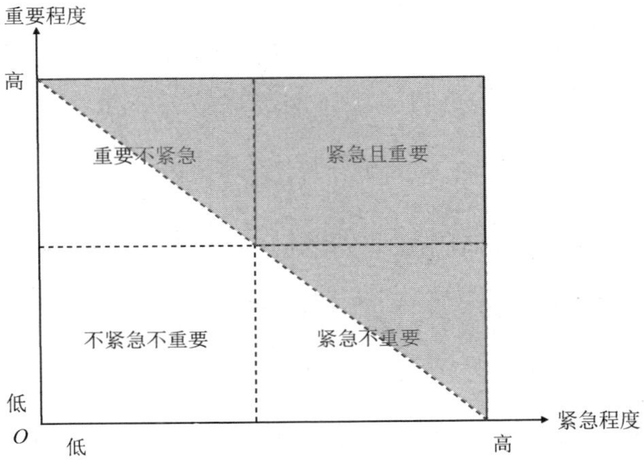

图 4-14 重要程度与紧急程度模型

二、华为业务价值模式

为了解决这个难题，华为公司在数字化转型的实践中提出了升级版的重要程度与紧急程度模型，如图 4-15 所示的业务价值与紧迫程度矩阵。

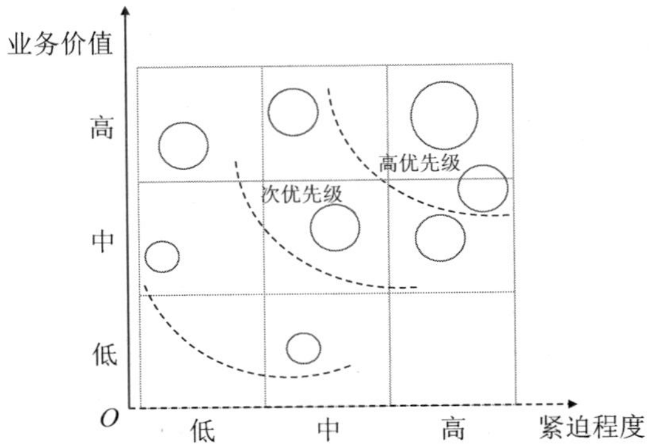

注：圆圈大小表示优先级的先后不同，圈子越大表示优先级越高。
摘自《华为数字化转型之道》。

图 4-15 业务价值与紧迫程度矩阵

华为公司对“重要程度”进行调整，将其改为“业务价值”，重要程度比较难量化，业务价值相对来说容易量化。怎样衡量业务价值的大小呢？华为公司给出了几个参考维度：是否与战略高度匹配，是否具有全局影响性，是否对各领域转型有牵引示范作用等。对这些维度进行打分，通过专家小组评分识别、评判业务价值。虽然仍有主观判断的成分，但是结果已经相对科学和可行了。

与此同时，企业还可以根据不同的业务场景对评估的维度进行增减，比如业务频次（日/周/月发生或执行的次数）、问题发生频率、财务影响、运营影响等。以业务频次为例，一年发生一次的场景与每天发生 N 次的场景对业务的影响肯定是迥然不同的。再以问题发生频率为例，如果是 3 年才发生一次的问题，那么对当下的业务来说，其肯定不如每天都发生的问题重要。

有些琐碎而频发的问题会成为解决其他问题的障碍，这是我们进行优先级排序必须要考虑的因素。而在紧迫程度上，通常会考虑安全、业务连续性等维度，具体的评分规则与业务价值类似。通过对这两个维度的细化处理，改变了过去拍脑袋式的决策方式，提升了效率与效果。

三、三维度模式

应该说，业务价值与紧迫程度矩阵提升了管理精细化水平，但这还不够。事实上，无论是我们习惯性使用的重要程度与紧急程度模型，还是经过华为公司升级改良过的业务价值与紧迫程度矩阵，都仅仅是从事情的价值大小角度出发的，紧迫程度从某种意义上说是对业务价值的辅助决策点，判断的是该事务当下的价值大小与意义，目标是价值最大化。它们缺失了关键的一环

“准备度评估”，即从可实现性的角度来判断价值的可获得性。价值再大，如果无法获得，不过是浮云而已，对于企业而言并没有太大的意义。在实际操作的时候还会遇到一个典型的场景，即业务价值与紧迫程度都高，但短期并不具备实施的条件，因为企业还没有准备好。那么怎样理解这个“准备度”呢？

2004 年，有咨询公司建议华为公司启动财务变革，但是任总（任正非）没有同意。就当时公司的情况来说，财务变革的价值大不大呢？可以肯定地说，很大；财务变革的紧迫性高不高呢？很高，公司都搞不清楚到底有多少资金、资产分布在世界各地，作为公司的领导者能不为此焦虑吗？如果从业务价值与紧迫程度两个维度来看，这不就是应该马上启动的项目吗？但是任总否决了，他认为如果在这个时间点启动该项目，公司可能崩溃。因为当时财务部门在华为公司里还是一个非常弱小的部门，根本没有做好变革的准备，尤其是没有充足的干部储备，尚难以主导一场财务变革。在此后的三年中，任总让财务部门加速扩充上千名骨干，在 2007 年才启动财务变革，即 IFS 变革。IFS 变革是华为继 IPD、ISC 之后赢得的一场具有战略意义的战役，是一场能让高层管理者更有底气决策的战役。

可以说，华为公司的 IFS 变革推迟三年再启动是一种克制的行为，是对准备度的清醒认知，而事实也证明这是明智的。

新增的维度“准备度”将业务价值与紧迫程度矩阵的二维度模型扩展为优先级排序三维度模型（用优先级排序三维度模型来呈现对准备度、业务价值、紧迫程度的评估），如图 4-16 所示。

应该从哪些更具体的子维度来评估是否已经准备好了呢？我们认为准备度有两个核心的子维度：人和资源。

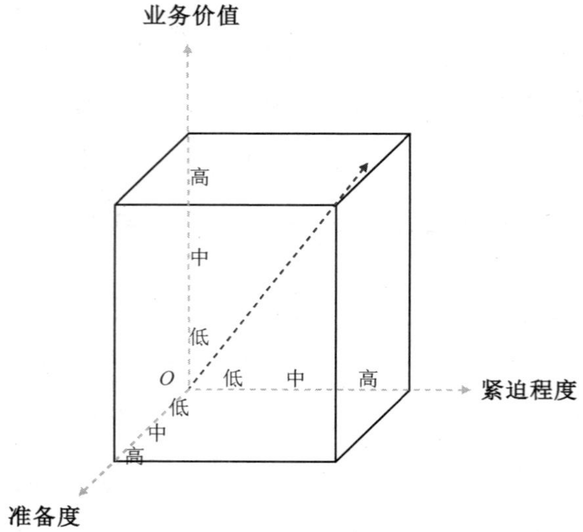

图 4-16　优先级排序三维度模型

关于人，又有三个子维度：有人、意愿、能力。以华为为例，华为公司任正非延后三年启动财务变革，解决的是“有人”的问题，有了人，后面的事情才变得有可能。有了人，也并非万事大吉，解决人的意愿问题是最大的难题。我们常讲“千金难买我乐意”，说的就是意愿。能力是指推动流程梳理需要的基本技能，包括对业务的理解、对最佳实践的研究及流程设计技能等。

资源是指推动流程落地需要（必需）的设备、系统、资金等。有些问题是在推动流程建设过程中逐步解决的，有些资源在启动流程梳理前就已准备就绪，尤其是在涉及大的流程变革的时候，必须提前做好必需的资源准备。例如，有些智能工厂的流程梳理涉及软件、硬件的协同配合，如果这些条件没有得到满足（如暂时没有这方面的预算等），则成功的概率不高。类似这种场景，需要具备了这些必需的条件之后才能正式启动流程梳理。举个更简单的例子帮助理解：一名小伙子原来是名大厨，现在想改行做滴滴司机，那么前提条件是得有驾照，还得满足取得驾照后有多年的驾车经验的要求，这些就是我们所说的“资源准备”。当然，在企业里推动总体的流程梳理，需要做的资源准备肯定会涉及方方面面，尤其是财务方面的投入，没有足够的资金不要轻易发起大的流程优化、变革，否则很容易导致半途而废或草草收场。

四、优先级策略

我们从业务价值、紧迫程度、准备度三个方面完成评估之后，产生了一个很好的清单，有了优先级的排序，通常情况下还要做一个优先级策略校验，或者在进行优先级排序的时候将它们融合在一起执行。

优先级策略是指我们选择变革项目的策略，总体来说，主价值链上的业务（如营销、销售、客服等）的优先级要高于支撑类的业务（如财务、信息等）。尤其是在企业资源非常有限且识别到的高优先级项目又比较多的情况下，就需要用这些基本的原则进行最后的筛选。

在涉及企业基础能力建设方面，要适当超前，尤其是在技术迭代比较快的领域，避免流程梳理、优化还没有推动成功就落后于友商。基础不牢，地动山摇，关键时候考验的往往是基本功。

总的来说，采取“重点突破，稳中求进，逐步深入”的策略是比较稳妥的。重点突破解决关键业务痛点问题，树立标杆；稳中求进是为了避免步子迈得太大、牵涉面太广而形成巨大的反弹力，避免影响流程建设的整体进展；逐步深入是指在解决了显而易见的问题之后，再去解决问题背后的问题，也就是我们常说的“深水区”。

在实际做流程规划的时候，流程管理部门需要起到统筹的作用，召集不同的流程负责人达成共识，做横向的计划拉通。每个流程领域都有自身具体的现实问题，需要将关联的（有依赖关系）部分进行节奏串联，确保不出现大量等待其他领域流程梳理做输入或输出集成拉通的情况。在具体的方法、工具使用上，企业需要在内部进行统一，并赋能业务部门相关人员。

第五节　流程架构分解

有了流程架构就有了流程建设的蓝图，有了流程规划表就有了大的里程碑，匹配到具体的流程管理组织，就可以开始真正的流程梳理了。

我们在流程设计原则里面提到，流程设计需要基于流程架构，避免进行打补丁式的流程建设。怎样将“基于流程架构”落到实处呢？实际上就是基于L3 层级（个别领域流程架构可能要到 L4 层级）的模块向下分解，然后基于分解的结果设计流程，最后推动流程发布、试点等。

一、流程架构分解逻辑

流程架构分解到具体的流程没有太特别的方法，主要通过结构化的模板进行分解，如图 4-17 所示。

在流程架构分解模板（又称“流程分解九宫格”）中，需要填写的栏位比较多，填写内容的过程就是分解的过程。起点、终点是对流程边界的定义。目的（功能范围）是对流程的价值和意义进行说明。输入是对流程触发的先决条件进行说明。供应商（流程）是对上游流程进行说明。输出是对流程最终的产出进行说明。客户（流程）是对下游流程进行说明。阶段/活动是基于业务场景对关键过程进行分解，对于流程架构颗粒度还比较粗的模块，只能分解到阶段；对于分解到阶段的，可以进行二次分解；对于可以分解到活动的，将关键活动节点写出来即可，在做流程图设计的时候再做详细的定义。KPI 是对衡量该流程的关键绩效指标进行展示，具体的流程绩效指标在流程说明文件中对应的栏位进行定义。流程使能器展示使用的方法、工具，如鱼骨图、5E 等。IT 使能器通常是指支撑流程执行的信息系统。组织使能器展示支撑流程落地执行的组织管理制度及其他相关工作，如培训管理制度等。

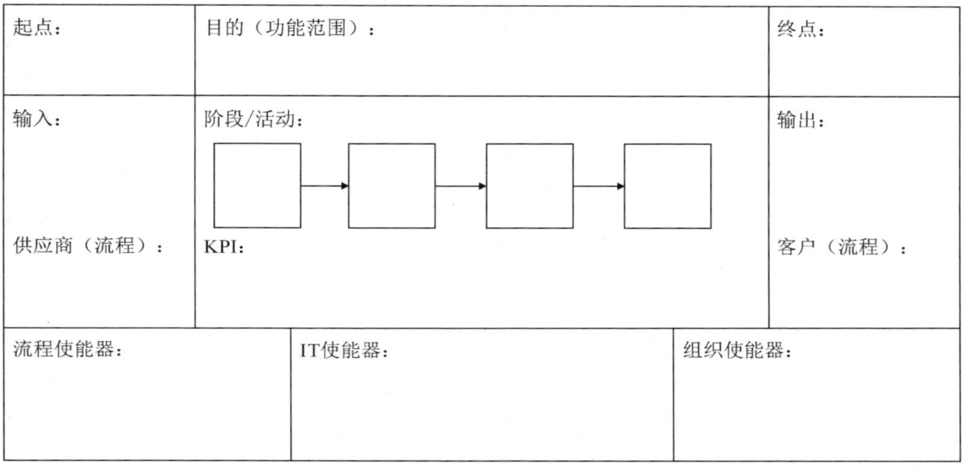

图 4-17 流程架构分解模板

流程架构分解模板栏位多，刚刚开始使用的时候会感觉比较烦琐，但结构化的好处是能保障输出的稳定、可靠，尤其是在进行复杂的流程架构分解时很有必要按部就班来做，避免顾此失彼。

二、流程架构分解实例

流程架构分解是比较复杂的过程，这里通过一个实例进行说明。实例选取的是集成供应链管理（L1）—管理仓储（L2）—存货管理（L3）下的其中一个业务场景的分解。在分解之前，首先要做的是存货管理（L3）整体业务场景梳理，如图 4-18 所示。

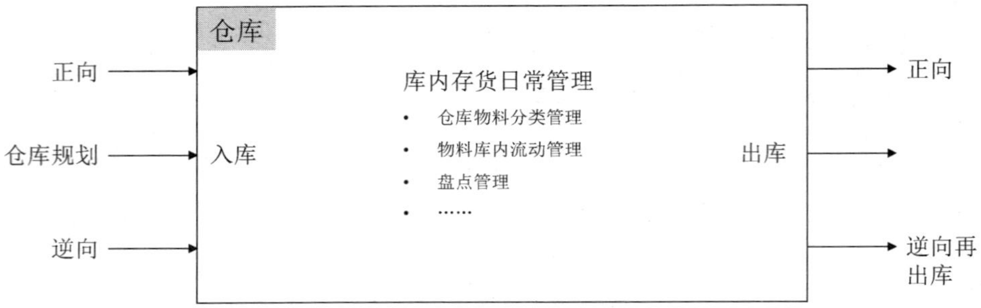

图 4-18　存货管理（L3）整体业务场景梳理

通常，存货管理（L3）整体业务场景梳理完成之后，需要按照流程架构分解模板输出一稿，这样可以清楚识别具体的业务场景/流程阶段，同时可以初步识别流程清单。由于篇幅限制，在此不单独列出，选择其中一个业务场景“盘点管理”进行下一步分解。盘点管理可以继续细分场景[如例行盘点、专项盘点（含财务半年度、年度盘点）等]。不同的业务场景可以分开来做流程架构分解，最后设计流程图的时候再来看不同场景之间的流程是否可以合并在一起。如果差异不大（少数活动不同），建议将它们合并成一个流程输出；如果差异较大（大部分活动不同），建议将它们分成不同的流程输出，方便管理。以例行盘点的流程架构分解为例，如图 4-19 所示。

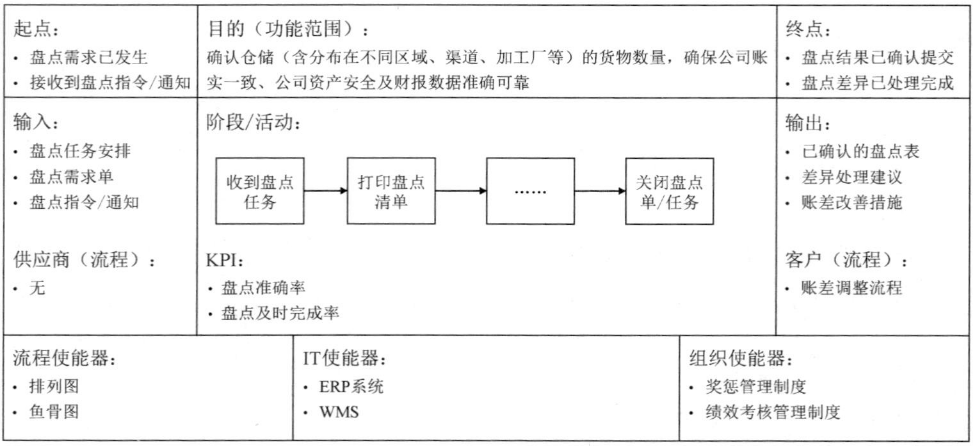

图 4-19　流程架构分解示例

按照不同场景进行分解后，进入下一个环节，即进行具体的流程设计开发。需要说明的是，在这个阶段，会有一些业务场景没有很严格的业务流，这个时候就需要通过制度、规范、标准等来管理，可以直接进入流程文件开发的环节，不需要进行流程图设计。这只是呈现的形式不同，具体的分解过程是一致的，只是阶段/活动部分变成了具体的管理要求。

三、流程设计开发

在第三章中，我们对流程全生命周期管理进行了详细的阐述，其中就有关于流程设计/优化与试点及推行的说明。基于流程架构驱动的流程设计开发适用同样的管理规则。当然，在具体的操作上有些小差别。

在第三章第八节中，我们将流程设计/优化与试点及推行分为几个阶段：需求分析，方案设计，文件开发，验证，试点，推行等。方案设计、文件开发、试点、推行等都是通用的，在需求分析方面有些差别。基于流程架构分解的流程建设是要考虑全业务场景的，这个和流程设计/优化与试点及推行不同，流程设计/优化与试点及推行是基于具体的业务痛点、业务需求进行的。当然，考虑全业务场景时不能简单地等同于要“大而全”，而是在做方案设计的时候要有一个总体的框架，基于总体的框架来决定先梳理哪一条流程、后梳理哪一条流程。

流程设计开发的流程是比较清晰的，这里需要补充说明的是流程设计开发的标准交付件。前面已经提到过流程文件分为六大类，包括管理体系手册、流程说明文件、制度/规范/标准、指导书/指南、模板、检查清单，不同的业务场景会使用不同的流程文件。

管理体系手册是比较高阶的流程文件，通常只有 L1 层级或个别 L2 层级会有，而且一个模块最多设计一个管理体系手册。相对来说，管理体系手册是比较独立的流程文件，其他文件都是对它的管理原则、要求的具体执行，部分有特殊要求的可能会涉及具体的模板支撑。

流程说明文件是整个流程文件体系中最复杂的部分，包括流程图、流程说明、职责分离（SOD）矩阵、流程遵从性测试计划等。SOD 矩阵和流程 CT 计划属于内控的范畴，但在流程文件开发的时候通常会一起设计，将业务能力构筑在流程上是流程型组织的核心理念，包括内控、风险、质量等的管理要求。流程活动如果有具体的指导书/指南、模板、检查清单，也需要同步输出。

制度/规范/标准是一大类，以约束、规范为主要目的。它一般是一个主体文件，个别比较复杂的还会搭配指导书/指南（或实施细则）、模板、检查清单等输出。

基于流程架构分解来建设流程是一种比较理想的模式，往往在流程几乎处于空白状态或初级阶段时才会做全新的架构分解。在大多数时候，尤其是已经做过一轮全面流程梳理的企业，通常基于业务痛点、需求来做流程架构分解，这个时候需要结合实际情况来推动具体流程的变革与优化。

第六节　流程变革与优化

流程承载业务，业务随着企业内外部环境的变化而变化，流程也必须随着业务的变化而进行变革与优化。关于流程是变革还是优化，一直存在不同的观点，有人是流程变革（又称“流程再造”）的坚定支持者，有人则坚定不移地支持流程优化，分歧点在于定义及相应的管理模式，比如什么是变革，什么是优化，如何管理，等等。

一、变革与优化的定义

说起流程变革，很容易让人联想到 20 世纪 90 年代以迈克尔·哈默为代表推动的流程再造运动，轰轰烈烈，成为那个时代的缩影。

事实上，关于变革与优化之间的边界问题，不同人的定义不同，有所争议在所难免。一般认为，变革是改变事物的本质，优化是使事物变得优异。从流程的视角来看，变革=BPR（Business Process Reengineering，业务流程再造），优化=BPI（Business Process Improvement，业务流程改进）。尽管有了定义，仍然分不清它们的人不在少数。为了方便管理，我们将变革与优化的定义和流程架构的层级关联起来，将涉及流程架构 L1～L3 层级的调整定义为流程变革，将涉及流程架构 L4～L6 层级的调整定义为流程优化。

当然，还可以进行更精细化的管理，如涉及流程架构 L1～L3 层级的调整可以细分为战略级变革、企业级变革、部门级变革，涉及 L4～L6 层级的调整可以细分为优化 A、优化 B 等。这些精细化的管理可以根据企业的习惯进行命名，各个层级对应的流程架构层级也可以根据需要进行匹配，除了流程架构层级，还可以多设置一些维度来评估变革、优化的层级（如影响范围、变革/优化的投资、时间周期等），通过评估计分来确定层级。当然，精细化管理意味着前期投入会比较多，有得有失，需要平衡。

二、流程变革

流程变革是涉及比较高阶的流程架构 L1～L3 层级的调整，涉及或影响到的部门、人员比较多，相对来说复杂度比较高，难度也比较高。变革也必然涉及职权、利益的重新分配，遇到的阻力是天然存在的。时间周期长、影响面广、复杂度高等因素综合起来使得流程变革的失败率很高，流程型组织转型似乎成为可望而不可即的“星辰”。

如何提升流程变革成功率是诸多管理学者、企业家关注的焦点，库尔特·卢因（又译为“库尔特·勒温”）的变革三阶段和约翰·P.科特的变革八步法都是有益的探索，也得到了广泛的实践，取得了令人瞩目的成就。这些经典的理论在这里不再赘述，需要强调的是流程变革必须以项目的方式推进。具体的项目阶段包括流程变革规划，立项阶段（项目章程开发阶段），概念阶段，计划阶段，开发阶段，验证阶段，试点阶段，推行阶段，持续运营阶段。

（1）流程变革规划。流程变革规划是流程规划的一部分，是与业务规划同步完成的。通常，企业做战略规划（SP）的时候会识别战略举措，作为年度经营计划（ABP）的输入；在每年年底做年度经营计划的时候会对战略举措进行解码，解码的结果作为企业级或部门级重点工作来管理。例如，在华为公司，每年第四季度，业务部门会与负责变革的职能部门沟通，反馈流程执行中的问题、业务痛点等，结合公司整体战略规划，最终确定来年要做的流程变革项目，包括流程变革范围、目标、预算、计划等。这样操作的目的是与战略挂钩，承接好战略，同时对准业务问题与痛点，为业务运营扫清障碍。

（2）立项阶段（项目章程开发阶段）。规模大且业务复杂程度高的企业，管理相对精细化，会单独设立一个立项阶段，承接流程变革规划来做项目立项申请，这可以基于实际情况而定。这个阶段需要完成项目团队组建、明确变革需求和立项评估等工作。

（3）概念阶段。这个阶段主要输出高阶的业务流程变革方案，同时要继续评估流程变革的关键资源是否准备就绪，如果条件不成熟，可以申请暂停或关闭项目。

（4）计划阶段。有了团队和高阶方案后，在计划阶段就要分解成详细、可落地的工作计划了。通常，项目立项的时候有大的项目里程碑，到了计划阶段就要做具体的任务分解，比如工作分解结构（Work Breakdown Structure，WBS），基于分解再做滚动的计划。

（5）开发阶段。在开发阶段，团队基于前面的高阶方案进行具体的流程开发，同时，如果项目范围包括 IT 的流程，则需要同步做 IT 需求的代码实现。流程与 IT 一体化是数字化转型的大趋势，所以最好能将它们融合在一起推进。

（6）验证阶段。对于流程变革来说，在开发出具体流程后，还需要对业务场景进行复核，确保业务场景都能被覆盖。如果个别业务场景因为时间、成本的原因导致暂时不能被覆盖，则要做好应对方案及后续处理计划；同时，要进行流程的集成拉通验证，确保上下游流程能端到端打通。

（7）试点阶段。在验证阶段之后，基于实际情况推动试点。条件允许的情况下，一般会按区域、产品线等不同维度进行试点。特殊情况下，无法剥离单独试点的，则试点与推行一起完成，有应急预案。另一个备选的方式是流程干跑（Dry Run），即模拟真实环境进行试跑，这个代价相对比较小。任正非曾就变革提出过“七个坚决反对”，其中之一是：坚决反对没有充分论证的流程进行实用。如果在验证阶段和试点阶段识别不出流程的问题，那么到了实际运营的时候，流程问题很容易暴露，导致业务混乱甚至中断。

（8）推行阶段。有些公司将该阶段称为“部署阶段”。在完成流程试点后，要对试点的效果进行评估，确认流程是否达到可全面推行的要求，对推行的成熟度进行评估。具体的推行过程比较复杂，华为公司曾总结过推行的“三阶十六步”，可以作为一个参考的模型。推行的最后一步动作是转运营，即把日常运营的方案交付给业务方。

（9）持续运营阶段。流程转运营之后，就进入持续运营阶段。持续运营是流程变革方案最终体现价值的阶段，这个阶段需要评估流程变革的预期成果是否达成，并将结果、问题等汇总，作为后续流程变革、优化的输入。这个阶段的关键是防止变革回潮，出现反复的话很容易前功尽弃，又回到老路上。

变革无易事，管理无恒式。对于流程变革的过程管理而言，以项目的方式分阶段推进，被证实是理想的方式。

三、流程优化

流程优化是迷你版本的流程变革，所以在具体的流程管理方面做了简化，通常包括这几个阶段：策划立项，现状分析，重新设计，验证发布。

（1）策划立项。流程优化需求源源不断地通过业务部门、质量运营、外部要求等渠道输入，通过优先级排序后启动沟通，各个流程相关者与流程负责人沟通获得相互支持。在确定流程优化需求后，流程负责人与各个流程相关者沟通确定流程优化小组成员。一切就绪后，正式申请流程优化立项或备案。对于流程优化，是否需要做正式的项目立项，基于企业的管理现状来定。对于规模比较大、优化需求比较多的企业，做正式的项目立项会好一些，避免优化太多、太频繁而产生负面的影响；反之，则可以采取备案制，做简易的备案，流程管理部门负责跟进优化进度及效果。

（2）现状分析。哈佛大学知名教授理查德·泰德罗有言：“在讨论未来之前，我们需要首先了解现状。”对于流程优化来说亦然。在现状分析阶段，首先要做的是呈现当前业务流程，即看清待优化流程实际运行的情况。具体的措施包括收集资料，绘制流程图，问卷调查，相关人员访谈，流程工作坊等。通过各种方式了解业务运作的问题、痛点，识别流程优化点。

在现状分析阶段，可能会用到价值分析法、成本分析法、时间分析法、根因分析法、对标法等多种方法。

① 价值分析法。应用价值分析法时首先要对价值进行定义，识别流程活动中的价值并评价。为客户创造、交付价值是流程的本质，这个是怎么强调都不过分的，所以从客户需求出发，评估这些活动是否是客户期望的、客户是否愿意为此支付等，需要基于产品、服务的实际增值计算。有些流程活动对于客户来说并非必要，或者说客户并不关注，但是对于组织来说又是必需的，这种流程活动属于组织的增值行为（内控与风险管理等便属于增值行为），需要根据业务实际予以保留，但要控制这类流程活动的量。对于外部客户、监管机构强制要求的流程活动，则必须保留，比如与环保相关的活动，其他的非增值行为/活动则是可以优化的点。

② 成本分析法。无论是客户还是企业，任何流程活动都可以认为是投资行为，责任方既要计算流程活动的价值增值，也要考虑流程活动执行的成本要素，计算投入产出比（ROI）。通常价值分析与成本分析会结合在一起进行，以做出总体评估。

③ 时间分析法。对于很多业务来说，时间的浪费是最大的浪费，使用时间分析法来管理这些业务的过程是比较有效的。评估单位时间的产出，以此来推动哪些点是待优化点。

④ 根因分析法。很多提出的流程优化需求，只是知道业务有问题、运营有异常，至于是什么原因导致的问题则无从谈起。对于这种类型的流程优化需求，负责流程优化的团队需要通过进行根因分析来挖掘导致问题的原因。问题树、鱼骨图等是常用的方法。

⑤ 对标法。有很多流程，大家很难意识到其中的业务本身有问题，因为

存在惯性，长期以来大家已经习惯这样干了，在运营没有出现新问题的时候，大家优化流程的意愿并不强烈。也有一些问题，分析来分析去，没有找到合适的解决方案。类似的场景还有很多，这时可以使用对标法来解决问题。例如，公司现在从接到订单到货物配送到客户手中需要 1 周时间，但是竞争对手只需要 3 天时间，竞争对手为什么会快 4 天？公司可以对标分析竞争对手在哪个环节做得更好，然后去做一些优化。对标法应该是比较直接的分析方法，差距对比出来后，接下来就是优化了。

（3）重新设计。分析了差距和问题的原因，接下来要进入重新设计阶段。如何让新设计的流程更有优势呢？常用的方法有取消（Eliminate）、合并（Combine）、重排（Rearrange）、简化（Simplify）、增加（Increase）、自动化（Automate）。

① 取消。取消是最常规的操作，对于冗余、不增值的活动，直接取消即可，一个典型的例子是“不拉马的士兵”。当然，在进行取消操作前需要评估其是否会影响正常的业务运作，以避免出现优化比不优化还差的局面。

② 合并。有些活动，对产品或服务不增值，对组织增值；有些活动，因为颗粒度等原因会耗费太多资源；这些“食之无味，弃之可惜”的活动，通常会被合并。既不能弃之不管，又不能听之任之，通过合并的方式可以兼顾对这些活动的需求，同时降低管理的成本。

③ 重排。重排是指对工作的顺序进行重新排序。通常是原先的活动排列不合理，通过重排来减少等待或不必要的沟通协调等情况。流程的基本表现形式有三种：串行，并行，反馈。重排的时候，最常用的方式是将串行改成并行，这样可以减少等待时间，但是也必须留意可能出现的沟通、协调障碍，需要有效解决不同角色之间的信息同步问题。

④ 简化。简化在操作类的活动中比较常见，比如简化动作、活动，减少

不必要的消耗。

⑤ 增加。增加是指在现有的流程中增加新的活动，以此来提升产品品质、增加产品功能、降低风险或为后续工作做准备。很多流程管理工作者在增加新活动的时候都比较谨慎，其实大可不必。基于投资或价值分析的视角来看，如果增加新活动是有利的，那有什么好担心的呢？

⑥ 自动化。无论是机器人流程自动化（RPA），还是更先进的人工智能（AI），信息化、自动化使很多活动或被合并或被取消或被简化，达到流程优化的目的。

通过一系列分析、优化和文件开发，全新的流程就完成了。接下来要进入验证发布阶段。

（4）验证发布。在验证发布阶段，首先要评估优化后的流程是否具备试点运行的条件，或者是否需要先试点运行才能实际应用。评估的要素主要是流程影响的范围、程度等。如果需要试点运行，则先选定试点运行的区域或产品线等，做好试点运行前的沟通、培训工作。在试点运行后，对试点运行中发现的问题点进行优化，并评估流程是否达到正式运行的标准。

对于试点运行没有问题的流程，需要视情况评估其是否需要进行一个正式的流程推行。对于相对比较复杂的业务场景的流程优化，推行是一个必要的程序，包括确定流程推行策略，拟定具体的推行计划，组建推行小组，推行实施，推行总结与转运营。在流程正式运行一段时间后才能进行全面的流程优化的效果评估，评估的结果作为后续流程再优化的一个输入，同时也是对流程立项目标是否达成的检验。对于业务场景比较单一或影响范围比较小的流程优化，流程的推行可以做简化处理。

完成流程推行后，流程进入实际应用环节，流程优化告一段落，开始进入日常的执行、监控阶段。

流程变革与优化是流程保持活力的必要手段，长期没有变革、优化的流程容易僵化。流程变革与优化也是组织能力不断提升的推动器，通过流程变革与优化提升客户体验、提高运营效率、减少浪费及降低风险，企业更具有竞争力。

第七节　流程变革与优化案例

案例一：H公司手机备件业务流程变革

（一）公司背景

H公司是全球领先的信息与通信技术（ICT）解决方案供应商，专注于ICT领域。在电信运营商、企业、终端和云计算等领域构筑了端到端的解决方案优势，为运营商客户、企业客户和消费者提供具有竞争力的ICT解决方案、产品和服务。

（二）变革前业务

在变革前，H公司的手机业务模式以2B2C为主，即通过运营商或渠道分销商卖给消费者。因为H公司不直接面向消费者，所以手机业务的消费者服务模块业务主要依靠运营商、渠道分销商来做。2012年，H公司进行了战略方向调整，从原来的2B2C模式向2C模式转型，开始直接面向消费者，这就需要原有的业务流程发生颠覆性的改变。以消费者服务模块业务为例，它涉及用户管理、服务策略与服务解决方案、维修等业务，如何快速搭建这个业务流程体系是需要解决的急迫难题。这时候，主要竞争对手在消费者维修服务满意度方面达到了92%～95%，H公司的对应满意度则在72%附近徘徊。

（三）变革实施

为了承接公司的战略，业务部门会同流程变革部门开始做流程变革规划，同时也做IT规划。在规划阶段，明确了流程变革的目标、预算和大致范围，并就变革的大的路标达成了共识。变革指导委员会决策后，确定业务负责人（流程负责人）作为项目发起人安排后续的变革推进事宜。

有了规划，接下来就要运作项目立项了。项目发起人发起沟通，确定项目经理人选。由项目经理识别项目利益相关者并启动沟通，组建项目团队，项目团队成员包括项目经理、项目管理办公室（Project Management Office，PMO）代表、业务代表（仓储代表、物流代表等）、流程代表、IT代表、数据代表等。同时，基于流程变革规划安排进行前期的访谈，推动项目立项。

完成项目立项后，由业务代表、流程代表、IT代表等相关人员进行深度的业务调研，与各个区域的业务管理人员深度交流，并深入当地考察业务运作的现状，收集竞争对手在当地的业务运作模式及经营情况。完成调研后，输出高阶方案，并组织相关人员评审。评审的结论是"有条件通过"，即遗留了部分问题，主要是业务模式与竞争对手的对标情况。行业标杆A公司备件主要采用买断模式，即A公司的维修网点直接向A公司买备件用于维修，维修后再根据保修、非保修不同模式进行结算；行业标杆S公司则采取现金补偿模式（主要模式）和出借模式（辅助模式）。H公司的备件管理适合采用什么模式？优劣势在哪里？这需要更翔实的数据支撑。

基于高阶方案及评审的意见，项目团队继续完善报告，同时开始制订详细的项目计划，包括任务分解、时间及人员安排、交付件定义等。

完成计划制订后，开始进入实际的详细方案设计、开发阶段。同时，IT侧也同步做IT需求分析以与业务流程方案做适配，进行软件包导入等工作。在开发阶段，开发完成具体的流程文件，同时IT系统完成测试、联调工作。在这个阶段，项目组经过讨论，最终选择了以出借模式为主、现金补偿模式为辅的备件管理模式，在个别特殊地区允许（经过特殊审批，通过后可以执行）采用买断模式作为补充以支撑当地的业务发展。

完成开发阶段后，进入验证阶段。在验证阶段，流程需要做端到端的集成验证，IT人员需要做系统数据的前期清洗、系统部署和用户验证测试等工作。

完成验证阶段后，项目组做了一次试点准备度评估，获得通过。前期选择了中国区一个办事处进行试点，与当地办事处相关人员沟通确认后进行培训赋能、系统部署和维修网点的相关沟通等。各个方面筹备妥当后开始试点，同时，在试点中记录发现的问题点，进行方案优化。持续进行了三个月的试点后，开始扩大试点范围，从一个办事处扩展到三个办事处，然后在全中国区试点推行。中国区试点后，对试点过程中出现的问题进行方案优化，进行全面的试点评估，并结合业务进行推行准备度评审。

推行准备度评审获得通过后，成立正式的推行小组，制订具体的推行策略、方案和详细计划，按计划推行。

结束推行后，制定转运营方案，将项目方案移交给业务人员，进行项目效果初步评估及结项评审。项目在结项评审后关闭，项目组解散。

（四）变革后业务

变革后的备件管理模式发生了比较大的变化，应用多种模式共存的方式应对外部不断变化的需求。出借模式占了80%左右，这种模式的好处是交易简单，前期并不发生真正的交易，维修网点交押金即可提走货物，维修完成后再结算。现金补偿模式占了15%左右，这种模式的好处是公司的风险较低，但是维修网点有一定的资金压力，所以并不是主要的模式。买断模式占了 5% 左右，主要考虑到有些国家或地区特殊的经营环境和法律法规要求，作为补充手段存在。

（五）变革成果

由于采取的备件业务模式比较灵活，H 公司减轻了维修网点的资金占用压力，维修网点开始有计划地推进备货，维修的缺货率降低了，维修的及时率稳步提升。推行半年后，在消费者维修服务满意度方面，H 公司的数据由 72% 上升到了 94%，接近行业最佳水平。同期，H 公司的主机出货量大幅增加，备件库存则基本维持不变，库存周转率得到了大幅提升。推行一年后，消费者维修服务满意度提升到了 97%，处于行业领先的水平。

除了在维修服务方面实现了优异的业绩，灵活的备件管理模式还拉动了备件销售的增长，维修网点的贴膜、保护壳、耳机等备件销售大幅提升，实现了公司与维修网点、消费者的多赢。

业务流程变革是最能锻炼人的，经过两年多的变革项目锤炼，参与项目的业务代表的职级与岗位都得到了提升，部分人员走上了部门负责人的岗位。人们贡献业绩、贡献人才、贡献变革项目成功经验等，实现了项目预期的目标。

案例二：SC 公司出差流程优化

（一）公司背景

SC 公司位于广东深圳，是一家电子元器件供应商，经营范围包括微型声学器件、新型电子元器件、集成电路、新型材料、物联网技术的研发、设计、技术转让、技术咨询等，产品广泛应用在汽车、计算机、医疗设备、通信工具、工业控制、军事及航空工业等领域。

SC公司基于贴近客户的战略考虑，在广东深圳、广东珠海、江苏昆山等地设有生产基地，在法国巴黎、德国柏林、美国纽约等地设有研发中心及办事处，是一家总部在中国的国际化公司。

（二）优化前业务

由于SC公司的子公司较多，分布的城市也较多，事务较多，业务场景比较复杂，为实现资源共享，快速响应市场，很多研发、市场、工程等同事不是在出差就是在准备出差，这成了他们的工作日常。

SC公司前期梳理过流程，也有信息系统做支撑，但是总体来说公司管控比较严格，尤其是费用方面。出差是费用的消耗大户，所以审批特别多。出差申请需要审批，一群领导签字；办理签证也需要审批；异地办公、门禁申请，都需要审批；去机场及从机场到办事处、子公司派车接送，还需要审批；异地办公无法打卡、考勤异常，需要审批；回来了要申请报销，需要审批……

员工出差频繁的部门，部门负责人的很多时间被各种各样的审批占用了。对于员工来说，审批来审批去，最后意见都是“同意”，但是长时间的等待、各种申请单使人很窝火。于是，各种抱怨就来了，流程优化的需求提上日程。

（三）优化实施

流程负责人与流程管理部门沟通，准备针对出差流程做一次优化。由于SC公司对流程优化比较谨慎，所以在正式开始之前做了一个立项申请的工作。

流程负责人构想只做一些简化，初步定义这次流程调整需求为优化类需求，但考虑到影响的人群比较广，还是按公司要求组建了正式的项目组，项目组成员包括项目经理、项目助理、流程经理、IT经理、业务代表（研发代表、销售代表、市场代表、工程代表，以及几位出差大户派出的代表）。然后开始筹划立项的资料，启动相关方沟通工作等。经过一个多月的准备，立项申请经过评审，获得了通过。

立项完成后，项目经理负责组织，流程经理负责做现状分析，IT 经理和业务代表提供数据、信息支持。在这个阶段，流程经理对过去三年的审批数据进行了整理、统计分析，对各个审批点的价值、时间周期等做了对比，评估其成本与价值。其间组织了多场流程工作坊进行研讨，将财务费用报销人员也拉了进去，听取他们在费用控制方面的诉求。前期做了充分的数据分析、研讨后，SC 公司收集了同行的数据并进行对标，通过对标发现差距并识别可优化的方面。

基于前期分析的结果，SC 公司开始着手进行流程的重新设计。在设计阶段，IT 经理同步启动 IT 系统的需求分析。出差流程优化的核心问题是重复审批太多，简化与自动化是主要的优化手段。基于这些判断，流程经理重新设计了流程方案、绘制了流程图，并与业务代表进行沟通，组织流程方案评审。流程方案评审通过后，正式开发流程文件。IT 经理基于流程方案开发 IT 系统方案，并组织人力进行系统代码实现开发。经过近两个月的开发、测试、验证，流程与 IT 系统都处理完成了。

考虑到出差的场景并不是特别复杂，经过项目组评估决定，试点与推行一体进行。前期进行宣传、培训，确保大家清楚流程、知道 IT 系统操作流程。经过一个月的推动，新的流程与 IT 系统都跑顺了，项目阶段性关闭。

（四）优化后业务

从前，一名员工出差，每做一件事情都要审批，出差申请、签证、订票、派车，等等。现在只要一次申请，直属上司及间接上司审批通过，后面的签证、订票、派车等直接推送给相关的执行部门，按需执行即可，不需要再单独提交申请单让申请人的上司审批，因为他们已经在出差申请单上审批过了，后面是附带产生的业务，不用重复确认。

关于报销申请，虽然对标出了差距，但是因为公司性质与系统支撑问题，短期内不可能建立起类似华为公司的个人信用管理体系，所以报销这一块依然保留原来的财务审核票据的环节。

（五）优化成果

经过优化，SC公司简化了30多个审批节点，同时通过IT系统打通了订票、酒店、考勤等信息系统，效率大幅提升。以考勤为例：

优化前，深圳的员工到江苏昆山工厂出差，如果负责门禁考勤的同事没有及时处理申请单，员工到了当地工厂，保安是不让进的，即使在烈日下暴晒也要等流程处理完才能刷门禁进去。优化后，只要出差申请审批通过了，考勤信息通过IT系统直接推送到公司系统，员工到了出差目的地就可以正常刷门禁、考勤，不再需要等待了。这一方面减少了考勤专员机械性的工作，另一方面也减少了因为单据处理不及时导致的各种考勤异常、门禁异常等问题。员工的体验改善了，总体的成本也降低了，一举多得。这也充分体现了“流程要基于服务而非管控”的理念的价值，服务并支撑上下游做好工作才能实现流程的价值。

总的来说，经过这次流程优化，大家对出差流程的满意度提升了，尤其是领导大幅减少处理这些琐碎审批事务的时间后，能腾出更多时间处理更重要的事情，这个是很难简单地用多少钱来衡量的。领导的时间与精力是公司最宝贵的资源，把他们从琐事中解放出来是对公司最大的贡献。

第五章

流程高效运转的保障机制

通过搭建流程架构（L1～L3），公司有了一个业务全景图，基于流程架构的分解与建设，一摞摞的流程文件就被开发出来了。流程文件开发出来了，是否就大功告成了呢？其实不然。

我们在做咨询项目的时候发现，一些公司开发了成堆的流程文件，最后束之高阁；也有不少公司，流程文件写的是一套，实际执行的又是一套，妥妥的两张皮，流程成为摆设，甚至成为某些别有用心的人推脱责任的道具；当然，更多的情况是，很多公司开发了成堆的流程文件，也执行了，但是效果很差，流程甚至三十年不变，完全僵化了。每家公司的情况不同，但总的来说是运转得并不理想，不仅仅包括管理基础比较薄弱的中小型公司，也包括一些知名的大公司。

如何破解这些老大难的问题呢？这需要建立流程保障机制，包括流程责任体系（本章第一节、第二节）、流程指标测评体系（本章第三节、第四节）和评估机制（本章第五节、第六节）等，下面先来看看流程责任体系。

第一节　流程责任体系

在流程型组织中，我们强调以流程为主线贯通需求与交付，打通了部门墙，但也带来了新的问题。端到端流程为客户价值创造和交付搭建了一个更合理、更高效的框架，但是工作还是由员工完成的，员工已经习惯了在传统的纵向控制模式下工作，职能部门的负责人也在各自的部门中发挥了重要作用，具备了很高的地位与权威，横向的流程对他们的作业模式产生了冲击。

如果没有一个人对流程自始至终负责，可以预见，流程依然难以被很好地执行。这就要求组织设计一个新的岗位来承担这个角色的职责，这个角色就是流程负责人（又称“流程所有者”）。

一、如何确定流程负责人

流程负责人是对端到端流程负责任的角色，对于大部分企业/公司来说，这是一个全新的角色。如何确定这个新的角色，以及如何让其正常运转，依然充满挑战。

在传统的纵向控制型组织中，部门负责人就是单一部门的负责人，这个界定是比较清晰的。在流程型组织中，流程负责人的界定则要复杂一些。确认流程负责人的原则是流程与业务保持一致或建立匹配关系。

流程架构中有不同的层级，从 L1 到 L6。组织架构中也有层级，有一级部门、二级部门、三级部门……每家公司管理的复杂度不同，设置的组织层级也会有所差别。在两者之间建立匹配关系，就可以找到对应的业务负责人，这名负责人就是流程负责人。这在业务模式相对简单的公司比较容易做到，在产品、区域结构比较复杂的公司推行则会遇到比较多的障碍。

对于以产品品类划分不同部门或事业部的公司，基于流程架构与这些部门或事业部做匹配。如果流程架构是共用的，则找其共同的上级作为流程负责人。当然，也可以在部门或事业部中选择一名业务负责人作为流程负责人，给予相应的授权，由其来推动总体的流程梳理。

对于区域结构比较复杂的公司，可以由集团层面的流程负责人和区域流程负责人共同管理。集团层面的流程负责人负责主干流程的建设，区域流程负责人负责末端的流程建设，集团层面的流程负责人负责统筹，区域流程负责人负责配合。

以H公司为例，集团层面的流程负责人有GPO（Global Process Owner，全球流程负责人），通常对应流程架构L1的层级，往下还有BPO（Business Process Owner，业务流程负责人），到区域层面就有了RPO（Region Process Owner，区域流程负责人）和LPO（Local Process Owner，本地流程负责人）。GPO负责统筹该领域的流程建设，BPO、RPO和LPO是GPO在具体业务、区域/国家的代表，在各自的层级承担相应的流程建设、管理责任。

匹配好流程负责人，不能只是简单说一句："就是你了，你来干这个活"，需要有正式的任命，这与我们在纵向控制型组织中任命业务部门负责人是一样的道理。郑重其事，方显其重要性。

流程负责人的任命由流程管理决策组织负责，不同公司的流程管理决策组织也会不同，第三章第九节中有过说明，在此不做赘述。

二、流程负责人的职责

与业务部门负责人天然享有的行政职权不同，流程负责人的职责、权力相对更难落地。流程负责人要对流程全生命周期负责，包括组织负责领域的流程设计、流程执行和监控、流程评估、流程优化，以及跨领域沟通，确保流程高效、安全、低成本运作。

（1）流程设计。流程设计是流程负责人的首要职责，也是后续流程管理的基础。流程设计首先是流程架构（L1～L3）的搭建，这个是流程负责人与流程管理部门共同协作完成的，流程负责人是主责方，流程管理部门是专业赋能、支撑部门。流程架构（L1～L3）完成搭建后，就是具体的流程（L4～L6）的设计开发。通常来说，不同层级的流程负责人对应负责不同的流程架构层级的设计开发工作。

（2）流程执行和监控。在第三章第九节中，我们解读了流程管理执行组织，流程的执行就是由该组织完成的，具体的操作就落到业务人员身上了。流程负责人负责督促流程执行，对流程进行监控，确保达成流程目标。

（3）流程评估。流程设计了、也执行了，效果好不好？风险控制得如何？是否还存在优化空间？这就需要流程负责人做系统的流程评估，通过评估来明确未来的流程建设方向。

（4）流程优化。流程执行和监控反馈的异常或待优化点，流程评估发现的待改进事项等，都是流程优化需求的来源，各个层级的流程负责人要根据流程优化需求的大小（如影响范围等）采取不同的管理策略，与流程管理部门协同做好优化。具体的优化执行可以根据需要授权给对应的兼职流程管理员来完成。

对于流程负责人来说，除了流程本身，还需要关注支撑流程落地的环境，包括流程文化氛围、人员（兼职流程管理员、流程执行人员等）、技能。营造流程文化氛围，践行流程四问是流程负责人的例行工作，这个工作只有起点没有终点。人员的框定，尤其是下一层级的流程负责人和兼职流程管理员人选的确定，是流程负责人不得不慎重处理的工作。至于技能，虽然由流程管理部门负责赋能，但是它的组织、协调还需要流程负责人去管理。

（5）跨领域沟通。不论是在纵向控制型组织还是在流程型组织，跨领域沟通都是无法规避的问题，对于流程负责人而言，跨领域沟通的重要性则更高。流程型组织有一个鲜明的特征，就是流程要贯通各个职能领域，流程负责人没有职能部门的行政管理权力，沟通和影响力是其达成工作目标的主要手段。流程负责人通过沟通协调，界定流程相关方的责、权、利，协调资源投入流程开发设计、优化和执行上来。

流程负责人是一个综合素质要求特别高的角色，没有金刚钻就不能揽瓷器活，流程管理决策组织在选择流程负责人的时候需要基于其工作的性质来匹配其能力，找到具备任职资格的人来担任这个角色。

三、流程负责人的任职资格

流程负责人的任职资格基于上文中阐述的流程负责人的职责而定。

在第三章第十节中，我们将流程管理人员的能力分为三大类：基础能力、专业能力、咨询能力。对于流程负责人的任职资格来说，这三大能力仍然适用，但是在能力子类的维度上会有较大的差异。除此之外，还需要审视内驱力（内在动机），没有坚定的信念很难推动重大的变革。

（1）基础能力。对于流程负责人来说，要想使流程端到端得到有效执行，仅靠自身在不同专业领域的理解、积累肯定是不现实的，主要还是通过影响力和沟通协调能力使流程相关者共同完成。所以，沟通协调、影响力、高效执行是流程负责人核心的基础能力。在进行流程优化的时候，不可避免地要使用项目管理的手段，所以项目管理也是流程负责人必不可少的基础能力。

（2）专业能力。与流程管理人员在专业能力方面偏重流程的方法、技能不同，流程负责人在专业能力方面偏重业务，具体包括流程架构规划、本领域最佳实践、流程与组织匹配。流程架构规划的核心是业务价值流的识别和业务能力的规划，这也是业务管理的核心。本领域最佳实践是流程优化的远景，知道未来在哪个方面，才能推动流程建设向好的方向发展。流程设计完成后，需要有相应的组织来承载，包括组织架构、岗位与人员匹配等。所有这些专业能力都是围绕业务设计及业务执行来的，流程要回归业务首先要从流程负责人开始。

（3）咨询能力。流程负责人不能局限于自己负责的流程领域，需要站在公司的高度来看待问题，以整体的视野来看待业务流程。这方面的能力包括系统分析和表达、战略管理、变革管理和数字化转型。系统分析和表达是以整体的视野来看待业务流程的基础，也是流程负责人与关联领域做横向沟通的必备能力。战略管理是公司高管或业务骨干必备的能力，贯穿从战略规划到执行落地。流程型组织转型对于传统的纵向控制型组织来说是巨大的变革，变革管理是流程负责人必备的能力，流程负责人要有推动变革的能力，也要有赋能他人进行变革的能力。在数字化转型浪潮席卷全球的今天，数字化转型也是流程负责人必须了解的领域。

作为流程负责人，需要有专业能力、有权威、有影响力，更需要有内驱力。推动流程变革是一件周期长、难度大的工作，如果没有坚定的信念，没有直面困难的担当和打破现有格局的魄力，那么惨淡的结局是可以预见的。可以这样说，与专业能力相比，内驱力更重要，也更具有决定性。

流程负责人是流程责任体系的主体，是整个流程管理体系建设的负责人，也是流程型组织转型成败的关键所在。流程负责人的选择、培养与管理需要审慎处理，需要流程管理决策组织决策并推动其开展相关工作。

古人说得好："欲治兵者，必先选将。"流程负责人是流程型组织转型的"将"，三军易得一将难求，选好人、选对人才能行稳致远。

第二节　流程与权力分配

在公司经营管理中，权力分配无疑是让人又爱又恨的事情。对于管理者而言，担心职权分下去会失控，不分下去事情又难以办成。对于被管理者而言，渴望获得授权，又担心担责。权力分配往往成为双方的一个博弈点。

管理的本质是协调，管理者通过协调和监督他人的活动来实现组织目标。所以，不论你是否愿意，只要公司在运转，只要公司有团队需要管理，权力分配就是不可避免的事情。既然已经避无可避，那么直面是最好的选择，如何进行科学、合理的权力分配成为管理者的必修课。

一、集权与分权

在我们开始讨论如何进行权力分配之前，我们需要先了解什么是权力，什么是集权，什么是分权。

所谓权力，通常被描述为组织中人与人之间的一种关系，是指处在某个管理岗位上的人对整个组织或所辖单位与人员的一种影响力，简单说就是管理者影响别人的能力。定义为影响力的权力主要包括三种类型：专长权、个人影响力、制度权（又称"法定权"）。专长权是指管理者因具有某种专门知识或技能而产生的影响力，个人影响力是指个人因个人品质、社会背景等因素而赢得别人尊重与使别人服从的能力，制度权是与管理职务有关、由管理者在组织中的地位决定的影响力。

与个人品质、社会背景、知识、技能有关的影响力显然不会成为集中或分散的对象，因此，这里讨论的主要是制度权。下文中如果没有特别说明，权力指的都是制度权。

在公司经营管理中，关于权力的分配，不同管理者的偏好（管理风格）不同，有些人习惯集权，有些人喜欢分权。集权与分权是相对的概念，没有绝对的集权，也没有绝对的分权。

集权是指决策权在组织系统中较高层次的一定程度上的集中，而分权是指决策权在组织系统中较低层次的一定程度上的分散。在公司实际运营过程中，集权的成分多一些，分权相对少一些，各有利弊。

二、传统的授权体系

在公司经营中，权力过度集中会导致决策质量、公司适应能力和员工工作热情降低，所以不是很提倡这种做法。当然，至于何种程度的集权为宜，需要根据实际的管理场景而定，这里讨论的主要是分权。

分权有两种方式（实现途径），一种是基于组织设计中的权力进行分配，又称制度分权，另一种是主管人员在工作中的临时授权。严格来说，两者是有差别的，制度分权基于组织设计的岗位工作任务来定；临时授权基于主管人员在工作中的判断来定，具有临时性和不确定性。但是在公司实际经营管理过程中，大家习惯把这两种方式都称为授权，不论是基于组织设计的岗位做的权力分配，还是工作中的临时授权，本质上没有区别，只是授予的对象与方式不同而已。因此，制度分权也称为常规授权，与临时授权对应，统称为授权。

（1）常规授权。制度分权（常规授权）在设计的时候是围绕着公司规模和业务活动展开的，权力是在组织架构、岗位设置、职务与工作分析的基础上，通过各种要素综合得出的，常规授权是一种常规的、例行的权力分配方式。从这个视角来看，常规授权与组织架构、组织的专业分工强关联。常规授权有一个比较显著的特征：相对稳定，除非整个组织结构重新调整，否则，常规授权不会收回。

（2）临时授权。与常规授权不同，临时授权可操作的空间比较大，不拘泥于现有的组织与岗位体系，可以因人而异，因事而异。临时授权是不与岗位职级挂钩而进行的授权，对调动员工的积极性、发挥员工的才干是有积极意义的。但是需要注意的是，因为临时授权的灵活性比较高，在实际操作的时候非常考验管理者的领导艺术。同时，如果没有适当的授权管理规则，凡事都安排“自己人”来干，很容易形成小圈子，对公司来说是潜在的风险点。

不论是常规授权还是临时授权，对管理者来说都有不小的挑战性。艾伦·默里曾说：“作为一名管理者，必须做到的最重要的事情之一就是授权。但对于很多人来说，这可能是最难的一件事情。”尽管如此，还是有一些公司在这方面有比较好的实践，比如美的集团。

为了实现事业部真正自主经营、自负盈亏，1998 年何享健推出了长达 70 多页的《分权手册》，通过这个手册管理公司。经过多年打磨，做到了“什么都不管，什么都清楚（受控），什么都授权，什么都有序，一切尽在掌控中”的境界。美的压缩机事业部总经理向卫民用十六个字来概括这个授权体系：“集权有道、分权有序、授权有章、用权有度”。通过这个独特的内部授权模式，并以“放权经营、利润分成”为指导，起用了大批年轻人担任事业部负责人，其中方洪波因为在销售渠道建设方面有突出表现，后晋升为美的空调事业部负责人。事业部制刚推行时，有一位事业部总经理曾拿着一张千万元的项目审批单找何享健批示，结果何享健回复：“根据《分权手册》，这是你权限范围内的事，你自己拿主意。”

美的集团创始人何享健通过这个授权管理模式带领公司从 1998 年 50 亿元的营收规模发展到 2012 年交班给方洪波时超过 1000 亿元的营收规模。2012 年，方洪波推动的 632 项目则从另外一个管理视角推动了公司持续发展。

时代在变，管理的模式也要随之改变，“物竞天择，适者生存”的法则对于公司的发展来说同样适用。

三、基于流程的授权

常规授权基于组织岗位的授权体系，授权与具体业务通过工作分析建立关联关系，这个授权体系的好处是相对简单，权力与岗位直接绑定，具有相对稳定性。但有利就有弊，它的不足之处是具有不确定性和不对等性。

（1）不确定性。权力与岗位绑定使得这个授权体系具有相对稳定性，与这里讲的不确定性是否矛盾了呢？其实并不矛盾，它们是两码事。权力与岗位绑定后，确实相对稳定了，这毋庸置疑。但是岗位与组织的关系是另外一个变量，这个变量会给前面的稳定性带来冲击。在私营企业工作过的人大多有过这样的体验，即组织架构频繁调整是司空见惯的事情，对于很多公司来说每年一次大调整是惯例，日常组织架构的小调整则难以预料。组织架构不断调整，对应的岗位与授权就要跟着调整，频繁的调整使得授权的不确定性增加，一旦适配不到位、不及时就会导致权、责、利失衡。

（2）不对等性。岗位职责描述、工作分析都是对工作的描述，展现的是工作的描述性概貌，工作描述与实际工作是不对等的，会有差距。同时，工作描述不够具体，很难做精细化的管理。

基于流程的授权，将授权直接与工作关联，具体到流程活动颗粒度，可以实现精细化的管理，避免描述性的岗位职责、工作分析导致的信息衰减或不对等情况发生。同时，也规避了组织架构频繁调整可能导致的授权异常。

顾名思义，基于流程的授权是以流程为中心的，基于流程活动的描述来明确授权的内容。具体如何落地呢？可以通过“三张表”来实现。首先，我们要用角色而非岗位或部门来与流程活动匹配，在授权的时候首先要做的是收集、制作流程角色权力清单，这是第一张表。流程角色权力清单制作完成后，进行流程角色与岗位匹配，得到角色岗位匹配表，这是第二张表。前面两张表做好之后进行岗位与人的匹配（通常人力资源部门会有这类数据，进行提取或匹配即可），得到岗位与人匹配表，这是第三张表。当然，每家公司的情况不同，可以根据实际需求做调整，比如，华为公司使用分层审批授权表作为其中一个表格，起到了很好的作用。另外，有些公司可能会出现比较多的手工签单，这个时候为了防止舞弊（代签等），会增加一张表：权签人表，用于将人、权限（授权）、签字关联起来，一方面易于检查，同时也避免有人代签蒙混过关。

通过上述三张表，人、岗位、角色、活动（具体的工作）就直接关联起来了，真正做到了基于事情来授权，做什么事情就授予什么权力。因此，基于流程的授权也称“基于实际需求授权”。财务权、人事权、业务管理权等都可以通过这个方式来安排。部分业务，尤其是新发生的业务还没有完整的流程，这个时候可以通过临时授权的方式来解决，作为基于流程的授权的一个补充。

基于流程的授权的好处是权力不会授予过度，也不会不足，可以实现精细化授权。不足是必须要有比较完善的流程来做支撑，否则授权就无从谈起。

四、基于现实的授权

应该说基于流程的授权是比较理想的授权管理模式，风险小，还不耽误事情。但愿望是美好的，现实则往往更复杂。不得不说的是，大部分公司的流程管理水平其实没有那么高，确实在短时间内很难完全按照基于流程的授权模式来管理。这是普遍存在的问题，如何解决呢？建议采用基于现实的授权的模式，该模式又称“混合授权法”。

每家公司的业务模式、管理现状、人员结构等情况各不相同，我们必须立足于现实进行授权的方案设计，但目标必须朝向基于流程的授权模式发展，这是流程型组织转型的关键点之一。在流程管理基础相对薄弱之时，可以先基于业务主价值流制定分层审批授权表，这个表可以不涉及具体的流程活动，具体应视情况而定，一般应尽量细化。同时，对于少量短期内难以识别的业务场景，可以先用常规授权的方式进行，与临时授权搭配使用。这个时候，基于流程的授权、常规授权、临时授权三种方式都存在，目标是基于流程的授权，其他模式作为补充、配合，同时不断提高基于流程的授权模式的比重，此消彼长之间，就可以逐步向基于流程的授权模式靠拢。

既不拘泥于现实，又不脱离实际情况。既不僵化于具体形式，又不丢掉核心的管理逻辑。这就是我们采用基于现实的授权的模式的原则。

不论是采用常规授权、临时授权、基于流程的授权，还是将几种模式整合，其核心是不变的，就是要合理、有度地授权。对于授权管理而言，简单地授权是不够的，需要在过程中进行权力的复盘。复盘得好的，继续向上升；复盘得不好的，能上能下。更重要的是要进行授权的监督。学者安德鲁·汉密尔顿曾说：“不受约束的权力犹如决堤的洪水。”这是我们必须慎重对待的。

最后需要说明的是，授权不能朝令夕改，需要具有相对稳定性。但是授权也不能一成不变，业务在变授权就得跟着变，需要及时审视、刷新。同时，也需要建立起授权管理的流程、规则，彻底摆脱“一放就乱，一乱就抓，一抓就死，一死就放”的窘境。

第三节 流程绩效管理

在传统的 ISO 管理体系中，有一个缺陷是无法衡量的，即管理手册、程序文件和操作指引等文件都没有定义流程绩效，无法衡量就无法管理。

在流程型组织中，绩效的管理是沿着战略分解（战略解码）到组织、个人的，而贯通战略、组织、个人绩效的是流程绩效，通过流程绩效将各个层面的绩效进行拉通，实现绩效的集成管理。

一、什么是流程绩效

绩效是指成绩与成效的综合，是一定时期内的工作行为、方式、结果及其产生的客观影响。对于流程来说，绩效就是对流程运行效率、效果的度量。

与带有主观判断的通用的关键绩效指标（KPI）不同，流程绩效（Process Performance，PP）通过流程绩效指标（Process Performance Indication，PPI）展现真实、客观的业务运作现状，通过流程架构分解实现各个层级流程效果和效率的衡量。流程架构（L1～L3）的流程绩效指标通过流程卡片呈现，具体流程（L4～L6）的流程绩效指标通过流程说明文件承载，高阶的指标与低阶的指标建立起关联关系，目的是在公司内部实现统一定义、统一度量、统一应用，通过流程绩效运营推动业务运营效率、效果的提升。

流程绩效指标设计遵循 SMART 原则：

（1）S——明确性（Specific），定义非常清楚、明确。

（2）M——可衡量性（Measurable），数据从现有的系统自动获取。

（3）A——可达成性（Attainable），制定的流程绩效目标是可以实现的。

（4）R——相关性（Relevant），基于客户需求和流程目的。

（5）T——时限性（Time-Based），定期审视和考核。

流程绩效指标的设计必须以流程目的为出发点，围绕流程目的的实现来设计，起到牵引的作用，有利于评价流程及流程执行人的实际绩效。具体的设计方法有目标驱动度量法、QQTC 等。

二、设计方法——目标驱动度量法

目标驱动度量法（Goal Question Metric，GQM）是流程绩效指标设计常用的方法之一，是通过对目标及问题的驱动来度量目标是否被实现的一种面向目标的方法。

GQM 将目标、问题与度量进行结构化处理，用于帮助理解“为什么（why）”和“什么（what）”需要度量。使用这种方法主要为了实现这样一种目标：公司基于业务流程的所有度量都是有意义的，即能够面向目标，应用于产品、过程和资源的优化与完善，并能够基于公司业务的上下文、环境和目标对优化和完善机制进行解释。

GQM 通过一系列的步骤将目标转化为可执行的度量指标，是一种自上而下的商业目标驱动的方法，它提供了一个目标驱动的度量方法来度量目标是否被实现。

GQM 是按照层次结构来组织的，如图 5-1 所示，即从最初的目标定义开始，将目标提炼成相关的问题，再标识相关问题的度量需求并通过组织中已定义的度量表示出来，最终解释目标是否达成。

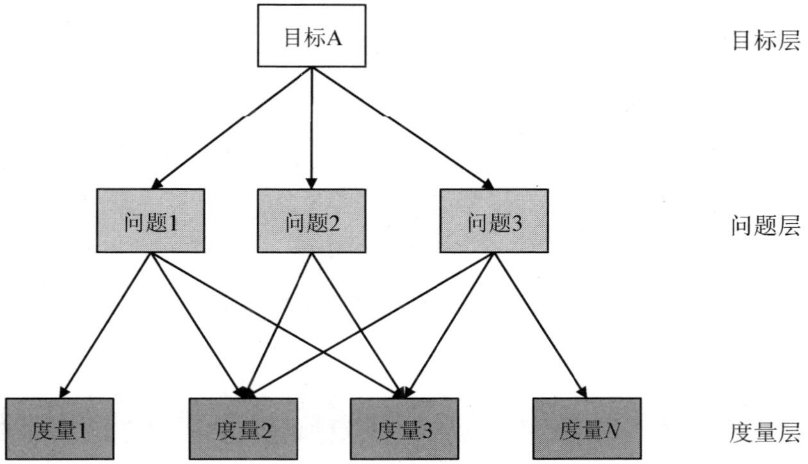

图 5-1 GQM 方法结构图

使用 GQM 设计流程绩效指标，主要包括四个步骤：建立目标、定义问题、定义度量指标、验证目标是否达成。

（1）建立目标。建立目标是第一位的，后面所有的工作都是围绕流程目标进行的。我们在做流程架构分解的时候就有一个子栏位“目的”，通常在分解阶段已经确定了流程的目的，这个目的就是流程目标的源头。具体的流程开发设计，在开发流程说明文件的时候，也首先要定义流程目标。可以从不同的维度说明流程目标，比如需要度量的原因、关注的管理对象属性、视角（如客户、供应商等）。

（2）定义问题。定义的问题必须是可以回答的具体操作性问题，以确保流程进展或目标可实现。不同的人，因为工作背景、知识与技能等不同，看待同样的目标时可能会定义不同的问题，因此，人们需要具备流程领域相关的业务背景才能更好地提出问题。在这个阶段，关键在于引入关键的流程执行人员及利益相关者参与定义问题的过程。

（3）定义度量指标。针对具体问题，定义流程绩效指标。例如，如果问题是关于质量提升方面的，则定义产品质量、数据质量等指标。在开发具体的流程卡片、开发流程说明文件的时候定义具体的字段，形成流程绩效指标池子。

（4）验证目标是否达成。这个阶段可以使用两种方式来验证，一种方式是用过去实际发生的数据进行模拟验证，另一种方式是等待试行一段时间后利用实际业绩表现数据进行验证。通常，在设计阶段，我们建议使用第一种方式先做模拟验证，后面实际产生数据的时候再使用第二种方式进行验证，避免未经过充分验证就进入实用阶段。

单从过程来说，GQM 并不复杂，这种方法的难点在于问题的定义，如果人们对业务没有深入的理解就很难问出有价值的问题。提问题的方向不对，后面的度量指标的定义肯定会发生偏差。为方便大家理解，这里做了一个实例，如图 5-2 所示。

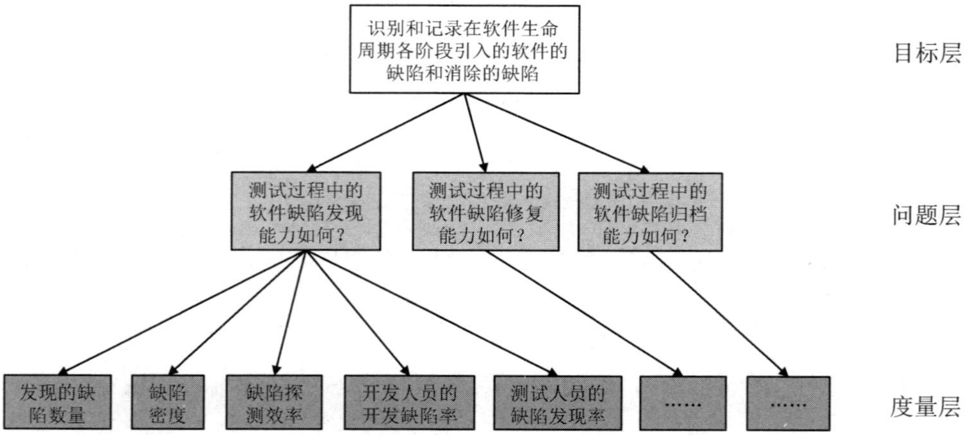

图 5-2　GQM 方法实例

三、设计方法——QQTC

BSC（Balanced Score Card，平衡计分卡）是从财务、客户、内部运营、学习与成长四个角度将组织的战略落实为可操作的衡量指标和目标值的一种新型绩效管理体系。在设计流程绩效指标的时候，有一种类似的设计方法：QQTC。

QQTC 是一种简易的流程绩效指标方法，主要从四个方面考虑：数量（Quantity）、质量（Quality）、时间（Time）、成本（Cost）。QQTC 提供了一个结构化的思路，在设计流程绩效指标的时候，基于业务流程的目标、业务属性，从不同的维度进行指标设计。

实际上，QQTC 对应到 GQM 中，是把第二步、第三步合并成一步了，并且把问题和指标框定在四个维度，不会再思考其他的要素。这种方法的好处是简单、直接，副作用是可能遗漏一些特殊场景的度量需求。总体上来说，QQTC 能满足绝大部分的流程需求，对于流程管理初学者来说是一种比较友好的方法。

四、流程绩效管理机制

流程绩效管理也遵循流程全生命周期管理的规律，有“生”有“死”，即和流程卡片或流程说明文件一起发布、变更、优化或废止等。

通常，在定义好流程绩效指标后，流程负责人基于公司整体的目标设定流程绩效目标，包括基准值、目标值、挑战值等，并基于这些目标制订具体的行动计划。这些日常的管理通常并不复杂，但需要做详细的定义才能落地执行。下面以基准值确定为例做简要说明：

E 公司推动流程型组织转型已经有一段时间了，具体流程（L4～L6）的覆盖率有 70%多了，计划开始推动流程绩效管理，2022 年年底开始做基准值确定。规则如下。

（1）首次实施流程绩效管理的年份，基准值可以为空，或取目标值为基准值。

（2）实施次年，取上一年的实际发生值为基准值。第三年，取前两年实际发生值的加权平均值为基准值，权重为 50%：50%。

（3）第四年开始，以第四年为例，取前三年的实际发生值的加权平均值为基准值，权重：上一年 50%，上两年为 30%，上三年为 20%。

举例说明：

A. 设置 2023 年（假设时间）的流程绩效基准值，因为是首次设置，所以基准值为空或等于目标值。

B. 2023 年，流程绩效运作一年后，设置 2024 年的流程绩效基准值，2024 年的基准值=2023 年实际发生值。

C. 2024 年，流程绩效运作两年后，设置 2025 年的流程绩效基准值，2025 年的基准值=2023 年值×50%+2024 年值×50%。

D. 2025 年，流程绩效运作三年后，设置 2026 年的流程绩效基准值，2026 年的基准值=2023 年值×20%+2024 年值×30%+2025 年值×50%。流程绩效运作四年后，设置 2027 年的流程绩效基准值，2027 年的基准值=2024 年值×20%+ 2025 年值 30%+2026 年值 50%，依此类推。

目标值确定、挑战值确定等也需要采用类似的方式来管理。在运营层面，具体的才是可以落地的。

完成流程绩效指标设计后，还需要做两个拉通：一个是横向拉通，一个是纵向拉通。横向拉通主要是关联领域的流程绩效指标拉通，有些指标是相互影响的，需要识别出来，确定具体的目标值的时候需要做权衡、取舍。纵向拉通是同一个流程领域的拉通，即上下层级流程绩效指标关联性的拉通，下一层级的流程绩效指标要支撑上一层级的流程绩效指标，层层向下分解，同时层层向上支撑。横向拉通、纵向拉通之后，流程绩效指标才真正成为一个整体。

总的来说，流程绩效的管理是日常执行与监控流程最直观的手段，数据面前人人平等，流程有没有执行、效果行不行等，一目了然，避免不必要的争议。

第四节 质量运营管理

设计了很多流程，定义了很多流程绩效指标，公司运营的效率、效果就会提高吗？可能会，也可能不会。如何确保业务流程的运营效率、效果能达到预期的目标呢？质量运营管理不可或缺。

每次提到质量运营管理，总会有人理所当然地认为是产品或服务本身的品质管理，实际上，这里指的是流程的质量运营管理。我们在第三章第九节中提到，管理流程的组织中包括流程管理监督组织，流程的监督通常由流程管理部门统筹，但规模大的公司会由专门的质量运营管理部门负责，这就是质量运营管理。例如，华为公司在一级部门中有质量与流程 IT 部（之前的名称是“流程 IT 与质量运营部”），各个事业部也延续了这个设置，下一层组织中就有质量运营管理部门。

不论由什么部门来负责，质量运营管理的本质是向流程要效率、效果。质量运营管理通常分成几个阶段的工作，包括运营规划、运营执行、运营绩效、持续改进，遵循 PDCA 的闭环管理。

一、运营规划

运营规划是战略规划的一部分，通常会在公司每年年底做次年的年度经营计划（ABP）的时候被一并考虑。这个阶段主要确认运营的诉求、运营的目标与策略、运营的机制等问题。

质量运营的需求源头比较多，通常公司高层会基于战略目标的需求提出具体的要求，这个可以作为运营规划中的一个输入。质量运营过程中发现的待改进事项也在这个阶段进行评估，确认是否纳入下年度的运营改进、提升计划中。在制订年度经营计划的时候，通过战略解码得到的重点工作、变革项目是运营规划的另外一个输入。重点工作、变革项目是重点运营任务，也是运营指标侧重的领域，是检验其是否产生成效的手段。

运营规划除了要考虑公司总体要求、重点工作、待改进事项，另外一个关键点是做指标的整合与拉通。首先，在公司层面，战略解码的指标要分解到一级部门，然后层层向下分解。其次，从流程负责人视角来看，他们也会有对流程绩效的期望。这两者之间需要做拉通工作，避免指标的方向不一致。拉通工作解决上下级指标之间的分解与支撑的问题，运营规划还需要考虑整合，比如，不同领域之间的指标可能会共同支撑同一个上级指标的达成，也可能是相互冲突的。类似的情形需要从公司层面做整合，哪些是重点，哪些是辅助，做好区隔。

从不同渠道收集运营诉求，横向和纵向整体拉通指标，基于这些信息确认运营目标和策略。质量运营的目标需要围绕公司战略制定，支撑战略落地。

在运营规划阶段，还需要建立运营机制。建立运营机制是例行的工作，但是在运营规划阶段可能出现一种情况，即现有的运营机制无法支撑基于运营目标的运营策略的运作，这就必须基于新的运营策略制定相应的运营方案、机制，以推动运营工作展开。

运营规划阶段达成的目标、策略、运营机制等，最终需要在公司层面达成共识，尤其是在各个流程负责人那里达成共识，质量运营管理要做好，离不开各个流程负责人的参与、支持。

二、运营执行

在运营规划阶段拟定了目标、策略与具体的执行计划，在运营执行阶段，更多的就是按部就班地执行了。当然，为了确保运营目标能按预期计划达成，需要做好预防控制方案，质量运营不怕一万，就怕万一，有备无患。

对于质量运营来说，流程的执行是由业务人员完成的，质量运营的执行更多是看是否达成预期的目标，这个目标会通过流程绩效指标反映到最终确定的运营指标上。运营指标表现良好的，继续推动流程赋能。运营指标差强人意的，启动预防控制方案，做严格的过程监控，不能拖到无法挽回了才介入具体的业务运营。

俗话说"天有不测风云"，再严密的计划，再多的预防控制方案，总会有一些无法预料的事情发生，这些无法预料的事情就是例外事件，对于例外事件要实行例外管理。什么是例外管理？例外管理（Managing Exceptionally）最初是由"科学管理之父"弗雷德里克·温斯洛·泰勒提出，指的是最高管理层针对日常发生的例行工作拟定处理意见，使之规范化（标准化、程序化），然后授权给下级管理人员处理这些例行工作，而自己主要处理那些没有或者不能规范化的例外工作，并且保留监督下级管理人员工作的权力的一种管理制度或原则。这跟我们在第一章第二节中提到的例行工作、例外工作理念是完全一致的。

例行事件有规章制度可循，交给下面的人干就好。例外事件往往无章可循，需要做更多判断、决策，公司高层管理者的职责是将例外事件例行化。从这个意义上来说，例外事件管理的本质是质量运营的职能承接了高层管理者在这一方面的职责，为此，例外事件管理也成为质量运营管理的核心职能。

对于例外事件管理，需要建立起例外事件的发现、分析、临时性方案决策、根因分析、长期方案等机制，也要有管理例外事件的流程。例外事件一旦发生，大家就可以有条不紊地处理了。

三、运营绩效

运营执行推动业务按计划完成，最终反映到运营绩效上。公司在运营绩效阶段要做的是基于收集的运营数据做分析。哪些流程执行得好，哪些流程效果好，都会在运营绩效阶段体现出来。同样，哪些流程执行得不到位，哪些流程效果不好，也会在这个阶段暴露。运营计划目标与实际运营绩效对比，差距就出来了。分析本身并不是目的，通过分析促进运营目标的达成才是目的。

分析出差距后，质量运营的代表与对应的流程负责人、业务负责人商议对策，明确要采取的纠偏或补救措施，以推动运营绩效改善及运营目标的达成。

四、持续改进

在运营绩效阶段商议的对策要在持续改进阶段最终落地。改善运营绩效的对策有些是资源调度、新增投入类，有些是管理改善类。对于资源调度、新增投入类，业务人员按计划推进。对于管理改善类，质量运营的流程赋能是至关重要的，也是其价值所在。

尽管我们一直在强调流程负责人的重要性，但不可忽视的是业务人员首先是以业务日常运营为主的，业界领先的管理实践需要由外部力量帮助导入，尤其是在某些需要突破的瓶颈，对于质量运营管理来说同样适用。在持续改进阶段，流程负责人必须对前期的问题、对策进行闭环管理，避免同样的问题反复发生，对于质量运营管理来说，“在同一个地方绊倒两次”是不能被原谅的。

质量运营管理对于很多公司来说是一个全新的概念，这涉及组织架构、岗位职责与人员配置、技能要求、工作管理机制等多种因素，同时也会影响其他部门的职责分工，如何使其真正发挥作用对管理者来说是不小的挑战。

对于计划设立质量运营管理部门的公司，首先要明确其定位：质量运营部门首先是赋能者，然后是建设者，最后是监督者。基于这样的定位设计组织架构，匹配相应的岗位、人员。在技能方面，赋能意味着部门在业务流程方面的技能足够专业，建设意味着部门不仅仅要看数据还要深入具体的流程领域参与流程优化，监督意味着部门除了关注流程绩效的数据表现，还要关注改善流程绩效的具体行动。组织结构是一个有机体，一个新增的组织不仅仅是这个模块内部的事情，它与上下游的衔接问题同样重要，建立起与相关部门的无缝连接才能真正发挥其效能。

第五节　流程内控与评估

流程的价值体现在两个方面：对外看客户体验，对内看效率与风险。在流程型组织中，公司的风险控制也是沿着流程设计的，在流程中设计恰当的控制活动，将影响业务目标实现的风险降低到可接受水平，促进业务目标达成。

流程内控设计总体的步骤分为四步，包括识别风险、评估风险、分析根因、设计控制。前面三个步骤的方法是通用的，在此不做过多说明。本节重点阐述基于流程的设计控制的相关方法工具，包括关键控制点（KCP）、职责分离（SOD）、流程遵从性测试。另外，主动性审视（PR）是促进流程落地的重要手段，半年度控制评估（SACA）可以及时评估流程管理体系内控的有效性，支撑内控要求的落地。

一、关键控制点

有过驾车经验的人喜欢走没有红绿灯或红绿灯较少的路段，哪怕是路程稍微远一点也可以，主要是图快、怕堵车。问题是为什么有些路段的红绿灯特别多？有些路段的红绿灯则极少甚至没有？为什么不在高速路上设红绿灯？红绿灯是典型的关键控制点（KCP）实例。什么是 KCP 呢？

KCP 是在业务流程或应用系统中由流程负责人确定的，为降低重大风险、实现流程目标而采取的一项或一系列活动。KCP 又分为关键财务控制点（Key Controls over Financial Reporting，KCFR）和关键运作控制点（Key Controls over Operations，KCO）。KCFR 用于确保财务报告真实可靠且符合公认会计准则要求，实现“财务报告真实完整、交易数据真实准确、授权行权规范、资金资产安全、遵从财经法律法规”的目标。KCO 用于支撑业务有效运作，实现“保证运作效率、实现客户满意、遵从非财经类法律法规”的目标。简单地说，前者是控制财务风险，后者是控制运营风险（操作风险）。

KCP 与我们在公路上见到的红绿灯相似。如果留心观察，我们会发现红绿灯通常设置在交通风险比较高的地带，比如附近有医院、学校、大型购物中心、大型小区、工业园的十字路口，以及多车道的十字路口或丁字路口等人与车辆出没频繁的地带。设置红绿灯的目的是让车辆、行人各行其道，交通有序，本质是降低风险发生的频率。高速公路上就没有必要设置红绿灯。这就是 KCP 理念的具体体现。至于一条公路上设置几处红绿灯合适，也是基于风险大小的考虑，同时兼顾投入产出比（ROI）的评估。红绿灯太多了，人们没法开车。红绿灯太少了，人们也不敢开车。数量适度是最好的，虽然这很难量化操作，但是这也正是管理者体现价值的地方。

KCP 设置得好，在降低风险领域产生的收益是难以估量的。我们曾在微信公众号"荔园管理评论"中发表过《流程管理有什么价值？元气森林：4000 万，拿走不谢！》一文，实际发生的案例非常多，具有参考意义。

KCP 在流程图上直接标识出来，在流程说明文件中说明控制风险的细节，相关要点在第三章已经有详细说明，在此不再赘述。

二、职责分离

在实际运营过程中，对于公司来说腐败与舞弊是令人深恶痛绝但又防不胜防的行为。例如，某新能源汽车龙头企业就曾在其公众号发文称："根据反腐线索价值，举报者有机会获得 5000 元 ~ 500 万元甚至更高奖金!"这一方面体现了它反腐败的决心，另一方面也透露出了一些无奈。

防不胜防还得防，如何防呢？职责分离（SOD）是一个很好的工具。SOD 是一项控制措施，用来确保同一名员工没有以下情况中的一种或两种：一种是某个流程的多项职责，另一种是应用系统的多个权限，从而防止员工在不被察觉的情况下滥用或转移公司资产。这些权限包括：

（1）P：处理（Processing）；

（2）A：批准（Approval）；

（3）R：记录（Recording）；

（4）C：保管（Custody）；

（5）V：核实/对账（Verification/Reconciliation）。

SOD是一个应用得比较广泛的方法工具，大到国家，小到企业。在国家宏观层面，比如立法、执法、监督分离是比较典型的做法。在企业微观层面，比如财务领域的会计、出纳需要实施职责分离。在仓库里，保管实物的仓管员与负责记账的账务人员需要实施职责分离。

SOD通过实现职责分离矩阵，在流程设计阶段同步完成相关工作，作为流程文件总体方案的一部分参与后面的评审、发布、优化/变更、废止等工作。SOD是规避组织或个人监守自盗的良方。当然，公司也需要根据实际业务场景进行匹配，可应用适度原则。

三、流程遵从性测试

在本章第四节中，我们对流程的质量运营管理做了总体介绍，这个“质量”包含了流程执行的质量，是从总体上监控流程的执行。流程遵从性测试也是对流程执行质量的监控，而且是专项的监控，指针对有KCP要求的流程活动进行监控，确认其是否按流程规定的要求执行到位。有些公司也会将SOD的要求纳入流程遵从性测试，每家公司的情况不同，可以根据需求而定。可以这样认为，流程的质量运营管理如同我们做全身的体检，流程遵从性测试则如同我们做身体的专项检查，如眼科、耳鼻喉科等的专项检查。

流程遵从性测试的依据是流程遵从性测试计划表，这个计划表在流程设计阶段制成，和职责分离矩阵一样，作为流程文件的一部分进行管理。流程遵从性测试的执行分为几个步骤：确定范围（人员、流程等）、确定测试策略与计划、选取样本、执行流程遵从性测试、检审进展及质量结果、生成各级报告、跟踪流程遵从性测试问题、问题闭环。由内控、流程、业务部门相关人员参与，通常会邀请业务关联方共同参与，这样更加公正。

四、主动性审视

对于业务来说流程遵从性测试是被动行为，而且是专项的监控，显然不能完全满足业务部门管理流程的需求，主动性审视（Proactive Review，PR）应运而生。

顾名思义，主动性审视就是由业务管理人员主动发起的审视行为。主动性审视主要从经营痛点入手，基于流程自我发现问题并自我改进，以促进经营指标改进。主动性审视相比流程遵从性测试更贴近业务需求，也更能快速满足改善业务问题的需要。

主动性审视是由业务管理人员主导的，相对来说比较灵活。如果公司规模比较大，设立了质量运营管理部门，主动性审视可以作为质量运营管理工作的一个跟进事项，通过质量运营赋能业务，效果会更好。

五、半年度控制评估

半年度控制评估（SACA）是指各级管理者和流程负责人在内控管理人员的协助下，每半年对所辖业务流程进行一次内控自我评估，用于检视内控的结果及自我管理机制。SACA 通常从五个维度进行评估，包括业务运营流程内控、财经流程内控、防腐败、合规运营、自我管理机制。

SACA 实施的过程主要有五步，包括确认问题、整理文档、准备材料、集中评估、正式报告。确认问题是指全面基于遵从性测试、审计、稽查、财务监控、主动性审视等发现的问题整理 TOP 问题清单，这是数据基础。整理文档是指根据访谈问卷整理相关文档，结合前期收集的信息进行分析。准备材料是指根据前期收集、分析的信息准备起草 SACA 需要的材料，这是 SACA 报告的初稿。集中评估是指对前面的报告、问题进行评估讨论，采取集中评估的方式进行。正式报告是指根据集中评估阶段的结论形成正式的 SACA 报告，作为后面问题改善跟进的指引。

SACA 的重心是评估，不是发现问题。SACA 全面分析、评估内控和业务自我发现（流程遵从性测试、主动性审视等）及第三方独立发现（审计、稽查、账务等）的问题，反思流程设计和执行的有效性，以及自我改进的有效性。总的来说，对于 SACA，文档是基础，评估是关键，问题是核心，改进是目标。

内控对于任何一家公司来说都是重要的，随着公司规模的扩大，内控的重要性会随之提高。如何建设有效的内控管理体系？应该说好的方法、工具是基础，是必要的。更重要的是从顶层设计，形成内控框架。从董事会的政策开始，到考核与问责、评估机制、控制工具与指标、控制环境，自上而下层层控制又自下而上层层支撑地执行。华为公司实践总结出来的“一点两面三三制”就是基于这样的内控框架设计的，可以做参考。当然，每家公司的业务性质与管理现状不同，不能一概而论，基于业务场景设计适合自身的内控管理体系才是王道，毕竟鞋合不合脚只有自己知道。

流程内控的问题比较常见，虽然每家公司曝出的问题各有不同，但是归根结底都是内控管理措施不到位导致的，相关的案例在微信公众号“荔园管理评论”和“马掌管理咨询”中都有发布，比如《【100 万 → 1 元】谁动了储户的钱？》《如何防止商业贿赂》等，可以作为补充阅读。

第六节　流程成熟度模型

在学校读书的时候，我们会在每次考试结束后习惯性地和同学对比考了多少分。上班后，我们会在每次绩效考核后习惯性地和同事对比是 S、A、B、C、D 的哪一级。办个会员卡吧，我们还会被分成普通会员、银卡会员、金卡会员、钻石会员……等级评估无时无刻不在。

对于流程来说也需要有一套东西来评估。在前文中，我们陆续讲了流程规划、流程设计、执行监控、内控管理等，这些都会体现在流程绩效指标上，体现在质量运营的数据报表中，但还是有一些要素没办法直观地体现在业务数据中，这些要素具体是什么？如何去评价？这需要建立结构化的方法、模型，流程成熟度模型应运而生。

一、流程成熟度模型起源

流程成熟度模型的源头是软件能力成熟度模型（Capability Maturity Model，CMM）。

知道 CMM 的人可能并不多，相比之下，知道软件能力成熟度模型集成（Capability Maturity Model Integration，CMMI）的人可能要多一些。CMM 是 CMMI 的源头，它们之间有代际差。

CMM 源于美国卡内基·梅隆大学软件工程研究所，1987 年被成功开发出来，是国际上十分流行和实用的软件生产过程标准与软件企业成熟度等级认证标准。

CMM 分为五个等级，一级为初始级，二级为可重复级，三级为已定义级，四级为已管理级，五级为优化级。它为软件企业的过程能力提供了一个阶梯式的改进框架，它基于过去所有软件工程过程改进的成果，吸取了以往软件工程的经验教训，提供了一个基于过程改进的框架。它指明了一个软件组织在软件开发方面需要管理的主要工作、这些工作之间的关系，以及这些工作的先后次序，一步一步做好这些工作而使软件组织走向成熟。

CMMI 是在 CMM 的基础上发展而来的，卡内基·梅隆大学软件工程研究所和美国国防工业协会共同组织全世界的软件过程改进和软件开发管理方面的专家联合开发出了 CMMI，并在全世界推广实施，主要用于指导软件开发过程的改进和进行软件开发能力的评估。

CMMI 共有五个等级，一级为初始级、二级为可管理级、三级为已定义级、四级为量化管理级、五级为优化管理级，等级越高表示成熟度越高，高成熟度等级的公司被认为具有比较强的软件综合开发能力。CMMI 已经成为业界公认的标准，CMMI 的证书成了一家公司能力和形象的标志。

CMMI 不仅促进了软件行业的管理提升，也给其他管理实践提供了管理方式和模型参考，之后陆续发展起来的各种新的流程成熟度模型大多是参考这个模型建立起来的。

二、常见的流程成熟度模型

基于 CMMI，逐渐演化出很多流程成熟度模型，这些模型对等级的定义及评估方法有所不同，下面我们做简要说明。

（1）APQC 的流程成熟度模型。美国生产力和质量中心（APQC）定义了五个等级和七个原则来评估流程成熟度。五个等级分别是初始级/经验级、职能级/部门级、规范管理级/公司级、系统管理级/集成管理级、持续优化级。七个原则分别是战略一致性/战略匹配、治理、流程模型、变革管理、流程绩效、流程改进、工具和技术。等级与原则要对应着进行定义，以形成统一的评估矩阵。

（2）知名咨询公司的流程成熟度模型。以 IBM、埃森哲为代表的知名咨询公司也有自己专用的流程成熟度模型。以埃森哲为例，其将流程成熟度分为五级，其等级与流程管理特征如表 5-1 所示。

表 5-1　埃森哲流程成熟度等级与流程管理特征

流程成熟度等级	流程管理特征
非正式的	流程及其拥有者未定义流程； 随机评估，不与结果相联系
基础的	流程已被定义； 流程拥有者作为项目主管主导流程相关工作； 功能拥有者仍然是主要领导； 面向任务与功能的评估
形成中的	流程开始具有影响； 流程拥有者有更大权限； 公司以混合模式运作； 功能与流程都存在评估
被管理的	流程是主要动机； 组织以流程为中心，但职能管理依然存在； 流程拥有者为资深领导； 利用评估架构
优秀的	流程思想普及于整个组织； 流程拥有者作为客户代言人； 有良好的评估与回报

（3）知名学者的流程成熟度模型。这方面的流程成熟度模型有比尔·柯蒂斯和约翰·奥尔登设计的业务流程成熟度模型（Business Process Maturity Model，BPMM）、保罗·哈蒙提出的业务流程成熟度模型、迈克尔·哈默提出的流程和企业成熟度模型（Process and Enterprise Maturity Model，PEMM）等。以保罗·哈蒙的业务流程成熟度模型为例，该模型同样将成熟度分为五个等级，详细注释如下：

初始级：即流程部分制度化，做事没有固定规矩，靠直觉，没有计划。

经验级：即流程已经制度化，依托过往经验形成参考，有计划。

规范级：流程已经规范化，有严格的规范措施，有保障资源，也有清晰的权限结构，员工可以参考执行。

度量级：已经实现了通过量化和统计技术对流程进行管理，与企业运营、组织绩效紧密相关，已经可以让组织具备更强的市场竞争力。

卓越级：流程已经可以实现对战略的完整支撑，流程运营效率已经可以达到同行业的先进水平，组织可以成为区域性的标杆。

（4）企业实践的流程成熟度模型。企业在管理实践中总结了一些适合企业业务的成熟度模型，其中以华为公司的全球业务流程成熟度模型（GPMM）最具代表性。相比于其他流程成熟度模型，华为公司的 GPMM 是最复杂的，目前看来也是最有机会做精细化管理的模型。同样地，该模型也划分了五个等级，通过定义和典型特征两个维度来描述，等级包括初始级、已管理级、已定义级、已量化管理级、可持续优化级。以初始级为例：

定义：初始级处于基础级的业务领域，业务目标有时得以达成，但具有很强的偶然性，无法保证类似的业务能够成功实施，业务目标的达成主要依赖员工能力和经营，还未形成可持续的业务能力。

典型特征：在业务基础方面，员工工作方式不一致，职责缺位，管理者关注业务结果而非业务运作过程和机制。在业务过程方面，主业务流程与规则尚未建立，员工无法按照相同的业务过程开展日常业务，业务目标达成主要依赖员工的能力与经验，运作效率较低。在业务结果方面，业务结果偶尔达成预期目标，业务结果不可预测，业务运作效率有时制约商业目标的达成。

除了定义了等级，GPMM 还定义了评估维度，与等级形成匹配关系，从四个维度进行评估：A——Approach（有没有流程、方法、机制等？），D——Deploy（流程、方法等有没有执行与部署？），L——Learning（有没有持续改进？问题能不能得到解决？）和 I——Integration（业务需求、目标内外部是否集成与拉通？）。与其他流程成熟度模型不同的是，GPMM 不仅有一个通用的等级评估对照表，还要求每个流程领域适配做一套有针对性的评估细则，可落地性比较高。

精细化管理意味着工作量的增加、投入的增加，所以 GPMM 方法虽好，公司在实力（规模、管理成熟度、人员能力等）不雄厚的情况下需要谨慎导入。或者公司可以采取分步实施策略，在公司实力稍弱的情况下导入精简版。公司实力允许后，再导入完整版。

三、迈克尔·哈默的流程和企业成熟度模型

流程和企业成熟度模型（PEMM）是“流程再造之父”迈克尔·哈默晚年的杰作。2007 年，迈克尔·哈默在《哈佛商业评论》上发布了《流程再造新工具：PEMM 框架》，文中介绍了大体的过程：“2004 年，我向凤凰财团的成员提交了该模型的初始版本，由他们进行广泛测试和修改。2006 年，我确定了模型框架的最终版本，并称之为‘流程和企业成熟度模型’（PEMM）。”

PEMM 分两个模块，一个是对流程成熟度的评估，另一个是对企业成熟度的评估，这里侧重介绍对流程成熟度的评估。PEMM 将流程成熟度分为五个层级：P-0 级、P-1 级、P-2 级、P-3 级、P-4 级，具体的定义如表 5-2 所示。

表 5-2 PEMM 的流程成熟度层级及定义

层级	定义
P-0 级	企业尚未致力于发展业务流程。在该级别，流程的运行无法保持稳定状态

续表

层级	定义
P-1 级	流程比较可靠、容易预测；也就是说，运行稳定
P-2 级	流程能够实现卓越绩效，因为企业已经可以从头至尾设计和实施流经整个企业的流程
P-3 级	流程能够实现最优绩效，因为高层管理者们懂得在必要的地方将内部各流程整合起来，最大限度地实现其对企业绩效的贡献
P-4 级	是最佳流程，该级别的流程已经能超越企业的界限，延伸到上游供应商和下游客户

注：值得注意的是，如果有一个流程能动因素十分薄弱，连 P-1 级别都达不到，那么该流程就默认处于 P-0 级别。

同时，PEMM 给出了具体的评估要素，从五个能动因素共十三个因素变量来对流程成熟度进行评估。五个能动因素包括流程设计、流程员工（执行者）、流程负责人、基础设施、指标。

首先，流程必须有具体明确的设计（即流程设计），否则执行流程的人就不知道要做些什么，或者不知道应该什么时候做。流程设计的因素变量包括目的、环境（背景）、文档（或记录）。其次，流程必须有执行流程的员工[即流程员工（执行者）]，执行者必须具备适当的技能和知识，否则无法实施流程设计。执行者的因素变量包括知识、技能、行为。再次，流程必须有一位流程负责人，一位有责任、有权力的高管可以确保流程出成效，也能够避免项目中途而废。流程负责人的因素变量包括身份、活动、权力。从次，企业必须协调信息技术和人力资源系统等基础设施，以支持流程，为实现流程绩效扫除障碍。基础设施的因素变量包括信息系统、人力系统。最后，企业必须制定和使用正确的指标，以评估流程的长期绩效，否则就不能取得希望的结果。指标的因素变量包括定义、运用。

迈克尔·哈默强调："这些能动因素相互依存，一旦其中一个因素缺失，其他因素也会失效。流程负责人太弱势，再好的流程设计也无力推行。执行者缺乏培训，就没有能力执行流程设计。而如果流程设计不完善，那么不论流程指标有多周全，也无法优化流程绩效。业务流程的实施中如果缺少一个能动因素，也许通过员工的超常努力或高层的干预，在短期内也能取得绩效，但这种情况不会持久。当然，就算所有能动因素都齐备了，也不能保证流程一定运行良好。比如，虽然有了流程设计，但是如果设计不善那就毫无用处，甚至会起到反向的示范作用。”

关于企业成熟度的评估，PEMM 则从四个能力来进行，包括领导力、文化、专业技能、治理。领导力包括意识、定位、行为和风格。文化包括团队合作、以客为尊、责任和对待改变（变革）的态度。专业技能包括员工和方法。治理包括流程模型、问责和整合。

流程的能动因素着重于流程设计、执行与变更，企业组织能力则更多关注支持和维持这种变更，从而使其成为“正常的业务”或日常工作方式。

不论是 APQC 的定义，还是埃森哲、IBM 等公司的定义，或者是迈克尔·哈默等学者的定义，大体上是要结构化评估要素，使得企业有一个统一的评估模型，避免各个业务部门自说自话。不论评估的体系如何，我们在做流程设计的时候都需要充分考虑相关的能动因素，从整体上去规划、开发、执行。同时，保证一定频度的业务流程成熟度评估，对流程管理进行例行“体检”，及时发现问题并纠偏，推动组织高效运转。

在流程成熟度模型选择上，企业在规模不大、业务复杂度不高、组织能力不强的情况下，建议选择迈克尔·哈默的 PEMM，这也是为什么本书将其单列介绍的主要原因。反之，则建议采用华为公司的 GPMM，尽管 GPMM 有些复杂，推行起来也有难度，但是它确实是比较成功的管理实践。

最后强调一点：评估不是目的，通过评估找出差距，推动改善才是目的。

需要说明的是，由于这些流程成熟度模型中的一部分是从国外引进的，与大家的语言使用习惯有一些距离，大家在实际操作的时候需要做一些转化。流程成熟度模型中涉及大量的模板，基于尊重原著版权的考虑，本书未将它们列出来，大家可以直接在原著中获取。

第六章

流程型组织变革之路

从确定流程型组织转型的目标，到解读流程文化氛围营造及后来的具体流程开发、设计、运作及评估管理，按照“3+2 模型”一套组合拳打下来，流程型组织实现了业务流程化管理，且具备了良好的管理环境与实现基础，但这并非流程型组织变革的终点。

业务流程化管理实现之后，要使业务顺畅高效地运作，就必须建设与之配套的流程型组织。应该说，流程与组织的匹配是流程型组织变革的画龙点睛之笔，只有组织也随着流程进行变革，基于流程来分配权力、资源和责任才能真正落到实处。

组织的变革从来都是艰难的，因为组织的调整意味着人事的调整，实际上就是利益的重新分配。所以，什么时候变、怎么变、谁来变等一系列问题变得十分重要，需要有策略地解决，本章围绕这些问题展开解读，希望能为广大读者带来启发。

第一节　流程建设路径

“3+2 模型”清晰地描述了流程型组织建设要做的工作，包括流程管理战略、流程能力、流程建设、流程治理、文化与赋能，但是这些工作之间是如何衔接的，哪个在前哪个在后，有哪些地方问题频发，还缺乏一个整体贯通。

流程建设不是一蹴而就的工作，需要有先后。每家公司所处的环境不同，流程管理的基础也千差万别，因此流程建设的路径也就不能一概而论。正因如此，我们也只能基于实践总结一个通用的模式，从零开始推动流程建设，通常从理念共识（意识）入手，到具体的建立机制、架构规划、打造样板、全面建设，最后是运营优化。有些工作是持续的过程，有些工作有先后顺序，下面逐个说明。

一、理念共识

俗话说得好：“酒逢知己千杯少，话不投机半句多。”在公司内要推动流程建设，首先得让大家有共同的理念，不然就没有对话的基础。理念共识是推动流程型组织转型的基础，是流程建设的源头，是最基础的工作，也是最难做的工作。

毫无疑问，流程型组织转型必须源于公司决策者的意志，否则任何动作都是多余的。问题是，如何让公司的决策者意识到，此时此刻公司必须进行流程型组织变革？这对于流程建设，对于流程型组织转型来说都是具有决定性的一步。当然，如果决策者能够自我觉醒则是最理想的，但这种情况往往比较少见。我们曾见过不少公司，几位中高层管理者推动流程建设并且搞得轰轰烈烈，折腾了一阵子，公司决策者并没有明白是怎么回事，一声令下，流程建设被停掉了。流程建设前功尽弃不说，还给公司未来的变革工作埋下隐患，从那以后，流程、变革就会成为公司的敏感词汇，没有人敢再跟决策者（董事长、总经理或经营决策委员会等）提了，都怕吃力不讨好。可以说，没有决策者支持的重大变革是先天不良的变革，是注定要失败的。

获得决策者支持是关键，如何迈出第一步呢？可行的做法包括标杆案例导入、现实问题推动、外部专家理念灌输等。

投资者关心的是投资回报率，经营者关心的是如何达成经营目标，要打动他们，公司就要有价值牵引。标杆案例导入是其中的一种牵引，别人这样干，取得了好的成效，我们要不要也依葫芦画瓢？这是最直接的方法。如果友商是行业标杆，则标杆企业是最佳的选项；如果同行业没有实践标杆，那就和相关行业对标。总之，相似度越高可信度越高，成功率也就越高。

现实问题推动也是一种牵引。在公司日常运营中，总会出现一些异常的问题，有些问题可能还会反复出现，在公司内部成为瓶颈。瓶颈出现时，如果可以以此为契机，引导决策者通过流程优化来解决现实问题，也不失为一种好的方式。当然，这些现实问题的选择显得尤为关键，举个简单的例子：

某服装品牌商 D 公司以生产、销售内衣闻名于世。D 公司表面上风光无限，实际运营过程中则出现了很多问题，其中一个问题是产品 SKU（Stock Keeping Unit，存货单位）多得离谱，企划部门不断规划新的 SKU，后端的生产、销售等部门已经扛不住了，不断提出流程优化需求，希望通过流程约束无序扩张的 SKU 数量，但都以失败告终。

销售部门的同事小杜鹃想了个法子，她把某款（型号）产品的库存铺开，挂在一面展示墙上，满满当当的一墙，一款型号的产品 SKU（按颜色、尺码、销售渠道等区隔）多达几十个，导致销售部门经常会有很多 SKU 尾数无法售完，形成了大量的呆滞库存。布置妥当后，小杜鹃邀请各位领导去现场开了个SKU数量问题优化的研讨会。不出意外，PPT里的数据变成实物后形成的视角冲击使得大家开始真正重视这个问题，后面的事情就水到渠成了。

外部专家理念灌输也是一种牵引。“外来的和尚会念经”，外部专家的培训（外训、内训），外部标杆公司的人才引进、项目咨询等，都是推动流程变革的不错方式，时机与方式的选择是关键。

除了上述几种比较典型的做法，公司还可以根据自身的文化传统做一些额外的安排，比如举办读书会、组织专题研讨、在内部刊物推送或宣传流程管理知识与案例文章等。流程管理概念初步形成之后，需要持续传达并由中高层管理者不断推广，营造流程管理的文化氛围。流程文化建设在第二章第六节中曾做过阐述，在此不再赘述。

有了初步的理念共识和氛围，还需要趁热打铁，在战略规划的时候研讨流程管理战略，确认未来流程变革的方向，并据此在公司内宣传贯彻，使其成为公司的战略共识。公司的决策者需要为战略负责，也有义务为流程变革“站台”。高层管理者只有在各种场合不断强化理念共识，在公司内部树立紧迫感，中基层员工才会行动起来。山雨欲来风满楼，有了这一点，后面推动流程变革就顺理成章了。

对理念共识的具体措施已经做了简单说明，还有个现实的问题是谁来做这些事情比较合适？从零开始的流程变革，推动者必须在公司内有影响力，比较理想的角色是首席信息官（CIO）、战略负责人、首席人力资源官（CHO）。数字化转型流程先行，所以，CIO是首位的。战略规划后如何落地？流程变革是弥补公司能力差距的关键抓手，战略负责人与高层关系紧密，推动的高度足够，相对也容易一些。戴维·尤里奇定义的HR四角色模型中的一个角色是变革的推动者，掌握人事任免大权的CHO也是推动流程变革的热门人选。需要注意的是，职权是一方面，流程变革在决策者心中的分量及决策者的个人意愿也是关键因素，如果决策者本身并无意识和技能，那么流程变革的可行性就变得非常微小了。

很多时候，个人的呼吁是比较微弱的，推动者需要联合一些关联度比较高的部门，或者痛点比较多的业务部门，人多力量大，呼吁达到一定程度的时候便会引起大家足够的重视。在这个过程中，流程变革的核心领导团队会逐渐形成。

在理念共识阶段，流程管理意识、知识与技能、战略定位、文化氛围、变革的紧迫感、领导团队等都有了雏形。其中，流程的战略定位是关键，确定了这个流程才能真正进入高层管理者的例行管理议题。“领导变革之父”约翰·P.科特说：“树立紧迫感是最重要的，其重要程度也许占到了八个步骤的 50%以上。”对于推动流程管理体系建设来说，理念共识的分量则更重一些。

二、建立机制

确定流程的战略定位后，所有的工作就要展开了，此时必须有正式的流程管理、沟通语言，用一个独立的时间段来完善这些机制是非常有必要的。流程管理机制比较多，一方面包括流程管理技术标准，另一方面包括流程管理组织运作机制和流程责任体系等。这些机制在行业内有比较成熟的模式，借鉴过来并将它们转化为公司内部的机制就可以了。

这个阶段的一个核心点是要快速提升相关人员的流程管理知识、技能。理念共识阶段做的培训更多的是理论型的，建立机制阶段做的培训就必须是实操了，要达到真正能上手操作的程度。同时，对于核心领导团队成员，需要做深入的赋能，在具体的业务领域推动流程建设，做好与业务运营的平衡等。

中高层管理者赋能推动变革的方法论体系，基层员工则赋能具体的流程设计、运营等，根据需要制定具体的方案。

这个阶段也是进一步考察未来流程变革核心领导团队的时机，团队在培训、赋能中的表现可以映射到未来的变革中。中坚力量是在训战过程中磨炼出来的，无法刻意培养，但是有心人会在这个过程中脱颖而出。公司决策层需要在这个阶段不断强化大家的变革意识，将未来的流程变革阻力消灭在萌芽阶段。

三、架构规划

流程架构是流程建设的蓝图，是从宏观上对公司的业务进行描述。喜欢看战争剧的读者应该不陌生，指挥员在指挥部里运筹帷幄，决定从哪里进攻、在哪里防守，就拿笔在地图上做出标记。一张地图便能展现整场战役的发展态势，也因为有了地图，指挥员才能指挥若定。电影《长津湖》中的一个片段很能说明这个问题。

美国空军发现了中国人民志愿军指挥部所在地大榆洞，于是派遣飞机前去轰炸。指挥部的指战员得到警报后都往防空洞转移，由于时间仓促，很多重要物资（包括通信电台等关键设备）没有来得及带走，但彭总的刘秘书只问参谋高瑞欣："地图带了吗？"听到高瑞欣回答"带了"后才匆忙撤离。指战员在危急关头只关心地图，地图的重要性可见一斑。

刘秘书在快要迈进防空洞时想起墙上还有幅图，而且还是为数不多的大比例尺地图，于是，他义无反顾地返回指挥部，另外一名战士一起前往。这是生死之间的抉择，向前一步迈进防空洞就能活下来，回指挥部就极有可能牺牲在空袭之下。最终结果非常遗憾，为了一张地图牺牲了两名指战员……

很多人无法理解，为了一张地图，至于吗？事实上，真正从事过指挥工作的人知道，没有地图就很难看清战场的全貌，对于指挥员来说这是致命的。

流程架构很重要，但是不能让大家等待太久。业务比较单一的公司的流程架构搭建周期应控制在 6 周左右，业务复杂一些的公司也应该将周期控制在 3 个月以内。当然，流程架构交付的东西不同，需要的时间也会有所差异，不能一概而论。

流程架构使大家从整体视角管理公司业务成为可能，同时，也为制定具体的流程计划提供了很好的依据，这样基于架构驱动的流程建设才有了基础。另外，流程负责人、兼职流程管理员等的确定也必须通过流程架构来实现，流程只有有主了，才能真正落地。

四、打造样板

有了理念共识，建立了流程管理机制，设计了流程架构，对于业务来说，实际上还是浮在空中的。大家还在观望，心里嘀咕着："流程这玩意儿适合我们吗？"这个时候，公司需要开发一块"实验地"证明流程变革的价值，通常要选择 1 ~ 3 个 L3 模块来打造样板，让大家快速地看到价值，坚定变革的信念。

选择什么样的模块来做样板，这很关键。搞得好就是样板工程，搞得不好就成笑柄了。通常在业务痛点比较多的领域选择，或者在主价值链中选择，或者在业务主管意愿与能力都比较强的领域选择。在具体设计方案的时候，需要评估其是否能快速取胜，"快赢"对于这个时期的流程建设而言至关重要。通常按照快赢评估表进行评估，如表 6-1 所示。

表 6-1 快赢评估表

待实施流程方案	易于实施	快速实施	廉价实施	在团队控制范围之内	容易逆转	是快速取胜的机会吗
A						
B						
C						
D						
E						
F						

快赢主要从五个维度进行评估，包括易于实施、快速实施、廉价实施、在团队控制范围之内、容易逆转。只有全部符合五个维度的方案才可以真正实现快赢。这一点在选择优化模块的时候就要提前准备好，准备不足而中途放弃的话会打击团队的积极性。约翰·P.科特提到的“积累短期胜利”，就是这个意思。

五、全面建设

全面建设并不是要在打造样板之后才开始，在完成架构规划后，流程负责人与兼职流程管理员一旦到位，全面建设工作就可以正常推进了。我们在前面打造样板就希望给其他业务领域一个可参考的东西，大家按同样的方式来做，理论变成现实后更立体且更有说服力。

在全面建设阶段，流程管理部门依据流程建设规划推进，重心应该放在主价值链上。在前端，以市场营销、销售、服务为牵引，2B 业务实行 MTL、LTC、ITR、CRM 等，2C 业务则通过 IPMS 拉通营销、销售、服务。在中后台，以集成产品开发（IPD）为驱动，拉通采购、供应链；为客户创造价值的流程是公司持续发展的动力，优先投入资源；HR、财务、IT 等支撑能力同步建设，但在投入上需要量力而行。

在具体的流程建设上，不建议全面照搬现状，在条件允许的范围之内，初次梳理的时候就要做一些优化，一旦固化成流程文件，后面调整起来会更难。在推动的方式上，小型的优化通过工作坊、小组研讨等相对简化的方式进行；对于大型的变革，必须严格按照流程变革项目的方式来管理。

在全面建设阶段，流程管理部的角色是赋能和PMO。首先是赋能，流程负责人和兼职流程管理员的首要任务是确保业务的日常运营，流程建设的责任归属于他们当然没有问题，但是不能要求他们在流程管理技能上同专业的流程管理专家一样专业，毕竟术业有专攻。其次是PMO，流程管理部要承担起统筹流程管理建设全盘的推动工作，不能顾此失彼。

全面的流程建设，时间周期设为2～3年是比较合理的，业务特别复杂的公司可以将其适当延长。时间周期如果太短，大家为了赶任务，很可能匆匆忙忙搞一堆流程文件交差，业务并没有得到太多改善；时间周期如果太长，大家都懈怠了。既要有压力，又不能让压力过大导致大家“躺平”。首先要有1.0版本，后面要做的就是持续优化。

六、运营优化

运营优化是最后一个阶段，是流程业务化管理的阶段，也是工作最多的阶段。在运营优化阶段，需要按周或按月评估流程绩效指标的实现情况，需要关注流程内控管理机制的落地执行效果，需要给流程管理体系做例行的体检（PR、SACA、流程成熟度评估）等。

在流程执行过程中发现的问题点、遇到的业务痛点，或者在进行流程体检时发现的异常，都需要及时处理。变革与优化会时不时发生，需要做例行化管理。流程、内控、质量运营、业务四个部门的工作联动性需要加强，需要建立一些协作机制，明确各自扮演的角色。

流程建设路径不是一成不变的，每家公司的情况不同，采取的方式与步骤也自然有区别。这好比大家的目标都是去北京旅游，深圳的小伙伴和上海、太原、天津的小伙伴去北京的交通方式肯定是不同的。天津的小伙伴比较轻松，骑自行车就可以，自驾或搭乘高铁也不错；太原的小伙伴骑自行车去北京就比较吃力了，但是搭乘高铁或自驾也不错；深圳、上海的小伙伴搭乘飞机与高铁是最合适的，想象一下从深圳或上海骑自行车去北京需要花费多少时间与精力，估计还没有开始腿就软了……

俗话说得好“条条大路通罗马”，选择适合自己的那条路就行，合适的路才是最好的路。流程建设也一样，从理念共识、建立机制、架构规划、打造样板、全面建设到运营优化，可以适当裁剪，裁到合体就是最好的。

第二节　流程型组织，从“形似”到“神似”

组织设计是一个复杂的问题，有很多因素会对最后的组织结构产生影响；流程型组织也并非万能钥匙，只有在合适的时机、合适的环境选择合适的方案和推动策略才能获得较好的效果。

影响组织设计的因素有很多，从方法、工具层面来看，有很多成熟的模型可以影响它，比如麦肯锡 7S 模型、杰·加尔布雷斯的五星模型等。从具体的影响变量来说，大致有两大类：结构变量和权变因素。

一、结构变量

结构变量提供了描述组织内部特征的标尺，从而为测量和比较组织奠定了基础。关键的组织设计的结构变量包括正规化、专业化、职权层级、复杂度和集权化等。

（1）正规化。正规化是指公司内部统计文件数量，这些文件包括公司政策、岗位与职务说明等，通过这些文件来规范、约束公司内部员工的行为和活动。例如，我们在第一章第七节“MUJI 的流程变革”案例中提到过，MUJI 通过流程变革初步建成了公司的流程管理体系，形成了 6000 多页的业务规范书和 2000 多页的 MUJIGRAM，这是比较正规的组织管理。与之相比，我们在咨询、培训服务中也发现很多中小型公司就没有几份正式的文件，管理基本靠“吼”，朝令夕改是常规操作，这是非正规的组织管理。当然，要判断其正规化程度，不仅要看文件数量，还要关注覆盖的业务场景，文件多与业务规范管理是两个不同的概念，是量与质的区别。

（2）专业化。专业化是公司任务分解为各项独立工作的程度，通常，专业分工与组织的规模成正相关性，组织越大，分工会越细致、明确。有个形象的说法，分工粗与分工细的区别如同挖长度 1 千米、深度 1 厘米的坑与挖长度 1 厘米、深度 1 千米的坑的区别。很多中小型公司的员工往往身兼数职，专业化就无从谈起，这与组织规模、组织对专业化的认知有很大的关系。

（3）职权层级。职权层级描述了组织中的汇报关系和每位管理者的管理幅度。尽管遵循扁平化管理的理念，但是小米公司也悄然做了多层级的管理转型，可见，公司规模大了，依然无法摆脱职权层级的划分。管理的层级与管理幅度通常负相关，层级多幅度就窄，职权的层级链条就被拉长了。反之，层级少幅度就宽，职权的层级链条就被缩短了。通常，职级越高管理幅度越小，职级越低管理幅度越宽。当然，具体需要根据公司业务的性质及管理成熟度情况而定，不能一概而论。

（4）复杂度。组织内的部门数量或者活动频度可以从三个维度进行测量：

纵向复杂度、横向复杂度、空间复杂度。一方面，组织的层级数及内在对专业知识、技能的要求会影响组织的复杂度；另一方面，并行的部门数量及岗位分工等也会影响组织的复杂度。另外，业务本身的技术难度、业务模式等也会影响组织的复杂度。在交通工具越来越便利，通信工具越来越先进的时代，异地办公成为常态。以华为公司为例，仅在国内就有二十多个代表处，还有多个研究所。多地区办公、跨部门协同等使得远程在线办公、出差等成为日常工作的一部分，也增加了业务管理的复杂度。

（5）集权化。如果决策权掌握在少数高层管理者手中，那么组织就是高度集权的。关于集权与分权，相信大部分企业家、中高层管理者都有难言之隐，这是渴望与害怕的矛盾体。美的集团创始人何享健的《分权手册》虽然好，但是真正能做到的公司还是少数；华为公司创始人任正非的“让听到炮声的人呼唤炮火”更理想，但是如果公司没有完善的流程体系支撑也很难做到。大部分公司还是处于“大事小事事事靠审批”阶段，老板、高管忙得不得了，中基层员工闲得不得了，大家都在矛盾与冲突中负重前行。“一抓就死，一放就乱”，多年的陋习还需变革改造。

了解结构变量是组织设计的必要非充分条件，要想设计出更贴近业务的组织结构，还需要了解另外一种变量，即权变因素。

二、权变因素

权变因素描述的是那些影响和形成结构变量的组织环境。权变因素包括战略、规模、技术、环境、生命周期、企业文化等。

（1）战略。战略是在有限资源条件下的取舍，决定了一家公司区别于其他组织的目标和竞争性技巧。战略还包括行动计划，是公司对环境和达成公司目标而需要的资源分配与活动方案的描述。战略决定组织结构，组织结构应因战略而异、服务于战略。战略确定了，商业模式就确定了，价值链就确定了，流程框架也基本确定了。

（2）规模。这里的规模是指公司人数的多寡，这是反映组织复杂程度的关键指标之一。销售规模、利润规模、资产规模等不列入规模考虑的范畴。“小而美”是一种组织追求，“大而强”则是另外一种组织追求。规模小，往往意味着管理可以简单化；规模大，专业分工就多，不同领域之间的关系错综复杂，也就没有简单的管理方式了。举个简单例子：数据统计显示，在 2022 年 11 月，富士康在全球有超过 129 万名员工，这个规模非常大，员工在厂区高度集中，管理复杂度相当高；单是解决员工的吃、住等基本需求问题就让大部分人头疼不已，看看各大工厂建厂配套的食堂、宿舍等设施就知道有多难了。同样是一个加工厂，如果只有几十名员工，相对来说管理复杂度就比较低了；同样是吃、住问题，在路边摊吃、在城中村住，都是员工自理，简单粗暴又直接有效，工厂并不用管理太多。

（3）技术。技术是指公司将投入转换为产出所使用的工具、工艺方法和机械装置等，小到一台计算机，大到一条生产流水线等，都是技术。在科技高速发展的今天，技术的影响至深至广，机器人流程自动化（RPA）还没有成熟，关于 ChatGPT 的讨论就已经十分火热了，组织的设计不能忽略这些关键的运营管理促进技术，有必要将它们融合到一个体系中来。

（4）环境。环境是指公司边界之外的所有因素，不仅包括宏观的经济发展、政策、人口等无实体的要素，也包括公司的合作伙伴，如供应商、渠道分销商、金融机构等。对于公司来说，外部环境，尤其是客户、监管机构等组织对公司的影响是很大的，某些时候会决定部门组织结构的设计。例如，苹果公司要求其供应商必须设立质量改进部门，并与制造部门进行职责分离；供应商们没有太多的选择，要么按照苹果公司的要求设立新的部门，要么审核不通过退出苹果供应链体系。

（5）生命周期。生命周期是指一个组织的成立、成长直至消亡的过程。正如伊查克·爱迪思在《企业生命周期》一书中描述的那样，企业的发展就像人和生物，有不同的生命周期阶段，包括孕育期、婴儿期、学步期、青春期、壮年期、稳定期、贵族期、官僚早期、官僚期、死亡。理查德·L.达夫特则将组织生命周期分为四个阶段，包括创业阶段、聚合阶段、正规化阶段、精耕细作阶段。L.E.葛雷纳则有“成长的五个阶段”的论述。尽管对组织的生命周期的划分不尽相同，但比较一致的是，在不同阶段，组织的特征不同，需要采取的管理策略与方法不同，组织结构也自然会有差异。

（6）企业文化。关于企业文化，我们在第二章第一节中有过阐述，企业文化是指公司内部员工们共享的一套价值观和基本假设。基本的价值观不仅会影响员工的行为，也会影响组织结构的设计。例如，有适应性文化的公司强调的是与外部环境的匹配，这类公司会通过提高灵活性、敏捷性（柔性）和自我革新来满足外部客户的需求。以互联网为代表的快速反应的公司的适应性特征比较明显，这些公司的企业家会刻意培养和强化这种文化，将文化与组织、环境紧密关联起来。行政机构型公司强调的是平稳，组织设计也比较四平八稳。

只有将结构变量与权变因素有机结合，才能设计出适合公司的组织结构。

三、流程型组织适用场景

从上述结构变量、权变因素的描述中我们可以看出来，流程是组织设计的一个影响因素，并非全部。在做组织设计的时候，我们需要权衡各种因素后得出最合适的组织结构，而非生搬硬套流程型组织。

通常，组织结构的定义包括三个方面的关键要素：

（1）组织结构决定了组织中的正式报告关系，包括职权层级的数目和主管人员的管理幅度。

（2）组织结构确定了将个体组合成部门、部门再组合成整个组织的方式。

（3）组织结构包含了确保跨部门沟通、协作与力量整合的制度设计。

这些要素从纵向、横向两个维度框定了组织结构，组织结构最终会反映在组织架构图上。组织结构的基本形式包括职能型结构、事业部型结构、矩阵型结构、横向型结构（又称“流程型结构”）、虚拟网络型结构、混合型结构。

横向型结构是不同于传统的纵向型结构的组织方式，因为它按照核心流程来组织员工，因此横向型组织又称“流程型组织”，图 1-5 中展示了流程型组织的结构。与传统组织（纵向控制型组织）将工作划分为不同职能部门的职务不同，流程型组织强调横向贯穿整个组织的核心流程，按团队将员工组织起来，共同工作、服务客户，以此减少甚至消除纵向阶层和原有的部门边界。

不论是职能型结构、事业部型结构、矩阵型结构，还是流程型结构，都有特定的适用范围，它们本身也都是在合适的环境下改善组织运作效果的工具。公司的结构设计成什么形式取决于特定的条件，包括前面提到的结构变量和权变因素。从根本上讲，公司还是要找到纵向控制与横向协调之间的平衡。纵向型结构与控制、效率、稳定性等相关，横向型结构则与协调、学习、创新性等相关。这些内容理查德 · L.达夫特在他的《组织理论与设计》一书中做了阐述，如图 6-1 所示。

从组织管理理论严格的定义来看，流程型组织并不是组织设计的唯一解。对流程型组织的严格定义是从狭义上理解的，是流程型组织的“形”；流程型组织还可以从权、责、利等分配依据的视角来理解，即基于流程来分配权力、责任、资源的组织就是流程型组织，这是流程型组织的“神”。本章第三节、第四节会对广义的流程型组织设计进行说明，在此之前我们继续对流程与流程型组织的关系进行说明。

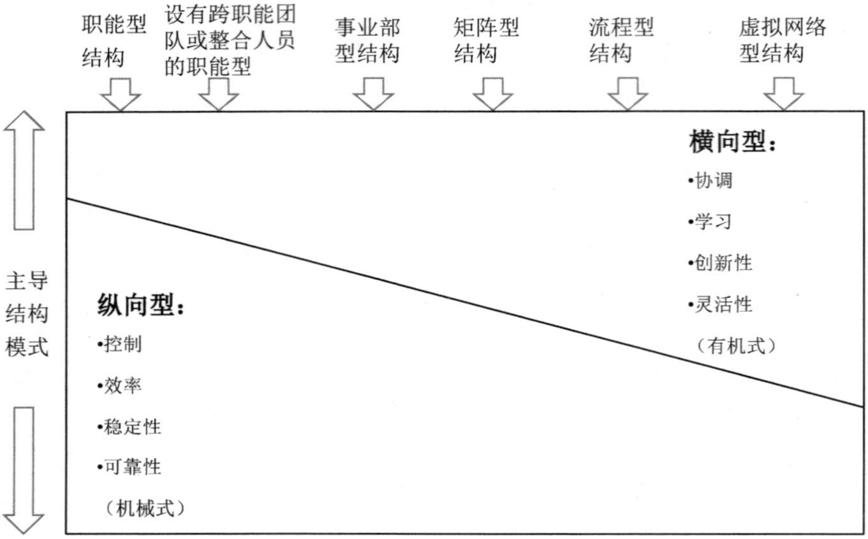

图 6-1　纵向型和横向型组织结构对比

四、流程与流程型组织

“流程变革的目标是流程型组织建设”的理念被华为公司大力推广之后，已经被行业内不少企业奉为金科玉律，甚至还有人把流程与流程型组织的关系简单地画上等号，不得不说将它们画上等号的理解多少有些片面，有必要在此做一个澄清。

首先，流程不能简单地等同于流程型组织，这从流程的定义与流程型组织的定义中可以很明显地看出来。流程的本质是组织创造、交付价值的机制，而流程型组织是一种组织设计方式，两者的关系是：流程型组织必须以流程为基础，是流程决定组织而非组织决定流程。没有计划采用流程型组织设计方式的公司能不能推行流程呢？当然是可以的，流程是价值创造的机制，在纵向控制型组织中，客户价值的创造依然离不开流程，只是流程在公司的管理体系中没有占据主导地位而已。

其次，流程型组织是流程变革的目标，这不等于说一旦在公司内推行流程管理，公司就要马上调整为流程型组织。一方面，条件不成熟，无法实现；另一方面，并非每种类型的公司都适合打造流程型组织，需要根据结构变量和权变因素综合考虑。

最后，流程型组织要“神似”而非“形似”。关于流程型组织，组织设计理论中有严格的定义，通常认为这是对流程型组织“形态”的严格定义，是狭义的流程型组织；华为公司在给流程型组织下定义的时候另辟蹊径，通过将权、责、利的分配与流程关联起来形成不同的流程型组织，靠“流程”而非“个人”来支撑公司运营，通常认为“流程”是流程型组织的“灵魂”，这种组织是广义的流程型组织。我们在推动流程建设，推动组织向流程型组织转型的时候，应该关注本质而非形态，也就是要“神似”而非“形似”，只要公司的主要运营手段依靠的是流程，那么组织形态各异也无妨，非严格意义上的流程型组织也不影响它的实际效用。

五、流程型组织实践案例

推动流程管理获得成功的公司不胜枚举，但是完全转型为流程型组织的公司不是特别多，很多公司还是处于一种以组织形态为主、多种组织形态共存的状态。这里选了两个案例，一个是国外的福特公司，一个是国内的华为公司。

案例一：福特公司的顾客服务组织

严格来说，福特公司还算不上流程型组织，它旗下的部分业务在进行组织设计的时候遵循了流程型组织设计理念，以顾客服务事业部为例，采取的是职能型结构+流程型结构（横向型结构），如图 6-2 所示。

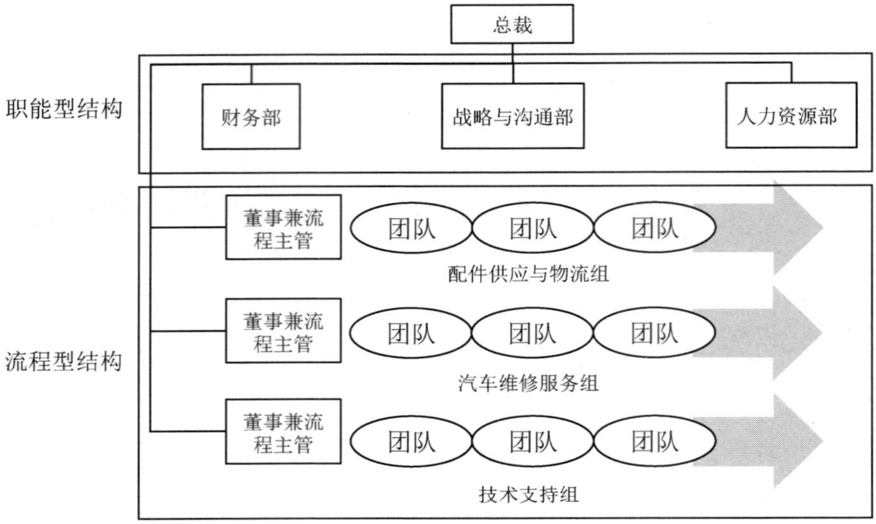

图 6-2　福特公司顾客服务事业部结构图

在顾客服务事业部，财务部、战略与沟通部、人力资源部等传统的职能部门依然采用传统的职能型结构。在业务运营层面，则全面采用了面向客户的流程型结构。

福特公司在配件供应与物流、汽车维修服务、技术支持方面都采用了流程型结构，组建了一个个流程团队，面向客户快速响应。传统的职能型组织作为后台支撑部门，为这些流程团队提供服务。

案例二：华为公司的组织形态

华为公司是流程管理的忠实拥趸，从 1998 年请 IBM 授艺开始，流程型组织转型就没有停下过脚步。华为公司公布的 2023 年一级组织结构依然保留了常规的职能型结构（形式上），具体的业务运作则基于流程型组织设计的理念做了重构；同时，按照不同产品类做了事业部制管控，如图 6-3 所示。

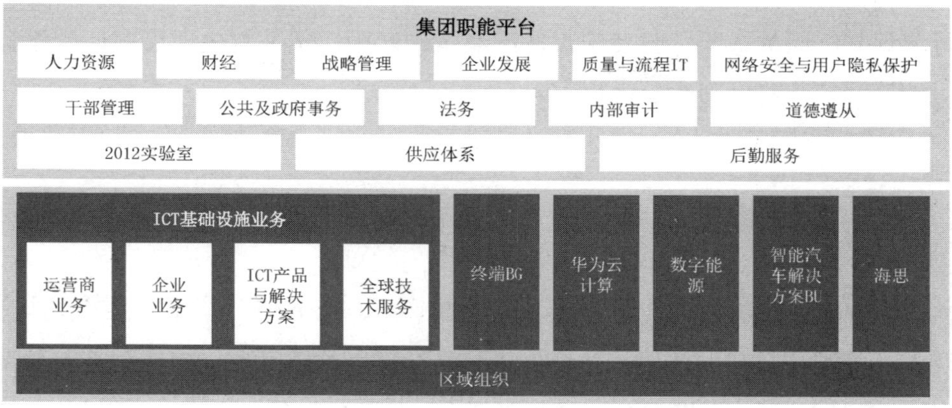

图 6-3　华为公司 2023 年一级组织结构图

（图片来源：华为公司官网）

华为公司的部门设置有很明显的职能特征，但是这是它的“形”，实际上华为公司的职能部门内部已经在施行流程化的管理。例如，战略管理部门是典型的职能部门，但是华为公司的战略管理是经过流程化改造的，利用从开发战略到执行（Develop Strategy to Execution，DSTE），在战略管理层面已经实现了流程的闭环管理。市场营销、销售、客服等，与 MTL、LTC、ITR 等流程适配，看似职能部门的背后已经实现了流程贯通，形式对于华为公司而言似乎不再是关键了，“神似”而非“形似”似乎更实在一些。

华为公司的组织设计理念是“战略决定组织，流程决定组织”，这是流程型组织的核心点。基于流程设计组织，而非基于专业分工，流程负责人开始走向前台，拥有传统职能负责人没有的权力，比如以客户为导向的横向拉通的权力，这对于流程型组织来说是至关重要的，事实也证明是有效的管理实践。

第三节　流程与组织的宏观匹配

转型为流程型组织不是一蹴而就的，这毋庸置疑；但也必须强调，不能因此而止步不前。在推进流程建设的过程中，需要根据流程建设的进度及时进行流程与组织的适配，包括宏观匹配与微观匹配。本节首先对宏观匹配进行说明，下一节对微观匹配进行说明。

一、组织诊断

组织诊断是组织设计的基础工作，是针对组织的文化、结构、环境、流程及人员等进行系统的评估，并根据战略目标进行差距匹配，确认是否需要调整，以及如何调整的组织管理工作的调查分析过程。

组织诊断的目的是要全面了解公司组织管理的现状，完整的组织诊断步骤包括选择合适的组织诊断模型、建立评估流程、实施组织诊断、组织诊断结果呈现、设定管理改善优先级等。

常用的组织诊断模型包括麦肯锡 7S 模型、开放系统模型、杰·加尔布雷斯的五星模型、马文·韦斯伯德的六盒模型、大卫·尤里奇的组织诊断模型等。每个诊断模型的维度都有差别，可以分别从业务、管理两个维度来看，业务是价值创造、交付的过程，管理则是支撑业务完成的过程。

选择合适的组织诊断模型后，需要根据模型的维度适配公司的业务场景，定义具体的数据收集方法、数据分析方法等，再基于收集的数据进行分析，形成诊断结论，结合公司的实际需求进行优先级排序，为后面的组织设计提供依据。

二、宏观匹配

宏观匹配指的是流程与组织架构的匹配，通常运用 4R（AR、TR、PR、CR）方法描述组织角色。

AR 是 Accountable Responsible 的缩写，指代最终责任部门。AR 用来管理并描述执行流程的角色，每个流程有且只能有一个 AR，比如人力资源部是 MHR 流程的负责人、供应链管理部是 ISC 流程的负责人等。

TR 是 Total Responsible 的缩写，指代直接责任部门。TR 执行整个流程或流程的大部分活动，比如供应商管理部负责采购管理流程中供应商寻源、认证、绩效评估、组合发展等工作。

PR 是 Partial Responsible 的缩写，指代协同责任部门。PR 执行部分流程，即流程中的部分活动，比如 HR 相关流程，各业务部门属于 PR。

CR 是 Customer Responsible 的缩写，指代面向客户的责任部门。CR 执行不同客户与场景下的整个流程或大部分活动。

宏观匹配通过横向审视与纵向审视确定当前流程与组织的匹配，识别组织设置中不合理的地方，为后面的架构设计提供直接依据。流程与组织宏观匹配矩阵如图 6-4 所示。

流程	组织			……
	#1	#2	#3	
#1	AR	AR	AR	
#2	PR	PR	CR	
#3	TR	PR	CR	
#4	TR	PR	CR	
#5	TR	PR		
……				

纵向审视

横向审视

图 6-4 流程与组织宏观匹配矩阵

通过纵向审视与横向审视定性分析组织对应角色的职责分配是否合理。

过多 AR 或没有 AR，过多或过少 TR、PR、CR，都可能存在问题，需要根据组织的实际情况做判断。AR 缺失会出现职责缺失，AR 过多则说明职责有重叠之处，需要进一步调整。如果 TR、PR、CR 过多则需要判断组织是否过载，是否有组织拆分、调整的需求；如果 TR、PR、CR 过少则需要判断组织是否不足，是否存在取消、合并的需求。

三、架构设计

组织诊断识别了组织中存在的问题，流程与组织的宏观匹配对组织进行了定性分析，接下来就是组织的架构设计了。从公司整体来看，综合考虑结构变量、权变因素之后，采用的组织形态基本就已经定下来了，用华为公司高管徐直军的话来说就是“战略决定组织”，比如采用矩阵型结构、事业部型结构、按产品线整合或拆分组织等。接下来要做的是具体的部门设置与组织的架构设计，即“流程决定组织”。战略决定组织是从公司层面来讲的，流程决定组织是从作业层面来讲的，设立组织要考虑能力继承。原则上，要么就是一个 L3/L4 在一个组织，要么就是多个 L3/L4 在一个组织，构建多功能组织，但不应是一个 L3 或一个 L4 分在两个组织，这就是流程决定组织。

业务部门的设置需要通过流程架构（L1 ~ L3，个别领域到 L4）与组织架构映射表来确定，如表 6-2 所示。

表 6-2　流程架构与组织架构映射表

流程架构			组织架构					
L1	L2	L3	XXX 中心			XXX 中心		
			XXX 部	XXX 部	XXX 部	XXX 部	XXX 部	

组织架构可以是一个层级、两个层级……没有统一的标准，应根据实际需要来设置。具体匹配的时候，L3 或 L4 不拆分到不同的组织是大的原则，这个必须遵从，否则会人为地增加更多沟通与协调的障碍。

组织架构匹配完成之后，哪个组织负责哪个流程架构/模块也就基本确定了，组织的边界、职责也就可以明确了。

在战略牵引下，经过组织诊断、宏观匹配及架构设计，公司就有了大的组织架构，好比一幢大厦建成了承重柱和墙体。接下来要做的就是精装修了，毕竟谁愿意住在毛坯房里呢？这个精装修就是指流程与组织的微观匹配。

第四节　流程与组织的微观匹配

流程与组织的宏观匹配确定了组织架构，组织里的岗位设置、权力分配及技能要求等则需要通过微观匹配来确定，这是一个需要持续磨合的过程。

一、微观匹配

流程与组织的微观匹配主要使用的工具是责任矩阵（Responsibility Matrix），即我们日常所说的 RACI 矩阵，有些公司在实操过程中还会增加一个 S，变为 RASCI，本质上没有变，根据公司实际情况设置。

R 是指 Responsible，即负责执行任务的角色，他/她具体负责操控项目、工作任务或解决问题。简单地说，R 就是负责“干活的人”，是 A 的下游执行者。

A 是指 Accountable，即对工作任务负全责的角色，只有经他/她同意或签署之后，工作才能进行下去。简单地说，A 就是负责“拍板的，定调的，出钱的”，可谓是“手中一支笔，一笔定生死”。

S 是指 Support，该角色负责配合 R 完成工作指标，达到既定的目标。对于同一任务，R 可指定多个 S。简单地说，S 就是负责“搭把手的”，是助攻而非主攻。是否需要 S 这个角色，需要根据公司的实际情况而定。

C 是指 Consulted，该角色负责为各个相关的角色提供咨询服务。简单地说，C 就是负责“出主意的”，这个角色在很多公司内可能会以团队的形式出现，如某某咨询委员会、某某专家团等，通过集体讨论提供可能的方案、路径供决策者决策，这是一个双向沟通的过程。

I 是指 Informed，指拥有特权、应及时被通知结果的人员，但是公司不必向他/她咨询、征求意见。简单地说，I 就是知情人，比如在邮件中被@的人或在电子流中被知会的对象，这是一个单向沟通的过程。

RACI 矩阵通过横向审视和纵向审视识别岗位角色分配是否合理，并据此为后面的岗位匹配、权力匹配提供调整依据，如图 6-5 所示。

流程角色	流程活动	岗位			……
		#1	#2	#3	
001	#1	R	A	R	
002	#2	A	R	A	
003	#3	C	R	R	
004	#4	C	R	A	
005	#5	I	A	A	
……					

纵向审视

横向审视

图 6-5 RACI 矩阵

不论是横向审视还是纵向审视，都是定性的分析，为最后的岗位设置提供依据。接下来，我们以纵向匹配为例。

如果 R 过多，则要确认：该角色是否需要执行这么多的活动？需要审视参与方的数量是否可以削减？是否需要把部分 R 的职能拆分到其他个体/部门中去？等等。反之，如果 R 和 A 缺失，则需要考虑是否应该裁撤该组织/岗位。

如果 A 过多，则要确认：是否需要考虑做职责分离（SOD）？是否应将其他个体作为 A，以保证权力的相互制衡？是否存在过多的 A 导致无法及时决策，导致排队等待决策而产生决策瓶颈？等等。

RACI 矩阵匹配完成之后，接下来要处理岗位匹配的问题。

二、岗位匹配

流程角色与组织岗位通过 RACI 匹配，角色过多或过少的问题暴露了，岗位缺失或冗余的问题也暴露了，这种情况下应根据流程角色的需要并结合职能分工的需要设置合适的岗位。通常会有如下几种情况：新增、拆分、整合和裁撤。

（1）新增。对于现有组织中的存量岗位即使通过拆分或整合也无法承载对应的流程角色需求的情况，需要通过新增岗位来实现。一般情况下，新增的业务场景或发生较大变化的业务会有新增岗位的需求。有时候，现有业务进行运作模式的变革，也会涉及岗位新增。例如，华为终端公司在进行零售变革的时候，推动集成产品营销和销售（IPMS）流程，这是对原有的业务模式做出的较大调整，于是新增了 GTM（Go to Market，走向市场）这个部门/岗位，实现了很好的效果。

（2）拆分。当某个岗位承担了太多的 R 或 A，在 RACI 矩阵中被识别后，往往通过拆分职责来缓解可能出现的工作超负荷、工作瓶颈等问题；同时，通过拆分职责可以形成事实上的职责分离（SOD），规避 A 太多带来的潜在腐败风险。例如，之前很多企业将产品开发的重任交给了研发经理，R 和 A 都太多，导致很多产品不能按预期的目标与计划完成开发；后来，产品开发领域拆分出了产品经理、开发经理、PMO 等部门/岗位承担不同的职责，解决了这个问题。

（3）整合。当某个岗位的 R 或 A 太少，通常通过整合来实现岗位价值的最大化。公司在实际运作中往往会发现有些岗位在大部分的流程中没有承担主要活动的角色，在做 RACI 分析的时候可以被识别出来，这种现象（比如“摸鱼”“吃空饷”）需要高度警惕，它会导致组织风气变坏。

（4）裁撤。对于都是 C、I 的岗位，需要考虑将其裁撤。在公司中，除了个别顾问性质的岗位，不应该再出现 C、I 过多的岗位，从根本上讲，这些岗位不会为客户创造价值。

通过岗位匹配，确定组织结构下的岗位应该如何设置；同时，每个岗位对应的职责也通过对应的流程确定下来了。流程与组织、流程与岗位、组织与岗位匹配，确保所有的流程都有组织、岗位承载，同时所有的组织、岗位都对某些流程负责。

三、权力匹配

在任何组织，权力分配都是一件挑战性很大的事情，难就难在把握不住，“一抓就死，一放就乱”是让一些公司最头疼的事情。在传统的基于部门职责的授权或因人而设的职权分配方面，何享健主导的美的集团的《分权手册》做到了极致。在基于流程的授权方面，华为公司在实践中取得了较好的成效。关于岗位与权力的匹配，在流程型组织中可以通过“三张表”来实现，第五章第二节中已经讲解，在此不再赘述。

四、技能匹配

在传统组织中，我们发现存在这样一类员工：履历看起来光鲜，但是干不出漂亮的活儿。作为员工能力提升关键抓手的培训部门或企业大学，往往推出一个“全家桶”，大而全，看似在教授“十八般武艺”，实则员工学了也学不精，学来的技能并没有真正应用到工作中。因此，不少员工调侃“听课时激动，下课时感动，回去干不动”，技能没有针对性是硬伤。

在流程型组织中，员工的岗位职责会通过流程与岗位的匹配确定下来，岗位与负责的流程也有明确的对应关系，员工只要按照流程执行即可。对于执行流程需要掌握的技能，在管理制度、指导书/指南等流程文件中有明确的约束，员工按照指引操作即可。对于新员工（新进入公司、轮岗、晋升等），需要根据员工当前的业务水平与岗位需要的业务水平进行匹配；对于技能不足的员工，应通过业务部门或培训部门统筹安排培训，补全技能。

人力资源管理体系比较完善的公司通常会建立胜任力模型，进行任职资格认证，只有通过认证的员工才能走上对应的岗位。而任职资格的要求会与岗位职责、流程要求建立强关联，确保通过认证的员工能够担当对应岗位的工作，避免出现“彼得效应”，影响公司的整体战斗力。

经过流程与组织的宏观匹配、微观匹配，流程型组织总算成为“有血有肉”的实体了。需要说明的是，组织结构应该维持相对的稳定性，以利于组织能力的沉淀；同时，流程与组织的微观匹配、岗位、权力与技能等需要维持一定的刷新频率，避免僵化。当然，这些匹配、刷新是基于业务发展而定的，不同业务形态的刷新需求不同，不能一概而论。是否能够更好地支撑业务的持续发展是评判诸多要素是否需要刷新的标准，流程与组织必须为价值创造服务。

第五节　流程型组织变革

变革是 VUCA 时代最典型的特征，不变是短暂的，变则是长久的。如何变？从库尔特·卢因的变革三阶段到约翰·P.科特的变革八步法，关于变革的方法、步骤等发展得已经很成熟了，对于流程型组织变革来说这些变革方法、步骤同样适用。这里需要再次强调的是变革的时机、方式和节奏，选择好的时机、采取合适的方式、踏准节奏往往会事半功倍。

一、变革的时机

什么时候应该发起变革？有人认为，天晴修屋顶，雨天好安身；也有人认为，没病别乱吃药，“车到山前必有路，船到桥头自然直”。往往谁也无法说服谁。确实，这个话题比较难量化，颇有“公说公有理，婆说婆有理”的味道，真的无解吗？

先来看两个变革的案例，这两个案例是 IBM 在两个截然不同的阶段发起的两场规模宏大的变革。

路易斯·郭士纳，相信大家对他并不陌生，正是他将“蓝色巨人”IBM 从坟墓边缘拽了回来。

20 世纪 90 年代初，曾经不可一世的“蓝色巨人”IBM 正经历空前的亏损，几乎分崩离析。1993 年，郭士纳成为 IBM 的董事长兼 CEO，他重新调整了 IBM 的战略方向，强调以客户为导向的文化，更加关键的是，他改造了公司的运作流程。关于这个内容，我们在公众号“荔园管理评论”推送的《成功创新的五个要素》一文中做了详细阐述，在此不再赘述。在这里可以看到，郭士纳发起变革的时机是公司濒临破产之际，变革的成果也是有目共睹的，其变革成功的经典案例不断地被商学院在教学中引用。

IBM 发起的另一场变革的主角是郭士纳的接班人萨缪尔·帕米沙诺，中文名彭明盛。与郭士纳不同，彭明盛赶上了好时期。

2002 年 10 月，彭明盛从已经功成名就的郭士纳手中接过 CEO 帅印，开启 IBM 的另一段征程。可以说，这个时候的 IBM 已经完全摆脱了 20 世纪 90 年代初期每况愈下的境地，不但走出了困境，而且达到了巅峰期，不断开创新的局面。在这个背景下，不少人认为 IBM 应该安稳地做业务，少折腾管理变革了。彭明盛与这些人有着截然相反的观点，“变更当趁好时光”是他的名言。彭明盛在 2003 年发起了 IBM 文化变革，同时推动公司业务结构的调整，卖硬件和卖软件是主旋律。经过变革，到 2012 年卸任的时候，彭明盛成功地将 IBM 从一家以硬件为主的公司变成了以软件服务为主的公司。

从郭士纳到彭明盛，从公司陷入绝境到公司蓬勃向上，不同时期发起的变革都取得了有目共睹的成效。那么变革的时机应该怎么选择呢？应该说，郭士纳是被逼到悬崖边上不得已而为之，彭明盛则是主动发起变革，仅仅从这两个视角来看，彭明盛关于“变革当趁好时光”的理念更加积极有为。不过不得不说的是，组织前进会有惯性，顺势而为要省力很多。

一家公司在走下坡路的时候，员工的士气会比较低落，这个时候要激发员工的变革斗志是有一定挑战性的，而且容易引发大规模的人员流动；更重要的是，变革本身是对管理的投资，需要投入大量的人、财、物，公司在走下坡路的时候做得更多的是成本控制，一切不利于节约当期成本的行为都会被视为浪费。这也是很多公司在爆发问题后，聘请外部“名医”“良将”也很难力挽狂澜的原因。但是 IBM 的变革却大获成功，这也是郭士纳的盛名传播至今的原因。

公司在发展势头良好的时候推动变革，员工信心满满，预算充足，激励到位，容易形成良性循环。当然，也存在另外一种情况，就是业务繁忙，这时候推动变革对员工来说是个不小的挑战，这也是变革推动者应该做好平衡的一个方面，比如增加人员投入或者增加激励牵引（物质、成长激励等）。

那么，是不是公司“好”了就可以“折腾”了呢？也不尽然。“变革当趁好时光”是对时机的选择，除此之外，还需要“地利”与“人和”，需要综合考虑天时、地利、人和。在变革时机的选择上，我们可以从华为公司的变革历程中找到一些可参考的东西。从 20 世纪 90 年代中期开始一直延续到现在，变革成为推动华为公司发展的发动机，从华为公司几次大的变革发起时机来看，都比较契合当时公司发展的需要，是“按需”发起的。怎样选择这个时机？如何识别“按需”中的“需”呢？这里不得不提马利克曲线，如图 6-6 所示。

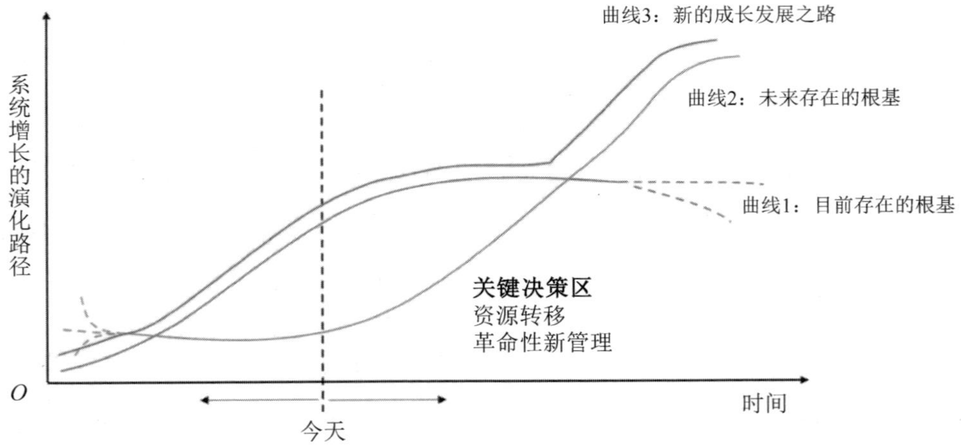

图 6-6　马利克曲线

马利克曲线源自欧洲管理学家弗雷德蒙德·马利克教授，马利克教授在华为公司做讲座的时候对其有过深度的阐述，后来马利克曲线被华为公司奉为圭臬，指导着公司的变革。

马利克曲线提出了一个时机的选择策略，企业家，包括职业经理人，必须抓住合适的时机，适时开展变革，才有可能带领企业不断实现突破与成长，最终实现基业长青的宏愿。

合适的时机是什么时候呢？在图 6-6 中，曲线 1 是目前存在的根基，也就是当前的业务，曲线 2 是未来存在的根基，代表新的机会，是对未来的投资，与麦肯锡的三层面理论逻辑类似。企业家需要在合适的时机抓住新机会，发起内部变革，引入新的管理和机制，对曲线 2 和曲线 1 做一个拟合，使企业发展沿着曲线 3 前进，实现基业长青。

发起管理变革的最好的“时间窗口”就是马利克曲线中的“今天”或之前的某个点。在日常管理中，人们常常会被当前业务发展的“繁花似锦、蒸蒸日上”的表象迷惑，迟迟下不了变革的决心，拖到形势急转直下的时候，更加难以下决心去推动变革了。

选择“今天”或之前的某个点开始变革的另外一个好处是可以实现持续变革，即可以实现变革的常态化管理。

华为公司在导入战略规划工具 BLM（Business Leadership Model，业务领导力模型）后还配套了另外一个模型 BEM（Business Strategy Execution Model，业务战略执行力模型），导出重点工作是 BEM 的作用之一，同时也是变革的一个重要来源。宝洁、万科等公司使用的 OGSM-T 工具，其行动方案中部分涉及管理优化的内容也是变革的重要来源。这些都是变革常态化管理的实例，通过变革常态化管理不断拟合曲线 1 与曲线 2 向曲线 3 转变。

变革常态化管理也并非一股脑儿地全上，需要评估变革的紧迫性、组织准备度、资源准备度等，合适的时机、合适的路线，这些都是发起变革时必须考虑的因素。变革的难度不亚于重新建立一家公司。在变革时机的选择上，确实是要“抓住机遇，及时跟进”。

我们常讲“种一棵树最好的时间是十年前，其次是现在”，这与马利克曲线建议的变革时机点选择“‘今天’或之前的某个点”一致。

二、变革的方式

关于变革的方式有两种典型的观点：激进式变革和温和式变革。至于选择哪种方式，需要根据公司的实际情况而定。

（1）激进式变革。激进式变革是一种能够以较快的速度实现目标的变革方式，这种变革方式会对公司的运作进行大幅度调整，是全面的、深刻的变革，整个过程非常快。这种变革方式的好处是立竿见影，风险是一旦预期目标没有实现，很可能导致公司产生混乱，甚至会导致公司快速溃败。华为公司1996年的市场部大辞职就是激进式变革的一种体现，那次变革一下子打破了原有的模式，取得了成功。

（2）温和式变革。温和式变革是指以改良的方式实现变革，是渐进式的变革，变革的周期通常比较长，每次调整的幅度、范围比较小，可控性比较高。一次变革成功并不会使公司焕然一新，一次变革失败也不至于使公司一蹶不振。

通常，在公司运营没有出现致命性问题的时候，较少进行激进式变革。乱世用重典，沉疴下猛药，只有公司面临生死存亡抉择时才适合进行激进式变革。公司通常进行温和式变革，周期长，调理起来就更从容，也更有利于公司长期发展。

在华为公司有一个小典故，当初在制定变革管理相关流程的时候，大家在用什么英文及英文缩写的问题上产生了争论；有人认为，应该用 Revolution，表示革命；有人认为，应该用 Reform；一时难以定下来。最后，争论传到了任正非那里，他挑了一个比较温和的词 Change 表示变革，变革管理的英文名称使用 Change Management。当然，后来经过不断演化，现在也有不少人使用 Transform，但是 Change 的用法依然是主流，表示变革而非革命。革命太激烈，变革相对来说温和一点，大家更易于接受。

三、变革的节奏

变革的节奏与变革的方式是紧密关联的，激进式变革的节奏必然是快的，温和式变革的节奏则相反，按部就班推进。同时，变革的节奏也受公司环境的影响，需要与公司环境相匹配。什么样的节奏是合理的呢？沙漠治理的“草、灌、乔”经验是很好的借鉴。

“草、灌、乔”经验源于 20 世纪 80 年代，当时我国的西部地区干旱少雨，为了解决很多地方沙漠化的问题，就要种植植物，但是在缺水的地方种植植物的难度可想而知。一开始，人们种植了很多树木，但是因为树木用水量大，最后没有成功。后面总结出了原因，因为水土环境的问题，当地土壤涵养的水分太少，直接种大树的话存活率太低，所以一定要从种草开始，一定要把种草作为改造底层生态的基础。首先通过种草改善土壤环境，然后种植稍大一点的灌木（如梭梭树），最后种植乔木。通过几代人的努力，西部地区沙漠治理取得了巨大的成就，以毛乌素沙漠为例，2020 年 4 月 22 日陕西省林业局公布榆林沙化土地治理率已达 93.24%，这意味着毛乌素沙漠即将从陕西版图中“消失”。

“草、灌、乔”的种植模式成为治理沙漠的成功实践，公司也可以将其应用在变革领域。实际上，一个新的管理理念、方法要在公司推行，需要一个过程，变革首先要做的就是文化理念的“松土”，也就是“种草”的过程。实现理念共识之后，再打造一些样板，并且逐步推广、普及，这是后面的“种植灌木、乔木”的过程，如果一开始就简单粗暴地去推广、普及，变革往往会变成运动式的面子工程，最后很可能无疾而终。

变革是一个艰难的过程，其难度不亚于重新创建一家公司。真正通过变革而脱胎换骨获得新生的公司还是少数，大多数公司都是在变革的道路上挣扎着前行。在变革时机的选择、变革方式的选择、变革节奏的选择上所做的抉择是对的还是错的，往往会影响甚至决定最终变革的成败。

缩略语表

AA，Application Architecture，应用架构，又称系统架构。应用架构识别和定义了支撑业务目标达成所需的 IT 系统，以及这些 IT 系统的定位和周边 IT 系统的集成关系。

APQC，American Productivity and Quality Center，美国生产力和质量中心。

BA，Business Architecture，流程架构，又称“业务架构”或“业务流程架构”。流程架构是对业务结构化的描述，通过对价值流、业务能力等要素的描述，呈现公司价值创造的高阶全景图。

BLM，Business Leadership Model，业务领导力模型，是用于战略问题识别与深入分析，以及战略制定与执行的一个工具与框架。

BEM，Business Strategy Execution Model，业务战略执行力模型，是一套完整的战略执行运营方法论（其核心是 PDCA），与 BLM 搭配使用。

CBM，Component Business Model，组件化业务模型，又称“构件化业务模型”。

CT，Compliance Testing，遵从性测试，用于检查流程是否得到有效执行，是流程内控的一种手段。

DSTE，Develop Strategy to Execute，从开发战略到执行，是从制定中长

期战略规划、年度业务计划与预算到执行监控与评估的流程管理体系。

GPMM，Global Process Maturity Model，全球业务流程成熟度模型，是华为公司用于评估各个领域业务流程成熟度水平的评估模型；旨在通过 GPMM 评估发现业务的短板和痛点，提出解决建议，制定改进路标，实现业务能力持续提升，支撑业务战略目标达成。

GQM，Goal Question Metric，目标驱动度量法，是流程绩效指标设计最常用的方法之一。

IA，Information Architecture，数据架构，又称信息架构。数据架构是以结构化的方式描述在流程中流转的数据以及这些数据之间的相互关系。

IPMS，Integrated Product Marketing & Sales，集成产品营销和销售，是华为终端公司从 2B 向 2C 业务流程变革总结出来的 GTM 流程。

ISO，International Organization for Standardization，国际标准化组织。

ISC，Integrated Supply Chain，集成供应链，是由原材料、零部件的厂家和供应商等组成的网络，通过计划、采购、制造、订单履行等业务运作，为客户提供产品和服务。

ITR，Issue to Resolution，问题到解决，是面向所有客户服务问题，从请求、处理，直到解决、关闭的端到端流程。

IFS，Integrated Financial Service，集成财经服务，是支撑和监控企业研究与开发、市场销售、供应链和交付等端到端业务运作的财经流程管理体系。

IPD，Integrated Product Development，集成产品开发，它是一套从市场需求分析、产品立项、开发、上市直到产品生命全周期的端到端的研发投资管理体系。

KCP，Key Control Point，关键控制点，又分为关键财务控制点（Key Controls over Financial Reporting，KCFR）和关键运作控制点（Key Controls over Operations，KCO）。

LTC，Leads to Cash，线索到回款，又称“从线索到回款”，是从线索到销售、交付及回款的面向客户的端到端流程管理体系。

MTL，Market to Lead，市场到线索，又称“从市场营销到线索”，从市场洞察开始到线索生成的端到端流程。

OES，Operation Excellence System，卓越运营体系，一种管理理念，寻求整体而非局部的最优解。

OGSM-T，是 Objective（长期目标）、Goal（短期目标）、Strategy（策略）、Measure（检核/测量）和 Tactics（行动方案）的缩写，是一种目标管理的方法。

PEMM，Process and Enterprise Maturity Model，流程和企业成熟度模型，是由迈克尔·哈默提出的一套流程管理水平评估模型。

PR，Proactive Review，主动性审视，流程执行审视的一种方式。

QQTC，Quantity（数量）、Quality（质量）、Time（时间）、Cost（成本）的缩写，是一种简易的流程绩效指标方法。

SOD，Separation of Duties，职责分离，是企业在经营管理中控制风险的一种手段，常用于财务等内控管理。

SACA，Semi-Annual Control Assessment，半年度控制评估，是由 IBM 导入华为的内控管理工具，也是每半年进行一次的内控自我评估。

TA，Technology Architecture，技术架构。技术架构定义了一系列技术组件，代表了各种可以从市场或企业内部获得的 IT 平台和基础设施资源，它承载了应用和数据的实现要求。

VUCA，Volatility（易变性）、Uncertainty（不确定性）、Complexity（复杂性）、Ambiguity（模糊性）的缩写，又称为“乌卡”。VUCA 原是军事用语，自 20 世纪 90 年代开始被普遍使用。

参考文献

[1] 华为企业架构与变革管理部．华为数字化转型之道[M]．北京：机械工业出版社，2022．

[2] 夏忠毅．为客户服务是华为存在的唯一理由[M]．北京：中信出版集团，2022．

[3] 黄卫伟．以客户为中心[M]．北京：中信出版集团，2016．

[4] 克雷纳．战略制胜[M]．孔令一，朱淑梅，译．海口：海南出版社，2018．

[5] 博西迪，查兰，伯克．执行：如何完成任务的学问[M]．刘祥亚，译．北京：机械工业出版社，2019．

[6] 松井忠三．解密无印良品[M]．吕灵芝，译．北京：新星出版社，2015．

[7] 渡边米英．无印良品的改革：无印良品缘何复苏[M]．刘树良，张钰，译．北京：中信出版集团，2017．

[8] 拉姆勒，布拉奇．流程圣经[M]．王翔，杜颖，译．上海：东方出版社，2014．

[9] 克里斯坦森．创新者的窘境[M]．胡建桥，译．北京：中信出版社，2010．

[10] 哈默，赫什曼．端到端流程[M]．方也可，译．北京：机械工业出版社，2019．

[11] 项保华．战略管理艺术与实务[M]．北京：华夏出版社，2012．

[12] 赵捷．企业信息化总体架构[M]．北京：清华大学出版社，2011．

[13] 周三多，陈传明，刘子馨，等．管理学——原理与方法[M]．上海：复旦大学出版社，2018．

[14] 凯斯勒，凯茨．企业组织设计[M]．江阮渊，张善依，刘欣，等译．北京：电子工业出版社，2020．

[15] 朱勇国，孔令佳．组织设计与岗位管理[M]．北京：首都经济贸易大学出版社，2019．

[16] 达夫特．组织理论与设计[M]．王凤彬，石云鸣，张秀萍，等译．北京：清华大学出版社，2017．

[17] 爱迪思．企业生命周期[M]．王玥，译．北京：中国人民大学出版社，2017．

[18] 王玉荣，葛新红．流程管理[M]．北京：北京大学出版社，2016．

[19] 中国社会科学院语言研究所词典编辑室．现代汉语词典[M]．7 版．北京：商务印书馆，2018．

[20] 泰勒．科学管理原理[M]．马风才，译．北京：机械工业出版社，2013．

[21] 丁伟，陈海燕．熵减：华为活力之源[M]．北京：中信出版集团，2019．

[22] 李国刚．联想密码[M]．北京：中信出版社，2009．

[23] 彼得斯，沃特曼．追求卓越[M]．胡玮珊，译．北京：中信出版社，2012．

[24] 卡普兰，诺顿．平衡计分卡——化战略为行动[M]．刘俊勇，孙薇，译．广州：广东经济出版社，2013．

[25] 黄艾舟，梅绍祖．超越 BPR——流程管理的管理思想研究[J]．科学学与科学技术管理，2002（12）：105-107．

[26] 黄艾舟，梅绍祖．流程管理原理及卓越流程建模方法研究[J]．工业工程与管理，2003（2）：46-50．

[27] 凌峰．企业管理流程设计研究[D]．镇江：江苏大学，2012．

[28] 井辉．流程管理思想的演进发展历程探析[J]．商丘职业技术学院学报，2009（6）：34-36．

[29] PUCCINELLI B.Stages for BPM success[J]. AIIM E-Doc Magazine, 2003.17（3）:12.

[30] HARRINGTON H J. Performance improvement:the rise and fall of re-engineering[J]. The TQM Magazine, 1998.10（2）:69-71.

[31] HAMMER M. Reengineering work:Don't automate[J]. Harvard Business Review, 1990（4）:104-112.

[32] DAVENPORT T H, Short J E. The new industrial engineering:Information technology and business process redesign[J]. Sloan Management Review, 1990.31（4）:11-27.